venez toutes bloguer sur
www. lesparesseuses.com

La Grossesse
des paresseuses

Anna Deville

La Grossesse des paresseuses

•MARABOUT•

Sommaire

Avant-propos

Pourquoi ce guide va vous aider

Voilà quelques jours que vous êtes patraque. Peut-être est-ce l'abus de Bloody Mary (vous venez d'acheter un super-livre, *Les Cocktails des paresseuses*, et vous les testez les uns après les autres). Ou peut-être les flopées d'insecticide que vous balancez sur la colonie de fourmis qui a élu domicile dans votre kitchenette. Ou alors, le nouveau parfum de Mamour (note de cœur : clou de girofle).

Pourtant, cette fois-ci, c'est comme si vous SAVIEZ que quelque chose de différent se passe en vous. Comme si vous SENTIEZ que vous n'êtes pas seulement un peu barbouillée. Comme si une petite voix intérieure vous prévenait qu'un immense bouleversement est en train de se préparer.

Cette grande fatigue qui vous envahit, ce n'est pas votre flemme habituelle.

Ces seins tout gonflés, ce ne sont pas les signes d'un désir brûlant (désolé chéri !).

Cette envie pressante d'aller aux toilettes toutes les dix minutes, ce n'est pas parce que vous bu-vez-éli-mi-nez plus que d'habitude.

Nan.

Pour vous ôter le doute de l'esprit, vous faites pipi (facile !) sur un test de grossesse. Et là, vous restez scotchée.

Le second trait est bleu. Et pas seulement bleu pâle. Carrément bleu marine.

Pas de doute. Vous avez :

- ☐ un polichinelle dans le tiroir ;
- ☐ un être en devenir dans le ventre ;
- ☐ le fruit de votre amour niché au plus profond de vous.

Sans doute allez-vous être folle de joie (*j'attends depuis si longtemps !*), émerveillée (*quel miracle se produit en moi !*), émue (*j'ai tant d'amour à donner…*), mais aussi paniquée (*je viens juste d'acheter une Smart !*), étonnée (*un câlin si minable a-t-il vraiment pu donner un tel résultat ?*), flippée (*est-ce que je vais vraiment devenir aussi énorme que ma belle-sœur ? Est-ce que mon intimité reprendra sa taille normale après ? Cet enfant va-t-il avoir les oreilles de l'oncle Jean, cette fatalité familiale ???*).

Des milliers de questions vont se presser dans votre esprit. Or, tout le monde le sait, le cerveau d'une femme enceinte rétrécit proportionnellement à la poussée de son ventre. C'est dire si vous n'êtes pas vraiment armée pour y répondre.

Seulement voilà, chère lectrice, vous avez entre les mains le guide indispensable qui va vous aider à traverser cette merveilleuse-aventure-de-la-grossesse, ces neuf mois de parenthèse dans votre vie, cette phase de mutation qui va vous faire passer de la jeune écervelée à la Madone à l'Enfant. Vous êtes sauvée. Vous trouverez ici des informations extrêmement sérieuses (on ne rigole pas avec la santé du *fruit de vos entrailles*) sur le développement de la prunelle de vos yeux, sur l'avenir de votre bidon, sur les démarches qu'il va falloir faire pour assurer l'avenir de votre « famille », mais aussi des réponses aux questions que vous n'oserez pas poser à l'homme en blouse blanche qui va fouiller votre « temple de l'amour » chaque mois. Vous trouverez des réponses aux inévitables : « C'est pour quand ? », « C'est quoi ? », « Y'en a combien là-dedans ??? » (pour éviter de répondre « dans deux ans », « un teckel », « 12 et demi »). Vous apprendrez tout sur cet épisode magique de votre feuilleton personnel, celui que vous vous repasserez en boucle lorsque, l'enfant dans vos bras et non plus dans votre ventre, vous écraserez une larme de nostalgie.

Allez, un conseil : commencez à tourner les pages avant d'avoir les doigts trop boudinés pour le faire.

chapitre 1

Comment vous avez fait
pour en arriver là
(et vous fourrer dans un pétrin pareil)

Comment, vous croyez encore aux contes de fées ?

Soyons claires dès le départ. Ça risque d'éviter de grosses déconvenues.

Vous avez déjà entendu des femmes raconter leur grossesse comme une véritable épopée où elles tenaient le rôle de l'héroïne sublime, belle et forte dans les situations les plus éprouvantes. Tous les livres que vous avez ouverts jusqu'à maintenant vous préviennent que vous êtes au début d'une « merveilleuse aventure », que vous écrivez « la première page d'un long roman plein d'amour », que vous êtes « à l'aube d'une nouvelle vie »…

Pffff…

On est bien d'accord. Rien ne sera plus pareil après. On peut même ajouter que vous pouvez dire au revoir à la jeune femme insouciante que vous étiez (avant de devenir une horrible mégère aux cheveux hirsutes, aux cernes profonds et aux poches pleines de bavoirs crasseux).

N'empêche qu'il est inutile de vous bercer d'illusions : si vous allez effectivement vivre neuf mois « entre parenthèses », une période dont vous vous souviendrez toute votre vie, si vous allez passer dans « l'autre camp » (celui de celles-qui-l'ont-fait), cessez en revanche tout de suite de croire que votre grossesse sera un véritable conte de fées au cours duquel votre visage irradiera la sérénité et où vous serez entourée d'anges bienveillants. Nan. Il y a des jours (notamment quand vous ne pourrez plus vous regarder dans une glace avec votre salopette aux coutures prêtes à craquer) où vous vous demanderez vraiment quelle idée vous a prise ce soir-là (celui où Mamour vous a dit, le regard plein de larmes : « Je vais te faire dix enfants »).

Même si tout se passe bien, même si vous vivez une grossesse idéale, vous ne nous ferez pas croire qu'à quelques jours du terme vous ne supplierez pas mentalement : « Mais quand est-ce qu'il va se décider à sortir, bon sang de bon soir ! » On n'est pas chez Walt Disney.

Comment l'envie d'avoir un enfant peut-elle bien vous prendre ?

Comme toutes les petites filles (enfin, sauf votre cousine Marion qui ne commandait que des camions au Père Noël), vous avez sûrement pouponné un baigneur en Celluloïd dès l'âge de 3 ans. En tant qu'être humain de sexe féminin, vous êtes programmée pour enfanter. C'est d'ailleurs un des gros avantages que vous avez sur les garçons (en plus du fait de ne pas avoir à vous raser la barbe tous les jours ; on passera sur la liste des désavantages).

Souhaiter être mère est inscrit dans vos gènes, c'est l'accomplissement naturel de votre féminité. Ce besoin instinctif apparaît en général avec la naissance du désir sexuel (à 3 ans, on veut juste jouer à imiter maman) ; il correspond à un sentiment profond, quelque chose qui « vient du ventre » et qu'il n'est possible ni d'expliquer ni de modérer. Certaines ne l'éprouvent pas : elles font le choix de ne pas avoir d'enfant et le vivent très bien (même si elles devront s'en justifier à tout instant).

Pourtant, on ne se lève pas un matin, comme ça, en se disant : « Tiens, j'ai envie d'avoir un enfant », comme on aurait envie d'une nouvelle paire de ballerines. D'autant que les magasins où l'on pourrait se fournir n'existent pas (contrairement aux magasins de chaussures qui pullulent, au grand dam de notre banquier). Et surtout que l'échange ou le remboursement sont impossibles, même avec le ticket de caisse.

Non, avoir un bébé est une décision qui se mûrit, grandit, prend de plus en plus de place… jusqu'à devenir une évidence.

Top 3 des arguments qui vous poussent à vouloir faire pousser le fruit de l'amour

1. Je veux un bébé de l'homme que j'aime (chabadabada)

L'envie prend corps dans l'amour qui naît entre deux personnes : on veut concrétiser son union, montrer au monde entier que l'on s'aime, fonder une famille, construire son avenir…

2. Je veux un être à aimer

On veut être responsable d'un autre être (et pas seulement de Mamour, qu'il faut pourtant materner tous les jours), on veut se dévouer, se donner, partager son amour, son expérience… comme on a toujours vu sa propre mère le faire avec soi.

Quand, au contraire, on a souffert dans ses relations avec sa mère, avoir un enfant peut devenir une sorte de « réparation ». On a alors le sentiment qu'avec ce petit à soi, on pourra donner tout ce que l'on n'a pas reçu, combler le vide que l'on ressent, rattraper le temps perdu. (Attention alors au danger de la déception si l'enfant dans lequel on a fondé tant d'espoir ne remplit pas son rôle…)

3. Mon horloge biologique a sonné

Vous avez tellement planifié votre vie, attendu le moment propice (bon boulot, bon appart, bon père potentiel) que le temps a passé… trop vite. Vous êtes maintenant dans l'urgence (quand on sait que la fertilité commence à décliner dès 25 ans, on a tout le loisir de stresser).

ATTENTION !!!
. . . .
Que celles qui avancent comme argument :
– je veux faire comme Britney Spears ;
– je veux avoir un sac à langer Gucci (ou Chloé, s'ils en font) ;

– je veux changer de voiture ;
– je veux garder un souvenir de Pedro (Ricardo ? je ne sais plus) ;
– ça fera plaisir à ma mère ;
– ça doit être rigolo ces petits machins
… réfléchissent encore un peu avant d'oublier de prendre leur pilule.

Comment supporter quand le ventre reste plat

Dame Nature n'est pas comme votre zapette : elle ne vous obéit pas au doigt et à l'œil. Ce n'est pas parce que vous avez DÉ-CI-DÉ qu'il était temps de vous reproduire que votre ventre va répondre OK tout de suite. Et comme il ne faudrait pas que Mamour change d'avis (il a peut-être dit OUI sous l'emprise de l'alcool), vous êtes d'autant plus pressée.

C'est donc là que les difficultés commencent.

Nous sommes habituées à l'immédiat, au désir réalisé tout-de-suite-je-le-veux, aux recherches qui aboutissent en un clic… et dans cette vie en instantané, attendre des mois, c'est comme attendre des siècles. Un cycle, c'est une éternité.

Tous les couples en désir d'enfant savent combien il est difficile de ne pas « cristalliser » son envie, toutes les femmes en attente savent combien il est rapide d'en faire une obsession, comme il est douloureux d'aller d'échec en échec, de déception en déception. Le désir d'enfant devient alors une souffrance. Et, malgré ça, cet élan vital donne une énergie formidable pour affronter les difficultés, une force merveilleuse pour se jouer des obstacles : fight fight fight !

Comment faire quand la machine ne fonctionne pas

Vous lisez ce livre parce que vous êtes enceinte, ou parce que vous souhaitez très fort le devenir (ou parce que vous n'avez rien d'autre sous la main. Avouez-le, l'auteur ne se vexera pas !).

Toutes les méthodes relatives à l'assistance médicale à la procréation (AMP, nouveau nom de la PMA) ne sont pas censées vous intéresser. N'empêche qu'il suffit de parler autour de soi pour se rendre compte du nombre incroyable de femmes qui ont des difficultés à mettre un petit en route…

BON À SAVOIR POUR LES FMP (FUTURES MAMANS PARESSEUSES) : PETIT COURS DE RATTRAPAGE SUR LES MÉTHODES LES PLUS COURANTES DE L'AMP

Avec plus de 30 000 tentatives par an, l'AMP est aujourd'hui un recours très fréquemment utilisé selon les origines et le degré de la stérilité.

o La stimulation de l'ovulation : un traitement hormonal léger, puis une injection ponctuelle d'hormones (de l'HCG en général) permettent de multiplier le nombre d'ovocytes et de déclencher une ovulation afin de programmer les rapports au moment de fécondité maximale.

o L'insémination artificielle : elle consiste à injecter le sperme du conjoint ou d'un donneur (préalablement recueilli et le plus souvent « préparé ») directement dans l'utérus au moment de l'ovulation (généralement provoquée). Placés au plus près de l'ovule, les spermatozoïdes ont ainsi plus de chance de le féconder.

o La fécondation *in vitro* : après un traitement hormonal de stimulation et une surveillance étroite du développement des follicules, l'ovulation est déclenchée. Quelques heures avant leur libération naturelle, les ovocytes sont prélevés, le plus souvent par ponction sous échographie ou par cœlioscopie en cas de difficultés.

Les ovocytes sont ensuite mis en présence de spermatozoïdes sélectionnés. Une technique permet également de placer un seul spermatozoïde directement dans chaque ovule (ICSI, micro-injection intracytoplasmique de spermatozoïde). Les ovocytes fécondés sont cultivés quelques jours afin d'évaluer leur qualité. Les meilleurs d'entre eux sont implantés dans l'utérus (le transfert). Ceux qui ont une chance de survie sont congelés en vue d'un transfert ultérieur.

Comment supporter ceux qui n'y comprennent rien

Si vous êtes en plein désir d'enfant, il va sans dire que tout ce qui concerne la grossesse (celle des autres notamment) devient un sujet délicat-délicat.

Répondez par oui ou par non aux affirmations suivantes.

1. Vous voyez des femmes enceintes partout.

2. Vous avez envie d'étrangler ceux qui vous demandent : « Alors, vous vous y mettez quand ? » en pointant du doigt votre ventre plat.

3. Vous avez envie de tout, de n'importe quoi, sauf d'aller voir votre copine qui vient d'accoucher.

Si vous avez répondu au moins une fois par oui, arrêtez de culpabiliser im-mé-dia-te-ment.

Soyez convaincue que :

– vos envies de meurtre, même si elles sont un peu… excessives, sont relativement normales (toutes celles qui vivent la même situation sont des criminelles en puissance) ;

– vous n'imaginez même pas le nombre de cas similaires au vôtre autour de vous… Il suffit d'en parler un peu pour que les langues se délient et que vous appreniez que Unetelle a fait trois fausses couches ou que Unetelle a eu recours à un traitement, etc. ;

– vous avez le droit de dire m… à ceux qui vous assurent que « c'est dans la tête », que vous vous bloquez à force de focaliser là-dessus, que « ça viendra quand ça viendra », que le jour où vous n'y penserez plus, vous vous retrouverez enceinte comme ça, sans vous en rendre compte…

Comment booster sa fertilité

S'il y avait une recette miracle, je vous promets que je vous la révélerais (contre beaucoup d'argent bien sûr !).

Puisque ce n'est pas le cas, il faut vous contenter de quelques conseils de bon sens qui visent à vous mettre dans le meilleur état de marche possible (du genre, « il faut un bon terreau pour que la graine pousse », sagesse agricole).

o **Une bonne alimentation tu auras.**

C'est la base de la bonne santé… les carences en tout genre ne sont pas amies-amies avec la fertilité. Les régimes draconiens sont d'ailleurs carrément néfastes pour la fécondité. De même, l'excès de sucre dans le sang augmente la production d'adrénaline, qui n'est pas copine avec la progestérone (dont un des rôles est de préparer l'utérus à accueillir un éventuel embryon). Ni trop, ni pas assez : si vous voulez avoir un bébé, tâchez de stabiliser votre poids.
En revanche, foncez sur les vitamines « spéciales bébé » : l'acide folique (ou vitamine B9), vitamine B12 ou E. Vous trouverez tout ça concentré dans le germe de blé ou la levure de bière.

o **De réduire ta consommation d'excitants tu t'efforceras.**

D'ores et déjà, vous limiterez l'usage du tabac, du café, de l'alcool, des drogues. (Quand vous saurez que la fertilité d'une fumeuse est quasiment de 30 % inférieure à celle d'une non-fumeuse, vous écraserez votre mégot). De toute façon, c'est bon pour vous, et puis, une fois enceinte, il faudra vous sevrer.

o **À bien dormir tu veilleras.**

Autre facteur essentiel de la bonne santé, le sommeil est l'allié de votre fécondité. Bien sûr, rien de tel que les siestes (crapuleuses) et les nuits (torrides).

o **À faire l'amour régulièrement tu t'attelleras.**

La régularité est propice à la fécondité : la durée de vie des spermatozoïdes étant (en moyenne) de 72 heures, en multipliant les tentatives, vous occupez le terrain non-stop (et ne laissez pas passer la chance).

o À éviter le stress tu t'appliqueras.

On reste cool. Même quand les ragnagnas arrivent. Même quand Mamour est en déplacement au moment propice. Même quand vous vous endormez avant lui alors qu'il aurait fallu faire les bêtes en rut.

o Les médicaments tu limiteras.

Surtout ceux qui agissent sur les hormones, tels que certains antalgiques (comme les anti-inflammatoires non stéroïdiens). Demandez des infos à votre médecin avant toute automédication.

o Ton reproducteur tu aéreras.

Il est prouvé que la chaleur est néfaste aux testicules : pantalons serrés, frottements de la moto, boxers en Nylon… rien de bon pour la production des spermatozoïdes. Faites-lui porter du coton, des pantalons plus larges, des caleçons souples. Prenez soin de son usine à bébés.

HALTE AUX IDÉES FAUSSES
• •
Par pure générosité, je vous informe des quelques idées fausses qui circulent (afin de ne pas perdre de temps ou vous ridiculiser).
o L'efficacité de la position du poirier juste après un câlin n'est pas scientifiquement prouvée. Vous pouvez vous épargner les pieds sur le mur pendant les deux heures qui suivent l'extase (même si c'est très bon pour la circulation sanguine). En plus, ça fait des traces (beurk).
o Aller caresser l'intimité du gisant de Victor Noir au cimetière du Père Lachaise ne vous garantira pas non plus une grossesse. Vous risquez juste d'attraper des champignons (tellement de femmes s'y sont frottées, blurp !).
o Se promener régulièrement dans les rayons « bébé » des magasins n'attirera pas les bonnes vibrations sur votre ventre. Vous serez juste déprimée de ne pas pouvoir craquer pour ces vêtements adorables (sniff).
o Que la bouteille de vin se finisse dans votre verre ne garantit en rien d'avoir « une fille dans l'année ». Vous aurez juste un coup dans le nez (oups !).
• •

Dis, comment on fait les bébés ?

Ha ! ha ! On peut dire que vous vous entraînez consciencieusement, Mamour et vous. Comme on dit à la Starac, « vous donnez le meilleur de vous-mêmes ». Vous êtes à 100 % !

Pourtant, même si vous êtes experte en :

- recettes à base de gingembre ;
- brouette japonaise ;
- contorsion du boum-boum,

vous n'êtes pas sûre de savoir exactement ce qui se passe dans votre ventre, une fois la chose consommée.

Puisqu'une petite révision des faits n'est pas inutile (je vous rappelle que votre nombre de neurones va considérablement diminuer pendant neuf mois), reprenons les choses depuis le début.

Au début était le cycle féminin

Vous croyez tout savoir ? À vérifier.

(Le style risque d'être un peu didactique. Ne le prenez pas mal, mais parler des ragnagnas n'a rien de très divertissant.)

En vrac

o De la puberté à la ménopause, la vie intime de la femme est rythmée par des cycles qui ne seront interrompus que par les périodes de grossesse.

o Dans les ovaires est contenu tout le stock des cellules reproductrices de la femme (les follicules contenant les ovocytes) : elles sont présentes chez la petite fille avant même sa naissance.

o On fixe le début du cycle au premier jour des règles (J1) : celles-ci peuvent durer de 2 à 8 jours (pas de bol !).

o Le cycle dure en moyenne 28 jours, mais cela reste assez théorique. Si certaines sont réglées comme du papier à musique, d'autres passent leur vie à se demander quand les reds vont bien vouloir arriver. Le plus souvent, bien sûr, le débarquement a lieu :

– le jour de son mariage (robe blanche oblige) ;

– juste avant un rendez-vous qui s'annonce follement érotique ;

– en week-end au bord de la mer (maillot brésilien, *of course*), de préférence un dimanche, quand toutes les pharmacies ou autres fournisseurs de protections périodiques sont fermés ;

– le jour où vous venez de changer les draps.

o De nombreux facteurs peuvent perturber les cycles menstruels (et non mensuels, comme on pourrait le croire) : le stress, un choc émotionnel, un voyage… sont autant de petits grains de sable prêts à enrayer votre belle machine. De même, une perte de poids importante (dans le cadre de l'anorexie mentale notamment) peut vous dérégler totalement (jusqu'à la disparition complète des cycles).

o Une bonne connaissance de son cycle est importante ; pourtant, il ne faut pas trop se fier à son instinct : le monde est peuplé d'enfants nés « d'accidents » chez des femmes s'étant trompées dans leurs petits calculs…

Le déroulement

Au cours d'un cycle, toute « l'usine à bébés » se met en route pour mener sa tâche à bien et remplir sa mission : enfanter.

o Du 1er au 14e jour (phase folliculaire)

Sous l'influence de certaines hormones (produites notamment par l'hypophyse), plusieurs follicules contenus dans l'ovaire se développent. Un seul arrivera à maturité.

Dès le 5e jour, les ovaires produisent eux aussi des hormones (progestérone et œstrogènes) qui font épaissir la muqueuse utérine, en vue d'accueillir un éventuel embryon.

Pendant cette période, la température du corps est régulière, en général légèrement en dessous de 37 °C. La veille de l'ovulation, elle descend encore légèrement.

o **Au 14e jour (en moyenne)**

Sous l'influence d'un pic hormonal, la boursouflure créée par le mûrissement du follicule se rompt. Il s'agit de l'ovulation, moment où l'ovule quitte l'ovaire pour être happé par la trompe qui lui correspond.

À *savoir* : cette « explosion » n'est pas douloureuse. Certaines d'entre nous, malgré tout, sont capables de déceler le moment précis où elle se produit (ce qui est un excellent indicateur quand on cherche à être enceinte).

Tout de suite après l'ovulation, la paroi du follicule éclaté se referme : en quelques jours, elle va se transformer en une structure nommée « corps jaune » qui elle-même produit de la progestérone.

À ce moment-là, la température augmente de quelques dixièmes de degré : si vous suivez votre courbe, le dessin présente un pic et une sorte de plateau. Si la température se maintient plus de sept jours, c'est sûrement le signe d'une grossesse. Si ce n'est pas le cas, la température redescend, annonçant l'arrivée des règles.

BON À SAVOIR POUR LES FMP (FUTURES MAMANS PARESSEUSES)

La période de fécondité maximale s'étend de la veille de l'ovulation (13e jour théorique) à deux jours après. C'est donc à ce moment-là que vous devez particulièrement vous activer si vous espérez être enceinte. Attention de ne pas tomber dans le piège bien connu du « câlin sur rendez-vous », célèbre chez les couples désireux de devenir parents : trois jours d'activité intense (avec épuisement de l'étalon et brûlure à vif pour la pouliche), puis plus rien pendant 25 jours. C'est déprimant.

o **Du 14e au 28e jour (ou 9 mois plus tard)**

S'il est fécondé, l'ovule, devient une cellule-œuf, puis un préembryon, et migre dans l'utérus. Une fois fixé dans l'utérus, l'embryon envoie des signaux hormonaux au follicule éclaté devenu corps jaune qui, à son tour, fabrique des hormones pour bloquer les règles. La grossesse commence alors.

En l'absence de fécondation, le corps jaune dégénère environ dix jours après l'ovulation et cesse de produire les hormones qui bloquaient l'arrivée des règles.

La muqueuse utérine n'étant plus alimentée par les hormones, elle se détache et l'écoulement sanguin commence (les ragnagnas quoi !).

La rencontre amoureuse entre deux gamètes

Viens que je te montre mes estampes japonaises

La rencontre entre deux êtres, vous connaissez. Si c'est nécessaire, on peut toujours vous conseiller la lecture d'un ouvrage agréable à feuilleter et ma foi fort utile, *Le Kama Sutra des paresseuses,* écrit par Ellen Willer et illustré par Soledad (un bijou !), et, pour les plus mordues, *La Kama Sutra box des paresseuses* avec encore plus de positions pour encore plus de plaisir…

On peut aussi vous rappeler deux ou trois trucs :

– l'alcool désinhibe (profitez-en, parce que, une fois enceinte, vous n'aurez plus droit à une seule goutte pendant des mois) : une coupe de champagne et hop ! vous êtes *in the mood for love* ;

– les guêpières en latex ne sont pas du meilleur goût. Vous avez cru faire votre petit effet avec votre tenue Moulin-Rouge, mais en voyant ça, Mamour peut perdre tous ses moyens ;

– si vous croyez que c'est en restant les doigts de pieds en éventail (votre attitude préférée) que vous allez réussir votre coup, ce n'est pas gagné. Il va falloir y mettre un peu du vôtre. Notez, y'en a bien une qui a eu un enfant sans rien faire… mais c'était en d'autres temps et elle ne sait pas ce qu'elle a raté !

Les premières heures de votre futur bébé

Vous venez de vivre l'extase (en tout cas, Mamour y a cru dur comme fer). Pendant que votre chéri s'endort (et que, au choix, vous allez vider un pot de Häagen-Dazs/finir votre roman/siffler pour qu'il arrête de ronfler), une incroyable série de phénomènes commencent à s'enchaîner dans votre ventre…
Moteur ? Action !

Environ 200 à 300 millions de spermatozoïdes (les zozos, pour les intimes) ont été déposés dans votre vagin (et vous n'avez même pas pris un gramme !) : ils vont se livrer à une course folle, comme si vous leur offriez un immense terrain de jeu (amusez-vous bien mes chéris). Grâce à la glaire produite par le col de l'utérus, les plus mobiles d'entre eux remontent du vagin vers l'utérus et sont attirés dans la trompe qui contient l'ovule prêt à être fécondé. Entourant le gamète femelle, ils tentent tous de percer sa paroi : un seul y parviendra. À partir de cet instant précis, l'ovocyte devient hermétique aux autres spermatozoïdes et l'union du patrimoine génétique des deux parents peut commencer…
À cet instant-là, tout est déjà écrit. Votre bébé est déjà un garçon ou une fille. Le fait qu'il/elle aura les oreilles de l'oncle Jean est déjà déterminé. Quant à savoir s'il/elle vous réclamera une mobylette/un piercing/le droit de rentrer à minuit à 14 ans, ce n'est pas encore sûr, mais vous n'avez pas très longtemps à attendre pour être fixée.

Jusqu'au 3e jour après la fécondation, les cellules primaires ne vont cesser de se diviser de façon exponentielle. L'œuf chemine dans la trompe pour arriver dans la cavité utérine autour du 4e ou 5e jour.
Au 6e jour après la fécondation, il va se fixer dans l'endomètre (la paroi qui tapisse l'utérus et qui s'est développée sous l'influence des hormones) et s'y enfoncer progressivement : on nomme ce phénomène la *nidation*. Il s'agit presque d'une greffe : le système immunitaire de la mère doit « accepter » ce corps étranger sans le rejeter. À partir de là, les échanges

entre l'organisme maternel et l'embryon vont commencer. C'est le placenta qui jouera ce rôle tout au long des neuf mois de grossesse.

Pour la suite des aventures de Futurbébé, reportez-vous au chapitre 2.

Comment être sûre d'être certaine ?

Si on laisse de côté différents cas non représentatifs tels :

– l'Immaculée Conception ;

– celles qui mettent huit mois et demi pour se rendre compte qu'elles ont une « grosseur » au ventre ;

– celles qui ont des cycles tellement irréguliers que quatre mois sans règles ne leur mettent pas la puce à l'oreille,

… disons que, depuis que vous avez décidé de mettre un bébé en route, vous êtes plutôt à l'écoute de votre corps. Que celles qui n'ont pas eu une lueur d'espoir au moindre état vaguement nauséeux ou au moindre petit « tiraillement » dans le bas-ventre me jettent la pierre (pas trop fort, hein).

Sans doute êtes-vous très attentive à votre cycle et commencez-vous à vous poser des questions si les ragnagnas n'arrivent pas à la date prévue, à 11 h 22, comme chaque mois. Sans doute commencez-vous à rêver de gros bidon, de poussette et de layette (on ne rêve jamais de couches sales ou de renvoi lacté) depuis votre ovulation, vous berçant d'illusions au risque d'être cruellement déçue.

Comme d'autres, peut-être, vous « laissez faire la nature », trop absorbée par le dossier Bidule ou l'organisation des prochaines vacances pour vous focaliser sur votre utérus. En tout cas, au moment où se pose la question cruciale (« Est-ce que c'est pour ce mois-ci ? »), vous êtes tout ouïe pour entendre la réponse.

Toujours est-il que là, vous vous sentez bizarre.

Comment identifier les premiers signes de la grossesse ?

Toutes les femmes sont différentes, de celles qui savent que « c'est bon » dès la conception à celles qui vont faire quatre tests pour être sûres. Toutes les grossesses sont différentes (y compris pour une même femme), et chacune d'entre nous peut décrire les indices qui lui ont permis de se douter de l'événement en préparation.

Pourtant, malgré le côté si personnel de chaque début de grossesse, les bouleversements hormonaux qui se mettent en place ont des répercussions caractéristiques et, de ce fait, il existe quelques symptômes qui, malgré les nuances, peuvent vous mettre la puce à l'oreille.

J'ai un retard de règles

Cela paraît logique. Cet indice n'est évidemment valable que si vos cycles sont très réguliers.

> **BON À SAVOIR POUR LES FMP (FUTURES MAMANS PARESSEUSES)**
>
> Attention ! Des saignements peuvent arriver en tout début de grossesse, à la date présumée de l'arrivée des règles : on parle d'ailleurs de « règles anniversaire ». Il s'agit de saignements, nettement moins abondants que les menstruations normales, n'ayant pas de caractère dangereux. Le plus souvent, ils résultent de l'implantation de l'embryon dans la muqueuse. S'ils persistent, il faut toutefois s'en inquiéter, les fausses couches ou grossesses extra-utérines étant souvent à l'origine de saignements.

J'ai des seins à la Lolo Ferrari

Assez rapidement, sous l'influence de la progestérone notamment, les seins sont gonflés, tendus, douloureux. Le mamelon peut foncer légèrement et on voit parfois apparaître quelques aspérités granuleuses (les tubercules de Montgomery) dues à la stimulation de petites glandes.

À coup sûr, Mamour va trouver ce phénomène particulièrement agréable.

À coup sûr, vous serez nettement moins ravie : parfois, les seins sont si douloureux que l'on ne peut même pas se coucher sur le ventre, le port du soutien-gorge devenant alors une torture chinoise. Rassurez-vous : si vous allez conserver votre tour de poitrine généreux pendant toute la grossesse (et vous n'avez encore rien vu, avec l'allaitement, c'est carrément l'explosion !), la sensation douloureuse s'estompe dans les premières semaines.

C'est le moment pour changer de lingerie... vous pouvez ranger vos soutiens-gorge rembourrés pour quelque temps et opter dès à présent pour des dessous confortables (à large bretelles notamment) et bien emboîtants (une fois la grossesse terminée, il y aura de l'écroulement dans l'air. Vous avez donc tout intérêt à prendre de grandes précautions avec votre poitrine).

Je dors debout

Là encore, vous pouvez dire merci à la progestérone et à son effet sédatif : dès les premières semaines et pendant presque tout le premier trimestre, vous allez éprouver une grande fatigue, une somnolence qui vous fera :

– sombrer dès le générique du début du film ;

– piquer du nez sur votre clavier ;

– bailler aux corneilles pendant que Mamour vous expliquera avec un enthousiasme pourtant communicatif les péripéties hallucinantes de la fusion-acquisition entre les sociétés Ponion & Co et Jaicraselesprix.

Là encore, votre corps va finir par s'habituer à cette imprégnation hormonale et quelques semaines après le début de la grossesse, la sensation de fatigue du début s'estompera (une autre prendra le relais au dernier trimestre, causée par le poids du ventre et le sommeil en pointillé...).

Ne culpabilisez pas, ne cherchez pas à lutter : vous devez d'ores et déjà vous faire à l'idée que votre rythme de vie va changer. Ménagez-vous des pauses et couchez-vous plus tôt (de toute façon, vous piquerez du nez dès le dessert).

Je suis écœurée (même par le Nutella®, c'est dire !)

Sans parler tout de suite des fameuses nausées qui ne commencent, le plus souvent, qu'au bout d'un bon mois de grossesse (voir page 92), certaines femmes éprouvent dès les premières semaines une sorte de dégoût pour la nourriture ou pour certaines odeurs. Le café adoré du matin devient un répulsif, le camembert tant aimé soulève le cœur, et l'eau de toilette chérie devient soudain infecte…

Si c'est l'odeur de la cigarette qui vous semble tout d'un coup insupportable, c'est tout bon pour vous.

Si c'est le poisson que vous ne pouvez plus approcher, c'est beaucoup plus dommage…

Divers symptômes et autres réjouissances, moins précoces, s'installent ensuite : l'envie de faire pipi toutes les trois minutes et demie environ, les aigreurs d'estomac, l'irritabilité… enfin, tout un tas de petits bonheurs que nous aurons le plaisir d'évoquer dans les chapitres suivants.

Comment confirmer la Grande Nouvelle ?

Vous vous doutez donc bien qu'il se passe quelque chose. Votre sixième sens vous trompe rarement (sauf le jour où vous avez pensé que le vert émeraude serait la couleur de l'année. Résultat : un manteau importable et très très cher dort dans votre armoire). Or, dans ce cas précis, vous ne pouvez plus vous fier à votre intuition et n'allez pas rester dans l'incertitude plus longtemps. Vous DEVEZ savoir.

Le test de grossesse

Pratique, facile à réaliser, le test urinaire vendu en pharmacie (entre 8 et 15 € l'unité) est la solution la plus souvent utilisée pour faire une première évaluation de la situation. Plus de 2,5 millions de tests se vendent chaque année, c'est dire si nous avons toutes de l'espoir…

Comment ça fonctionne ?

Dès une semaine après la fécondation, l'œuf puis le placenta commencent à sécréter une hormone qui ne cessera d'être produite pendant toute la durée de la grossesse, la bêta HCG (b-HCG). Elle peut alors être décelée dans les urines.

Il suffit de faire pipi sur la languette du « stylo » : il y a quelques années, on recommandait d'attendre les urines du matin, plus concentrées. Aujourd'hui, le test (plus performant) peut se pratiquer à n'importe quel moment de la journée.

Efficacité

Les tests sont fiables à 99 %. Une fausse réponse positive est quasi impossible. En revanche, si le test est négatif, tout n'est pas perdu : à quelques heures près, le taux d'hormones est détectable, ou non. Donc :

— il vaut mieux attendre un maximum avant de faire le test (essayez de tenir deux à trois jours après la date présumée des règles) ;

— si les symptômes persistent, après un test négatif, on peut faire un deuxième essai, pour confirmation.

BON À SAVOIR POUR LES **FMP** (FUTURES MAMANS PARESSEUSES)
. . . .
Attention ! Il faut que la fenêtre « témoin » affiche un trait pour confirmer l'efficacité du test. Si ce n'est pas le cas, ne vous fiez pas au résultat. Si vous osez, vous pouvez rapporter le test au pharmacien (mais non, bien emballé, ce n'est pas dégoûtant !).
. . . .

L'analyse de sang

Comment ça fonctionne ?

Comme pour le test urinaire, on recherche la concentration de l'hormone b-HCG dans le sang.

L'analyse est prescrite par le médecin, mais vous pouvez aussi la faire réaliser sans ordonnance : il n'est pas nécessaire d'être à jeûn.

À SAVOIR

Dosage en temps normal : 3 mIU/ml.
Pendant la grossesse :
– Test négatif : moins de 5 mIU/ml.
– Première semaine : 10 à 30 mIU/ml.
– Deuxième semaine : 30 à 100 mIU/ml.
– Troisième semaine : 100 à 1 000 mIU/ml
– Quatrième semaine : 1 000 à 10 000 mIU/ml
Une évolution correcte dans le cadre d'une grossesse normale voit le taux se multiplier par deux tous les deux jours.
– Deuxième, troisième mois : de 10 000 à 100 000 mIU/ml.
– Premier trimestre : de 30 000 à 100 000 mIU/ml.
– Deuxième trimestre : de 10 000 à 30 000 mIU/ml.
– Troisième trimestre : de 5 000 à 15 000 mIU/ml.
Attention ! Les données peuvent varier d'un labo à l'autre.

Efficacité

100 %. Avec l'analyse sanguine, on peut même détecter la présence de b-HCG 10 jours après l'ovulation. Cette précocité est très intéressante quand il y a une suspicion de grossesse extra-utérine. La précision de ce test est également très importante pour dater exactement le début de la grossesse (il existe des normes qui, selon le dosage obtenu, permettent de dire à combien de jours de grossesse vous en êtes).

CE QUE LES AUTRES SE SONT BIEN GARDÉES DE VOUS DIRE...

Ne venez pas vous plaindre parce que vous devrez aller au labo faire une prise de sang : s'il se trouve que vous êtes enceinte, il va falloir y retourner tous les mois. Là, vous êtes encore toute guillerette (et légère), mais au bout de deux trimestres, vous lever aux aurores pour aller vous faire piquer vous semblera encore plus difficile.

Comment vivre ses premiers instants de primipare[1]

La valse des sentiments

Vous avez enfin la réponse. C'est PO-SI-TIF !!!

En vous, en une fraction de seconde, c'est un déluge d'interrogations, un torrent de joie mêlé à une foule d'angoisses…

À la personne du labo qui vous annonce le résultat par téléphone, vous répondez (cochez la case qui vous correspond) :

☐ Incrédule : « Vous me faites une blague ? »

☐ Dépitée : « Ah ben ça alors ! Et moi qui vient de m'acheter deux pantalons slim ! »

☐ Lobotomisée : « Et c'est un garçon ou une fille ? »

L'annonce de l'arrivée d'un premier enfant est un vrai choc psychologique, quel que soit votre degré d'impatience, le temps que vous avez attendu ou le nombre de déceptions que vous avez vécues avant. En quelques secondes, vous basculez dans une autre vie : à partir de cet instant T, vous n'êtes plus toute seule, vous n'êtes plus une femme indépendante mais une mère en devenir, vous n'êtes plus seulement la fille de votre mère, mais la mère d'un futur enfant. Et ça, c'est un sacré changement.

Donc, face à un tel bouleversement psychique, il est normal :

— de ne pas savoir si on doit vraiment se réjouir (la nouvelle est tellement énorme qu'on est sous le choc) ;

---

1. Primipare : se dit d'une femme qui accouche pour la première fois.

– d'avoir peur : comment je vais faire ? Est-ce que je vais être une bonne mère ? Est-ce que je vais m'en sortir ? Etc. Autant de questions que TOUTES les futures mamans se posent ;

– d'être à côté de ses chaussures : il va falloir un certain temps pour intégrer la nouvelle, se projeter dans son nouveau rôle, accepter son nouveau statut… Pendant cette période d'adaptation, le « flottement » est légitime.

CE QUE LES AUTRES SE SONT BIEN GARDÉES DE VOUS DIRE…

Vous savez qu'il existe le fameux « baby blues » après l'accouchement (dépression *post partum*). Eh bien, vous serez sans doute ravie d'apprendre que ce coup de déprime peut également survenir à la nouvelle de la grossesse : environ 13 % des femmes subissent une baisse de moral face à la prise de conscience de tous les changements que va entraîner l'arrivée de Bébé… Donnez-vous le temps de vous préparer, neuf mois seront amplement suffisants.

L'annonce au père et aux proches

Futur papa

Dans votre vie de couple, il n'y a pas eu trente-six nouvelles aussi énormes à lui annoncer (si on laisse de côté le jour où vous lui avez avoué que le tas de ferraille, là, en bas, c'était feue sa BM). Donc, là, faut pas louper le coup.

Peut-être :

– avez-vous poussé un tel cri du fond des toilettes en faisant votre test que Mamour s'est tout de suite inquiété de savoir ce qui vous arrivait ;

– n'avez-vous pas pu tenir votre langue une seconde ;

– est-ce lui qui a téléphoné au labo pour avoir le résultat (tétanisée, vous ne saviez même plus composer un numéro).

Dans ces cas-là, il est déjà au courant.

Autrement, vous vous réservez le loisir de lui préparer une bonne petite surprise… (il a bien mérité qu'on le chouchoute un peu : pour lui aussi, la nouvelle va être un choc/un coup de massue/une secousse sismique).

Il semble évident que le futur père doit être le premier informé : n'allez pas ameuter toute votre bande de copines avant même de lui avoir appris la nouvelle, il risquerait de mal le prendre.

Quelle que soit la méthode d'annonce choisie, veillez à ne pas lui provoquer d'infarctus : vous allez avoir besoin de lui encore quelque temps. C'est pourquoi il est important de choisir de façon judicieuse le moment de faire votre révélation :

— ni pendant la mi-temps (ou, pire, au moment des tirs au but) ;

— ni au retour de son séminaire sur l'avenir des biotechnologies dans les pays en voie de développement ;

— ni au volant (il faut prendre soin de vous désormais) ;

— ni juste avant d'aller dîner chez votre mère (surtout si elle a encore fait du gigot-pommes à l'ail, ça fait dix ans qu'il ne digère pas l'ail).

Mais plutôt :

— après lui avoir servi un verre de son whisky préféré (il peut continuer à en boire, lui) ;

— après un câlin d'anthologie (dans six mois, la brouette tahitienne ne sera qu'un lointain souvenir) ;

— après qu'il vous a annoncé son augmentation.

Quelques idées très classiques (mais néanmoins tire-la-larme) :

O une paire de chaussons dans l'assiette ;

O le test de grossesse positif (bien séché) sur l'oreiller ;

O la layette emballée dans un paquet-cadeau (zut, il va croire que vous lui avez offert un nouveau jeu pour sa PSP).

Un peu plus originales (mais pas forcément du meilleur goût) :

- l'appeler « papa » au cours du dîner ;

- une plante avec un petit mot : « Toi aussi, tu vas voir germer ta petite graine » ;

- un tee-shirt imprimé « Kékétor, t'es le plus fort ».

Attention aux pièges :

- les annonces par mail ou par SMS, si elles ont le mérite d'être modernes, n'en sont pas moins froides et impersonnelles ;

- coller une pancarte « 1 + 1 = 3 » sur la porte… tout le voisinage sera au courant avant lui ;

- la banderole tirée par un avion ou l'affiche en 4 x 3 risquent de lui faire prendre conscience de votre côté mégalo.

Attention *bis* !

Attendez-vous à tout type de réaction. Mamour peut :

– fondre en larmes ;

– garder un air hébété de longues minutes (ce qui vous fera instantanément douter de ses compétences paternelles) ;

– être secoué d'un petit rire nerveux ;

– commencer à s'angoisser sur l'avenir de ses finances (le sac à langer Gucci, ce n'est pas pour demain).

Aux proches

Des grandes nouvelles, vous en avez eu deux ou trois à annoncer à papa-maman et à toute la smala :

– votre réussite au permis de conduire (après trois échecs, ils n'y croyaient plus) ;

— votre ambition réelle : non pas reprendre la blanchisserie familiale, mais devenir trapéziste ;

— oui, c'est vous qui aviez laissé ouverte la porte de la maison en Normandie (juste avant le cambriolage).

Avec vous, ils ont le cœur bien accroché. Pourtant, en ce qui concerne cet événement planétaire qu'est votre grossesse, vous aurez peut-être envie de garder la chose pour vous un petit moment ; il est vrai que les trois premiers mois sont « fragiles » et que des complications peuvent toujours survenir : par superstition ou pour ne pas faire de fausse joie, on s'abstient souvent de répandre la nouvelle trop tôt.

Pourtant, il n'y a pas de règle pour cette fameuse annonce : faites comme vous le sentez. Si vous le souhaitez, vous pouvez alerter l'univers dès la confirmation de votre grossesse… surtout, si vous voulez profiter dès le début de l'« aura » qu'ont les femmes enceintes et des menus avantages que procure cet état :

— tout le monde est à vos petits soins (vous ne porterez plus un pack d'eau pendant neuf mois, c'est déjà ça de pris) ;

— tout le monde vous chérit (telle la Madone à l'Enfant) ;

— vous pouvez enfin passer à la caisse « prioritaire » sans culpabiliser (et en engueulant tous les fraudeurs — dont vous faisiez partie il y a encore quinze jours).

Attention ! Si l'annonce de votre nouvelle situation procure quelques avantages, vous devrez aussi supporter le revers de la médaille :

— Bellemaman va vous montrer tous les albums de Mamour en baigneur et vous ressortira la valise toute poussiéreuse contenant les barboteuses tricotées main datant du siècle précédent ;

— Bellemaman va vous appeler tous les jours (pour critiquer, en vrac, votre alimentation junk food/le choix de tout prénom qui ne soit pas François ou Marie/votre énième sortie de la semaine) ;

— Bellemaman va recommencer à tricoter.

Le début d'une nouvelle hygiène de vie

Vous le savez, pendant toute votre grossesse, vous aurez à cœur de prendre soin de vous et, par conséquent, de votre bébé.

Eh bien, ce n'est pas parce que vous rentrez encore dans votre jean stretch taille 38 (ça ne va pas durer) que vous pouvez négliger votre santé. Non, petite inconsciente ! C'est dès l'annonce de la nouvelle qu'il va falloir changer certaines de vos habitudes...

o Ne plus toucher une goutte d'alcool. La nouvelle campagne « Zéro alcool pendant la grossesse » tente de lutter contre une idée fausse : on pense qu'à faible dose, on peut, de temps en temps, boire un petit verre ou siroter un grand cru. Eh bien non. Il a été prouvé que toute consommation, aussi faible et irrégulière soit elle, a des conséquences sur le fœtus. Quand on sait cela, on répond « Un jus de tomate » à la question « Qu'est-ce que tu bois ? ».

o Arrêter (ou au moins diminuer fortement) sa consommation de cigarettes : trop tard pour les patchs... fallait y penser avant, ma p'tite dame !

o Limiter le café.

o Stop à l'automédication ! En raison des échanges mère-enfant à travers le placenta, toutes les substances que vous allez absorber seront partagées avec votre petit. Le faire profiter d'une grosse religieuse au chocolat, pourquoi pas, mais en ce qui concerne les molécules des médicaments, la chanson est tout autre. Les effets sur un organisme en formation sont bien différents... donc, si vous devez prendre un médicament, parlez-en à votre médecin. De même, précisez à tout professionnel de santé avec qui vous serez en contact que vous êtes enceinte (notamment si vous devez passer des radios). Les traitements de fond que vous suivez depuis longtemps ne seront pas forcément interrompus mais seront peut-être adaptés.

○ Ne pas fréquenter de malades contagieux : n'allez pas rendre visite à votre petite nièce atteinte de la rubéole (surtout si vous n'êtes pas vaccinée) ou à votre grand-oncle qui crache ses poumons…

« SA », « SG », kesako ?

« Date de vos dernières règles ? »… « Alors, c'est pour quand ? »

Très vite, vous allez vous en rendre compte, votre grossesse va devenir une affaire de chiffres. De sous ? Un petit peu (allocations, prix des couches, tarif horaire des nounous…), mais de dates, surtout.

Dans le long chemin qu'il vous reste à parcourir (pas enceinte, on ne se rend pas bien compte à quel point neuf mois, c'est interminable), vous allez vous livrer à toute une petite comptabilité afin :

– de savoir où vous en êtes ;

– d'informer tous les gens en blouse blanche qui vont se pencher sur votre ventre ;

– de répondre à toutes les personnes qui feront semblant de s'intéresser à votre état (la pauvre !).

La date de vos dernière règles

Elle marque le dernier jour de votre ancienne vie, le point de départ de toute l'histoire…

Il s'agit d'une donnée importante pour le calcul de la durée de votre grossesse : en effet, si vous ne connaissez pas précisément la date de votre ovulation, vous savez parfaitement à quand remontent vos dernières règles.

Vous allez la répéter si souvent qu'elle restera inscrite dans votre mémoire pour une bonne décennie au moins. À chaque examen sanguin (vous en ferez au moins dix), à chaque échographie… vous allez devoir l'annoncer. Si votre mémoire défaille, empressez-vous de la noter vite fait dans un coin de votre « dossier grossesse ».

BON À SAVOIR POUR LES FMP (FUTURES MAMANS PARESSEUSES)

Ne croyez pas que vous allez pouvoir vous laisser vivre et regarder pousser votre bedaine comme ça, avec un air béat. Non, la grossesse, c'est aussi une affaire de paperasse (rien de plus concret) : analyses sanguines, clichés d'échographies, divers papiers administratifs… au bout de neuf mois, vous aurez un classeur complet !

Calcul du nombre des semaines

Il est classique de penser qu'une grossesse dure neuf mois. Mais si on y regarde de plus près, fabriquer un enfant prend plus de temps que cela ! Le compte en mois étant trop aléatoire (selon les mois en 30 ou 31 jours), il est plus précis de se fonder sur les semaines.

Deux types de calcul sont possibles :

– les **semaines d'aménorrhée** (sans règles) ou SA : on commence à compter à partir de la date des dernières règles. Une grossesse dure en moyenne 40 SA (ou 280 jours). C'est sur cette base que s'effectuent les calculs officiels (du gynéco notamment) ;

– les **semaines de grossesse**, ou SG, se comptent à partir de la date de l'ovulation. Il s'agit de l'âge réel du bébé. Vous devrez attendre en moyenne 38 semaines (ou 266 jours) avant de voir le fruit de vos entrailles.

CE QUE LES AUTRES SE SONT BIEN GARDÉES DE VOUS DIRE…

Quand on vous demandera « de combien vous en êtes » (cette formule est affreuse), vous devrez entrer dans tout un tas d'explications. Pour simplifier, continuez à vous exprimer en mois (vous n'allez imposer à personne tout votre petit

décompte, ça n'intéresse que vous). Inévitablement, à la fin, le nombre de coups de fil pour savoir si vous avez pondu se multipliera de façon exponentielle. Au lieu de râler contre tous ces curieux, réjouissez-vous d'être le centre de leur intérêt pour encore quelque temps. Quelques jours plus tard, il n'y en aura plus que pour le bébé.
• •

La date théorique de l'accouchement

C'est une des premières choses auxquelles on pense quand on découvre sa grossesse… (on peut alors annuler fissa le trekking dans le désert qui était prévu à cette période/se dépêcher de se marier/chercher quel sera le signe astrologique de l'enfant/prévoir les travaux pour la chambre/etc.). Votre gynécologue est équipé d'un calculateur (sorte de carton rond où il fait défiler les dates) qui lui permet de vous annoncer instantanément la date à laquelle vous donnerez naissance à l'enfant chéri.

De nombreux facteurs peuvent faire varier cette date théorique : ne vous inquiétez pas, à une ou deux semaines près, vous finirez bien par accoucher !

. . . .

1. Profitez du moment

Le bonheur ressenti à l'annonce de la grossesse (désirée) est tellement intense qu'il serait dommage de le ternir par des interrogations ou des inquiétudes infondées. Vous aurez tout le temps nécessaire pour tout organiser. Pour le moment, profitez de cette béatitude.

2. Faites attention à vous

La grossesse n'est pas une maladie : vous n'avez donc pas besoin de vous comporter comme si vous deviez vivre dans un univers stérile. Pourtant, soyez vigilante quant à ce que vous faites et à ce que vous consommez dès l'annonce de votre grossesse : vous aurez trop à cœur de protéger votre petit trésor même s'il n'a encore que la taille d'une tête d'aiguille.

3. Constituez votre dossier

Commencez par vous acheter une belle pochette à élastiques (ou tout autre contenant qui vous conviendra) où vous regrouperez tous vos documents et autres petites choses (liste des prénoms griffonnée dans la salle d'attente du gynéco, pubs pour des magasins de puériculture, etc.). Plus tard, quand l'enfant sera né, vous aurez plaisir à feuilleter ces souvenirs (et à la venue d'un autre enfant, vous serez intéressée par la comparaison de vos analyses, par exemple).

4. Soyez vigilante

Apprendre que l'on est enceinte peut être réellement déstabilisant, au point que l'on a du mal à penser à autre chose, au risque de faire des bêtises comme conduire sans regarder la route ou traverser au rouge. Être sur un petit nuage, OK. Être totalement inconsciente, non.

5. Laissez-lui du temps

Attention ! Mamour peut lui aussi être très perturbé par l'annonce de votre grossesse. Non qu'il ne soit pas heureux, mais il a peut-être besoin de plus de temps pour se faire à cette idée (il ne ressent sans doute pas l'attente comme une souffrance). Ne le harcelez pas de « alors, tu es content ? », mais laissez-lui digérer la nouvelle pour pouvoir exprimer ses sentiments.

6. Respectez votre nouveau rythme

Très vite, les bouleversements hormonaux vont vous imposer un nouveau mode de vie (je me couche avec les poules, je mange comme un moineau, je me traîne comme une larve). Heureusement, cet épisode ne dure qu'un temps, vous retrouverez votre vitalité au deuxième trimestre. Soyez patiente.

7. Trinquez au Champomy®...

Pour fêter la nouvelle, même pas droit à une coupette.

8. ... et écrasez votre mégot

On n'en grille pas une petite pour fêter la nouvelle.

9. Attendez un peu...

Avant de vous mettre au tricot, avant d'acheter quoi que ce soit... D'abord parce que les trois premiers mois sont « incertains », et surtout parce que cela fait partie des plaisirs qu'il faut savourer (et ne pas gâcher trop vite).

10. Notez tout

Commencez dès le début à noter dans un « cahier de grossesse » toutes les anecdotes qui vont se produire, les souvenirs des examens, les moments clés de cette aventure. Plus tard, vous serez ravie de vous y replonger... et votre enfant plus encore !

chapitre 2

Comment passer de la cellule à un poupon : l'évolution de Mister Bébé

Comment votre bébé va passer d'une cellule à un sublime poupon

Des bébés, vous en avez déjà vu des tas : des moches, des Cadum, des têtes en poire, des chauves, des hirsutes… Chacun ayant déjà, si petit soit-il, toute une histoire, tout un passé, tout un héritage… et portant en lui tout un avenir.

Si le jour de la naissance correspond à celui de l'entrée dans le monde (Welcome !!!), si c'est à compter de cette date que les semaines, les mois et les années vont s'accumuler sur lui, Mister Bébé est bel et bien en vie depuis déjà un bout de temps. Caché, lové, bien au chaud… il a mis environ neuf mois pour se fabriquer ce corps d'athlète potelé, ce fessier à fossettes et ces mimines dodues.

Vous, pendant cette longue période, vous n'avez eu pour le connaître que des images floues (malgré les progrès des échographies), des images rêvées (ressemblera-t-il à son papa ? à sa maman ?), des sensations et des infos obtenues auprès de votre médecin ou glanées dans des livres.

Pour mieux comprendre ce qui se passe dans votre ventre, suivez le guide !

Comment tout va se jouer en quelques secondes (ou comment passer sa vie entière avec les oreilles de tonton Jean)

Tout au long de la grossesse, vous allez vous poser de nombreuses questions (à vrai dire, vous n'allez même faire que ça… mis à part vomir). En tête du hit-parade :

– mon bébé va-t-il être normal ? Malgré les progrès de l'échographie, vous ne serez vraiment rassurée que quelques minutes après l'accouchement, quand vous aurez compté le nombre de ses doigts et confirmé qu'il n'est pas équipé de trois oreilles ;

– quelle tête va-t-il avoir ? Là encore, même si les images dont vous aurez la chance de profiter sont de bons indicateurs (notamment avec la technologie 3D), il va de soi que pendant neuf mois vous allez vous interroger sur le résultat du mélange de vos deux beautés, à Mamour et à vous.

C'est là qu'il convient d'évoquer le thème de l'héritage génétique dont le fruit de vos entailles va être le dépositaire.

Dès la première cellule, issue de la fusion de noyaux de l'ovule et du spermatozoïde, tout le patrimoine des chromosomes paternels et maternels est réuni. C'est dire si, depuis la première seconde de vie, tout est joué.

Une fille ou un garçon

Chacune de nos cellules contient notre carte d'identité génétique, le génome (environ 30 000 gènes), organisé dans 23 paires de chromosomes. Pour les femmes, la 23e paire est constituée de deux chromosomes identiques XX, alors que pour les hommes, elle est formée de deux chromosomes différents, X et Y.

Les cellules sexuelles de la reproduction (ovule et spermatozoïde) contiennent par moitié des chromosomes de la mère et du père : l'ovule aura forcément un chromosome X alors que le spermatozoïde pourra être porteur du X ou bien du Y.

Au moment de la fécondation, si le premier spermatozoïde à franchir la barrière de l'ovule est porteur du chromosome X, le bébé sera une fille (X + X = XX), et s'il s'agit du Y, ce sera un garçon (X + Y = XY).

C'est donc le père qui est responsable du sexe de votre futur enfant. Attention ! Tout cela se passe en dehors de sa volonté ! Voilà pourquoi, il est inutile de :

– le supplier de vous faire une fille après avoir eu quatre garçons ;

– lui promettre monts et merveilles s'il vous fait un gars parce que vous n'aimez pas les pisseuses ;

– lui faire croire qu'il est « trop fort » si votre vœu est exaucé. Nan, ce cher ange n'y est vraiment pour rien (il ne mérite donc pas de récompense particulière).

FILLE OU GARÇON ?

On dit que certains régimes alimentaires pourraient avoir une influence sur la détermination du sexe de l'enfant. Si des études tendent à montrer quelques résultats intéressants, rien n'est pourtant confirmé. À vous de voir si vous êtes tentée par cette technique reposant sur une alimentation particulière, tout en sachant que le régime est extrêmement contraignant puisqu'il n'est pas seulement conseillé de manger telle ou telle chose, mais bien de ne manger QUE cela (ultra-déprimant !). Tout écart étant proscrit, je vous laisse imaginer la difficulté de l'entreprise (et surtout la déception si, après avoir mangé du saucisson à l'ail pendant six mois, vous accouchez d'une cinquième petite fille !!!).

Voici quelques principes pour les courageuses (et celles qui n'ont aucune contre-indication – parlez-en à votre médecin), tout en sachant qu'il faut au moins deux mois (si ce n'est quatre) pour espérer un résultat.

o Pour les filles : il s'agit de privilégier le calcium et le magnésium et de limiter le sodium et le potassium. La base de l'alimentation sera alors : le lait, les yaourts, le beurre, les fromages à pâte dure, les fruits secs (non salés), les œufs, les eaux minérales riches en calcium et magnésium, le chocolat (modérément).

À bannir totalement : la charcuterie, les crustacés, la viande et le poisson salé.

o Pour les garçons : tout l'inverse évidemment – le sel, les viandes, gibiers et volailles, la charcuterie, les poissons séchés ou fumés, les pommes de terre, les fruits et légumes (frais ou secs).

Le portrait craché de papa/de maman (/du voisin ???)

Toutes vos caractéristiques (vos cheveux sublimes, votre peau soyeuse, vos jambes de gazelle, on en passe, et des meilleures) ainsi que celles du papa (sa calvitie plus que naissante, son nez épaté et ses poignées d'amour) vont se retrouver pour moitié dans les cellules de votre futur enfant. Chacun apporte sa contribution… parfois, le père et la mère donnent le même gène (les yeux en amande ou le nez grec), et parfois un seul des deux apporte une caractéristique.

Cas n° 1 : vous donnez tous les deux le même gène (exemple : celui qui détermine le type de cheveux). L'un des deux sera dominant, l'autre récessif. L'enfant aura donc la caractéristique indiquée par le gène le plus fort (il sera frisé comme papa, mais blond comme maman : le gène frisé l'a emporté et le gène blond aussi).

Cas n° 2 : vous ne donnez pas le même gène (exemple : celui d'une maladie). L'enfant ne sera sûrement pas porteur parce qu'une caractéristique ne peut s'exprimer que si elle est présente deux fois.

On vous laisse volontiers imaginer le nombre de combinaisons possibles entre les 30 000 gènes du papa et les vôtres… c'est d'ailleurs cette infinité de possibilités qui rend les mélanges intéressants (et qui maintient jusqu'à la naissance le suspens sur l'héritage ou non des oreilles de l'oncle Jean).

BON À SAVOIR POUR LES FMP (FUTURES MAMANS PARESSEUSES)

Pourquoi Bébé a-t-il les cheveux roux alors que vous êtes tous les deux châtains ? Certains gènes peuvent être transmis de génération en génération et ne pas s'exprimer, il suffit que le père et la mère apportent un même gène qui, chez eux, restait « silencieux » pour qu'il trouve dans cette nouvelle combinaison une occasion parfaite de se faire remarquer… Et voilà comment votre l'enfant chéri aura la chevelure flamboyante de votre arrière-grand-mère et de l'oncle Jean de Mamour (qui n'était pas gâté, ne l'oublions pas).

Dans un registre moins gai, certaines maladies héréditaires peuvent être transmises, si, par exemple, un gène dominant est anormal, deux gènes récessifs identiques le sont, ou que le chromosome X porte un gène altéré.

Une consultation auprès d'un conseiller en génétique, des examens tels que l'amniocentèse ou une biopsie du trophoblaste peuvent permettre de détecter les cas posant problème et de décider quelle suite donner à sa grossesse.

Comment votre bébé se développe au jour le jour

Tout au long de ces neuf (interminables) mois, votre attention sera focalisée sur l'événement miraculeux qui est en train de se dérouler dans votre ventre (devenu sacré). Très curieuse de savoir ce qui s'y passe, vous rêveriez :

— de passer une échographie par jour pour suivre en direct l'évolution de la future merveille ;

— d'autoriser les scientifiques à vous implanter une caméra pour regarder vivre la future merveille 24 h sur 24 ;

— d'avoir la peau transparente pour regarder la future merveille à l'œil nu sans difficultés.

Mais bon. Il va falloir vous résigner. À défaut de voir (hormis pendant les trois échographies), vous allez vous contenter d'imaginer et de croire tout ce qui va être dit dans les pages suivantes (et encore, estimez-vous heureuse, vos grands-mères passaient neuf mois sans la moindre info).

Attention ! Pour suivre plus facilement le déroulement du scénario qui va suivre, munissez-vous :

– d'un calendrier au format carte de visite pour repérer votre situation dans le temps (il est fortement conseillé de barrer toute semaine écoulée, comme les prisonniers font des bâtonnets avant d'être libérés) ;

– d'un double décimètre : vous allez trouver plus bas tout un tas d'indications sur la taille du fruit de-vos-entrailles au fil de son évolution. Bien souvent, on a du mal à se rendre compte de ce que font 22 ou 36 mm. Avec votre petite règle d'écolière, vous pourrez mieux matérialiser la dimension du bébé (et le mettre sous les yeux de Mamour qui a toujours été nul en géométrie) ;

– un Post-it® à coller sur la page de la semaine qui vous correspond : comme on vous l'a déjà été signalé, vous verrez que vos facultés mentales vont rapidement être altérées. Un pense-bête vous évitera de faire et refaire dix fois vos petits calculs.

Premier mois : l'aventure commence !

Du premier jour de vos dernières règles jusqu'à la 6ᵉ semaine d'aménorrhée (6 SA)/de la fécondation à la 4ᵉ semaine de grossesse (4 SG).

Quelques semaines pour assister à un petit miracle : de l'union de deux cellules va naître un enfant taille miniature avec tout-ce-qu'il-faut-partout-où-il-faut. Et tout ça au plus profond de vous… Ahhh (soupir) ! quel bonheur que d'être une femme ! (Vous pouvez verser une larme d'émotion ; enceinte, on vous pardonne même d'être nunuche.)

Première semaine (3 SA/1 SG)

Comme nous l'avons déjà évoqué dans les pages précédentes, les quelques jours qui suivent le moment de la fécondation sont très intenses. L'œuf, en commençant ses innombrables divisions, s'est déplacé dans la trompe et a fini son voyage dans l'utérus, au bout de 4 à 5 jours. Au

moment de la nidation (au 7e jour environ), le « blastocyte » (nom provisoire de votre enfant) se fixe dans la paroi de l'utérus et s'y enfonce afin de trouver un environnement propice à son développement.
Il mesure environ 0,1 mm.

Deuxième semaine (4 SA/2 SG)

Cette semaine, l'œuf, qui continue de s'implanter profondément dans la paroi utérine, poursuit son évolution : les cellules qui le constituent s'organisent en différents tissus. Deux couches différentes se mettent en place (on parle alors du stade « didermique »).
La première couche, située contre la paroi, va devenir le placenta, le cordon ombilical, le sac amniotique, le sac vitellin (intestin primitif) et le chorion (diverses membranes protectrices). L'autre partie sera le futur bébé.
À ce stade, l'œuf mesure environ 0,2 mm.

Troisième semaine (5 SA/3 SG)

La partie embryonnaire se développe : elle se constitue maintenant de trois couches de cellules (on parle de stade « tridermique ») qui seront à l'origine de tous les organes du futur enfant. C'est dire l'importance de cette phase !

La première couche, le feuillet interne, contient l'ébauche de l'appareil digestif (foie, pancréas, estomac, muqueuse des parties digestives, vessie).
Le feuillet du milieu sera le point de départ du squelette, des muscles, des vaisseaux sanguins et des reins.
Le feuillet externe évoluera vers le cerveau, le système nerveux, la peau, les organes des sens.
Le haut et le bas du futur bébé commencent à se différencier : la couche externe s'épaissit à une extrémité pour former un renflement de cellules qui, plus tard, deviendront le système nerveux central. Au début, cela se présente sous la forme d'une gouttière qui se refermera et dont l'extrémité frontale formera le futur cerveau primitif.

Une ébauche cardiaque apparaît : très vite, des battements rythmiques vont faire leurs débuts (avant même que le cœur véritable s'ébauche). Les premières cellules sanguines commencent aussi à se former. L'embryon mesure de 1,5 à 2 mm.

Quatrième semaine (6 SA/4 SG)

Une semaine de grands changements… et une croissance vertigineuse !

À partir de maintenant, les organes primitifs vont se mettre en place : le disque embryonnaire présentant trois couches de tissus s'enroule sur lui-même pour former un tube avec deux extrémités différenciées, la tête et la queue. Il est maintenant bien délimité.

Le nez, l'ébauche de l'oreille interne, de l'œil, le bourgeon de la langue sont là.

Les bourgeons des membres apparaissent (les bras en premier), les organes s'ébauchent également avec, notamment, le système nerveux (les bulbes, futur cerveau, sont en place), le système cardiaque et le début de la circulation sanguine entre la mère et l'enfant.

L'embryon flotte au milieu du liquide amniotique, relié à l'utérus par le cordon ombilical qui est en train de se former.

L'embryon mesure maintenant entre 2 et 5 mm : il est désormais suffisamment grand (!) pour être vu à l'échographie (on ne voit pas grand-chose quand même…, seul l'œil averti du médecin peut déceler que, dans cette espèce de « haricot », c'est votre enfant que l'on peut voir).

Deuxième mois : un vrai petit d'homme !

De la 7e à la 10e semaine d'aménorrhée, de la 5e à la 8e semaine de grossesse.

En un mois, tous les organes déjà ébauchés vont se mettre définitivement en place : de quoi faire passer votre embryon à un fœtus, véritable enfant miniature.

Cinquième semaine (7 SA/5 SG)

La tête grossit beaucoup sous l'effet du développement du cerveau : elle est encore très fléchie sur le thorax.

Le visage commence à se modeler avec la création d'une fossette qui sera la future bouche, la formation des mâchoires. Le nez et les yeux sont plus visibles.

Le cœur bat de façon de plus en plus perceptible : trop gros pour être contenu dans le thorax, il forme une bosse au niveau du ventre. Les battements sont beaucoup plus rapides que les vôtres : 150 pulsations par minute (à l'écoute, on dirait une locomotive à vapeur… très impressionnant !).

Les systèmes digestif et urinaire continuent leur mise en place.

Que de changements ! Votre enfant mesure entre 5 et 7 mm.

Sixième semaine (8 SA/6 SG)

La tête continue de grossir (elle paraît disproportionnée par rapport au reste du corps) et reste très penchée sur le corps. L'ensemble du corps est d'ailleurs toujours très courbé.

Le visage continue son élaboration : les yeux, très éloignés, commencent à se rapprocher. Les futures dents sont déjà en voie de formation.

Les bras et les jambes, déjà présents, s'allongent : au bout, des renflements préfigurent les futurs mains et pieds.

Même si le sexe du futur bébé est déterminé depuis la première seconde, rien n'est encore visible pour le moment. En revanche, les cellules des futurs organes sexuels sont déjà en place (ovaires et testicules). Encore un peu de patience pour savoir si vous portez un petit Léo ou une petite Léa.

La peau, jusqu'à présent formée d'une seule couche de cellules, commence à s'épaissir : le derme et l'épiderme entament leur formation.

Flottant dans le liquide amniotique, Bébé s'essaie à quelques mouvements… imperceptibles pour le moment (vous avez largement le temps de profiter de ses futurs coups de pieds !).

Mesurant entre 10 et 14 mm, l'embryon pèse désormais 1,5 g (aucune excuse pour que vous preniez déjà un kilo).

Septième semaine (9 SA/7 SG)

On se redresse, on se redresse ! Avec l'apparition du cou, la tête n'est plus posée directement sur le thorax. Dans l'ensemble, la forme de l'embryon est un peu moins courbée.

Les membres continuent de pousser (ça ne va pas s'arrêter de sitôt !) et les os, pour le moment, ne sont encore que du cartilage. Les bras peuvent déjà se plier au coude. Les doigts et les orteils commencent à se différencier (au début, ils sont palmés).

Le visage continue son modelage : les lèvres font leur apparition et les bourgeons dentaires continuent leur formation. Les paupières apparaissent : pour le moment, elles ne recouvrent pas encore tout l'orbite. Les yeux poursuivent leur élaboration et sont presque déjà opérationnels !

L'embryon fait déjà de nombreux mouvements, même s'ils sont involontaires : il commence des séances de trampoline, bien accroché au cordon en construction.

Pour le moment, il mesure entre 17 et 22 mm et pèse 1,5 à 2 g.

Huitième semaine (10 SA/8 SG)

Cette semaine va marquer l'achèvement du système cardiaque et vasculaire… à partir de maintenant, c'est un vrai petit cœur qui bat (et que l'on entend très bien au Doppler, séquence émotion).

L'intestin primitif se développe : il est trop gros pour être tout entier contenu dans l'espace interne, du coup, il s'enroule dans le cordon ombilical et sort ainsi de l'abdomen.

Sur le visage, les oreilles sont maintenant bien visibles. Les bourgeons des dents de lait sont tous là !

Les mains et les pieds ont leur forme définitive (bientôt, vous pourrez compter ses doigts sur l'écran de l'échographie).

Ce petit géant mesure environ 3 cm et pèse quasiment 3 g.

Troisième mois : y'a plus qu'à grandir !

De la 11e à la 15e semaine d'aménorrhée, de la 9e à la 13e semaine de grossesse.

En ce début de troisième mois, votre enfant est désormais un fœtus : tous ses organes sont déjà ébauchés, il ne leur reste maintenant qu'à se développer (il y a encore du chemin à faire, mais c'est un excellent début). Contrairement à vous, Futurbébé n'est pas paresseux : il commence à drôlement s'activer !

Neuvième semaine (11 SA/9 SG)

Avouons-le : pour l'instant, le fruit-de-vos-entrailles n'est pas encore joli-joli. Sa tête est toujours énorme par rapport au reste de son corps (elle représente la moitié de sa taille !) et, même si elle continue à se redresser, le bébé n'a pas encore fière allure. Pourtant, son visage commence vraiment à prendre forme humaine : on ne peut plus le confondre avec le petit d'un autre mammifère (ouf !). Les yeux continuent à se rapprocher, les paupières recouvrent maintenant toute la surface : elles vont rester fermées jusqu'à la maturité du globe oculaire (dans quelques mois).

Les bras poussent plus vite que les jambes (pas d'inquiétude, elles vont se rattraper très vite !).

Le sexe n'est toujours pas visible, mais les voies génitales et urinaires sont déjà clairement différenciées : à l'intérieur, petite fille et petit garçon sont bien distincts, mais pour l'instant, ils gardent leur secret…

Les mouvements continuent même si vous ne les percevez toujours pas : il faut dire que ce petit n'est pas encore bien musclé…

Pour l'instant, il mesure 4 cm de la tête au coccyx et 5,5 cm de la tête aux talons. Il pèse environ 10 g.

Il existe deux façons de mesurer un fœtus : de la tête au coccyx ou de la tête aux talons. En début de grossesse, on utilise plus fréquemment le premier type de mesure du fait que les jambes sont repliées et qu'il est très difficile d'évaluer alors la longueur totale du bébé.

Quand l'échographiste vous annonce un chiffre, n'hésitez pas à lui demander de quelle mesure il s'agit, vous vous rendrez mieux compte de la taille de votre enfant.

Dixième semaine (12 SA/10 SG)

Il bouge, il bouge… mais pas d'illusion ! Pour le moment, il ne contrôle rien (ce sera encore le cas quelques semaines après la naissance). Ces mouvements sont des « réflexes ». Le cerveau est en pleine formation : les futurs neurones se développent à une vitesse incroyable… il faut dire qu'il y a un sacré nombre de connexions à mettre en place, un vrai réseau de câblage ! Les reins fonctionnent et Bébé commence à uriner dans le liquide amniotique, ce qui contribue à en augmenter le volume. Eh oui ! Il baigne dans son pipi, mais tout cela est stérile et n'a rien à voir avec les futures urines. Le foie accomplit un boulot dingue : il faut dire que c'est lui qui est chargé de fabriquer les cellules sanguines. Du coup, il est très très gros (environ deux mois avant la naissance, il cessera cette activité intense et prendra sa taille normale).

L'intestin commence à réintégrer la cavité abdominale : bientôt, il aura complètement quitté le cordon ombilical.

Les bourgeons des dents définitives se mettent en place sous les dents de lait : ils seront en sommeil jusqu'à ce que l'enfant ait environ 6 ans.

Il mesure 5 cm de la tête au coccyx ou 7,5 cm de la tête aux pieds ; son poids est d'environ 18 g.

Onzième semaine (13 SA/11 SG)

Les cartilages se sont développés et, grâce aux cellules osseuses, le squelette commence vraiment à se dessiner : les côtes font leur apparition, les bras et les jambes continuent à se solidifier.

De même, le visage se structure grâce au cartilage du nez et du menton qui commence à s'installer.

Les cellules nerveuses poursuivent leur développement exponentiel : les ramifications se multiplient à vitesse grand V sans pour autant se connecter les unes aux autres. Les tissus du futur cerveau se développent tellement qu'ils se plissent pour donner toutes les circonvolutions caractéristiques de cet organe. Les cellules de la moelle épinière se relient aux muscles, ce qui continue de provoquer des mouvements involontaires.

Bébé mesure 6 cm de la tête au coccyx ou 8,5 cm de la tête aux pieds ; son poids est d'environ 28 g.

BON À SAVOIR POUR LES FMP (FUTURES MAMANS PARESSEUSES)

Le squelette définitif ne sera vraiment terminé qu'à partir de l'adolescence, c'est dire si votre petit va avoir besoin de calcium pendant ses premières années !

Douzième semaine (14 SA/12 SG)

Le visage est de plus en plus humain : les yeux se sont bien rapprochés et les oreilles, jusqu'à présent au niveau du cou, sont remontées à leur place quasi définitive. Quel joli petit minois !

Les organes continuent leur développement et le foie est toujours dans une activité incroyable : usine à cellules sanguines, il est quand même un peu aidé par la moelle épinière qui va commencer à le relayer (après, elle sera le seul fournisseur de ce type de cellules).

Sous l'influence des glandes sexuelles déjà présentes depuis longtemps, les organes sexuels sont en pleine maturation : pour les petites filles, les ovaires prennent place dans l'abdomen, et pour les garçons la prostate est déjà bien présente. Le pénis commence à pointer !!!

Bébé mesure 7 cm de la tête au coccyx ou 10 cm de la tête aux pieds… quel géant ! Et il pèse désormais environ 45 g.

Treizième semaine (15 SA/13 SG)

Le squelette continue sa consolidation : maintenant, les articulations fonctionnent, du coup Bébé peut plier les bras, faire tourner ses poignets et même serrer les doigts ! Il s'exerce d'ailleurs à mettre ses doigts de pieds en éventail, signe qu'il est bien le fils/la fille de sa mère…

Grâce à la production de mélanine, la peau prépare sa future coloration : pas d'inquiétude, il ne sera pas bronzé à la naissance, même si vous vous exposez vous-même au soleil…

Bébé arrive à ouvrir la bouche et son réflexe de succion est installé : d'ailleurs, il boit un peu de son liquide amniotique, composé en grande partie de sa propre urine… (Pas la peine de faire votre dégoûtée maintenant : quand vous aurez changé un bon millier de couches, votre conception des choses ragoûtantes aura bien changé !) Le système absorption/excrétion est déjà élaboré.

Le goût entre en fonction : le liquide dans lequel il baigne est d'ailleurs aromatisé selon ce que mange la maman… Bébé a une nette préférence pour les saveurs sucrées.

Sa taille est de 8 cm de la tête au coccyx ou 12 cm de la tête aux pieds ; son poids est d'environ 65 g.

Quatrième mois : y'a quelqu'un là-dedans ???

De la 16ᵉ à la 19ᵉ semaine d'aménorrhée, de la 14ᵉ à la 17ᵉ semaine de grossesse.

Événement de la plus haute importance : à partir de maintenant, vous sentez Bébé bouger ! Il faut dire que désormais, il est suffisamment grand et ses muscles sont assez développés pour faire de réels mouvements…

Quatorzième semaine (16 SA/14 SG)

Plus les semaines passent, plus les caractéristiques « humaines » s'affirment : maintenant, les cellules de la peau se sont vraiment développées et l'épiderme contient les papilles responsables du sens du toucher. Bébé va expérimenter ce sens nouveau… bientôt, il sera vraiment sensible à vos caresses à travers le ventre.

Les os sont renforcés et apparaissent à la radio.

Les mouvements sont de plus en plus amples, et il ne se prive pas de les essayer (même si tout cela est encore involontaire pour le moment). Les jambes ont rattrapé la longueur des bras et sont mêmes plus grandes maintenant.

La glande tyroïde commence à fonctionner : elle jouera un rôle prépondérant dans la croissance de l'enfant après sa naissance (et sera essentielle tout au long de sa vie).

La cavité abdominale s'étant développée, les intestins peuvent intégrer leur place définitive.

Il mesure maintenant 9 cm de la tête au coccyx ou 14 cm de la tête aux pieds, et pèse environ 110 g.

Quinzième semaine (17 SA/15 SG)

Les poumons sont suffisamment développés pour commencer à « s'exercer » : le bébé flotte dans le liquide amniotique, il ne reçoit pas d'air pour le moment (l'oxygène lui est apporté par votre sang), mais ses poumons se remplissent et se vident d'eau pour développer leur capacité. En fait, déglutir et respirer sont des réflexes qui nécessitent une bonne coordination : il faut quelques mois d'entraînement au bébé pour être opérationnel à la naissance !

Sa taille ? 10 cm de la tête au coccyx ou 16 cm de la tête aux pieds. Son poids ? Environ 135 g.

Seizième semaine (18 SA/16 SG)

Mister Bébé est poilu ! Enfin, il est plutôt couvert d'un fin duvet, appelé *lanugo*. Il tombera à la naissance et sera vite remplacé par un duvet un peu plus dense.

Dans l'œil, la rétine devient sensible à la lumière : il n'ouvre pas les yeux, mais s'il le faisait, il pourrait faire la différence entre le jour et la nuit.

Poursuivant sa folle croissance, Bébé mesure maintenant 11 cm de la tête au coccyx ou 17,5 cm de la tête aux pieds, et pèse environ 160 g.

BON À SAVOIR POUR LES FMP (FUTURES MAMANS PARESSEUSES)

Certains bébés naissent vraiment très poilus, ce qui peut faire douter le papa : « Tu m'as trompé avec un gorille ? » Pas de panique, ce n'est souvent qu'une question de jours avant que l'enfant retrouve ce qu'on appelle communément une « peau de bébé » (pas forcément douce, au demeurant).

Attention ! Pas de panique si votre petit garçon a déjà du poil au coucougnettes… il ne va pas se développer de sitôt.

Dix-septième semaine (19 SA/17 SG)

Si elle est entièrement constituée, la peau du fœtus est si fine que l'on peut y voir à travers tous les capillaires qui la traversent. Même à la naissance, vous constaterez que votre bébé est souvent « marbré » : tout le dessin de ses veines est apparent !

Dans l'intestin, les particules qui ont été ingérées commencent à s'accumuler : on appelle cette substance verdâtre (et très collante) le *méconium*. Elle restera dans l'intestin jusqu'à la naissance où elle formera les premières déjections du bébé (pendant trois ou quatre jours).

L'intestin voit apparaître l'appendice (qui sera peut-être un jour la source d'horribles douleurs…).

Et hop ! on a encore grandi ! 12 cm de la tête au coccyx ou 19 cm de la tête aux pieds pour un poids d'environ 200 g.

Cinquième mois : c'est la fête là-dedans !

De la 20ᵉ à la 24ᵉ semaine d'aménorrhée, de la 18ᵉ à la 22ᵉ semaine de grossesse.

Ben, faut pas se gêner pour les coups de pieds ! Ahhhh ! toute une éducation à faire ! En effet, c'est l'agitation totale dans votre bidon : le bébé a toute la place qu'il lui faut pour se retourner, se cogner contre les parois de l'utérus, jouer à Tarzan pendu à son cordon ombilical... N'allez pas vous fâcher contre ce chenapan qui vous donne de sacrés coups : il fait son petit entraînement pour avoir un corps d'athlète à la naissance !

Dix-huitième semaine (20 SA/18 SG)

Quel boulot ! Le système nerveux est quasiment au complet... Bébé est maintenant équipé de 12 à 14 milliards de cellules nerveuses (le cerveau n'atteindra sa maturité définitive que vers 18 ans, et le nombre de neurones ira en décroissant à partir de là ; *no comment* sur le nombre qui vous reste dans votre état actuel).

Le cœur s'est bien développé : il suffit d'un stéthoscope pour pouvoir l'entendre à travers le ventre.

L'aspect esthétique du fœtus s'améliore : la peau se densifie (mais comme il est encore bien maigre, il reste tout fripé), les empreintes digitales apparaissent, faisant de votre enfant un être totalement unique, et les premiers cheveux et les ongles font leur apparition.

Il mesure 13 cm de la tête au coccyx ou 20 cm de la tête aux pieds pour un poids d'environ 240 g.

Dix-neuvième semaine (21 SA/19 SG)

Il n'arrête pas de bouger ! Il s'appuie contre la paroi, au point de faire apparaître des bosses sur votre ventre... Sensible au toucher, il peut réagir à vos caresses : quand il s'appuie, passez votre main sur votre peau, il comprendra que vous l'avez reconnu.

Bébé passe la majorité de son temps à dormir (heureusement ! vous ne pourriez supporter la bamboula toute la journée !), mais ses horaires ne sont pas du tout calés sur ceux de sa mère (et cela continuera quelque temps après la naissance…). Il peut très bien se mettre à faire la java alors que vous, vous essayez de vous reposer… et ce n'est qu'un début !

Le rythme d'alternance entre les phases de sommeil profond et celles du sommeil léger commence à se mettre en place : quand il ne dort pas profondément, un rien peu le faire sursauter !

Il mesure 14 cm de la tête au coccyx ou 21,5 cm de la tête aux pieds pour un poids d'environ 335 g.

Vingtième semaine (22 SA/20 SG)

Le corps continue à se développer alors que la croissance du périmètre de la tête ralentit : les proportions commencent à s'équilibrer et la tête ne paraît plus aussi grosse par rapport au reste. À l'intérieur, le cerveau va quand même continuer à grossir puisqu'il prendra environ 90 g tous les mois.

Le pancréas entre en fonction : il commence sa production d'insuline (l'hormone qui permet de réguler le taux de sucre dans le sang, à l'origine du diabète).

Les cellules sexuelles poursuivent leur maturation : les ovaires d'une petite fille contiennent déjà tous les futurs ovules qui lui permettront plus tard d'avoir elle-même des enfants… Leur nombre est très important (6 millions), mais va commencer à décliner avant même la naissance.

Ça pousse, ça pousse ! Bébé mesure 15 cm de la tête au coccyx ou 22,5 cm de la tête aux pieds. Son poids est d'environ 385 g.

Vingt-et-unième semaine (23 SA/21 SG)

Le réflexe de succion était déjà en place depuis quelques semaines. Maintenant que Bébé peut lever les bras et bouger la tête, il trouve une nouvelle activité passionnante : sucer son pouce ! Outre le fait que ce geste est une source de plaisir (qui peut durer de longues années), il a aussi une vocation d'entraînement pour les futures tétées.

Les mouvements respiratoires continuent à exercer les poumons à la respiration qui commencera dès la naissance : les alvéoles pulmonaires se développent afin d'être prêtes dans quelques semaines !

Sa taille ? 16 cm de la tête au coccyx ou 24 cm de la tête aux pieds. Son poids est d'environ 440 g. Pour indication, le diamètre de sa tête est de 5,8 cm (pour l'instant, vous ne criez pas encore : « Mais comment vais-je faire pour laisser sortir un engin pareil ?!! »).

Vingt-deuxième semaine (24 SA/22 SG)

Vous voyez dans quel état sont vos mains quand vous faites une heure de vaisselle (ok, ça ne vous arrive jamais !) ? Toutes fripées. Eh bien, imaginez que votre bébé flotte dans le liquide amniotique pendant plusieurs mois… Vous imaginez un peu comment sera sa peau ? Heureusement, celle-ci sécrète une substance grasse, le *vernix caseosa,* qui va la recouvrir et la protéger au cours de sa longue baignade.

Les yeux de Bébé se font une beauté : sous les paupières qui sont toujours closes, l'iris est en train de se colorer ! Mais rien n'est définitif : même à la naissance, la couleur est loin d'être fixée. D'ailleurs, presque tous les bébés naissent avec les yeux bleus (plus ou moins foncés). Les cils et les sourcils sont là : ça se précise !!!

Le sexe est maintenant clairement défini (il reste pourtant 20 % d'erreur dans l'interprétation des images) : alors, vous voulez la surprise ou non ??? Maintenant, on mesure 17 cm de la tête au coccyx ou 26 cm de la tête aux pieds. On pèse environ 500 g (prenez une demi-bouteille d'eau et voyez un peu à quoi ça correspond).

Sixième mois : j'explore, je découvre !

De la 25ᵉ à la 28ᵉ semaine d'aménorrhée, de la 23ᵉ à la 26ᵉ semaine de grossesse.

Ce mois-ci, les organes des sens sont arrivés à maturité : si les yeux restent fermés, le bébé perçoit quand même les variations d'intensité de la lumière. Grâce à ses mouvements, il exerce son toucher et, surtout, il parvient maintenant à distinguer les bruits ; à travers le liquide amniotique, tout est atténué… mais quand même ! Les gargouillis de vos intestins, les battements de votre cœur, le son lointain de votre voix (et celle d'un monsieur qui parle tout le temps à maman, c'est qui celui-là ?), etc., quelle cacophonie ! Et pourtant, il doit adorer ça…

Vingt-troisième semaine (25 SA/23 SG)

Tout ce petit être se perfectionne : l'émail des dents commence à être produit, le vernix et le lanugo s'épaississent pour mieux protéger la peau. Le sang du bébé est très riche en fer (pour pouvoir transporter plus d'oxygène) : de ce fait, il est encore plus rouge que le vôtre.

Le système nerveux entre dans une nouvelle phase : à partir de maintenant, le nombre de cellules est définitif, elles ne vont plus se diviser, mais se différencier afin d'établir les connexions nécessaires à tout le « câblage du réseau » : ce sont toutes ces ramifications et ces liaisons qui permettront la transmission de l'influx nerveux dans tout le corps.

Bébé mesure 18 cm de la tête au coccyx ou 28 cm de la tête aux pieds, il pèse environ 560 g. Son tour de tête est de 6,4 cm.

Vingt-quatrième semaine (26 SA/24 SG)

À partir de là, Bébé va commencer à grossir : jusque-là, il n'a que la peau sur les os. Les semaines qui lui restent à passer dans votre ventre vont lui permettre de se rembourrer là où il faut.

Ses ongles sont tous formés et vont pousser (à la naissance, certains bébés sont de vraies sorcières !).

Hors les périodes de sommeil, il profite de l'espace qui lui reste (bientôt, il sera trop gros pour bouger) et continue sa gymnastique : certains sont très agités, d'autres plus calmes. Attention ! Cela ne laisse en rien augurer son futur comportement (les mouvements ne sont pas encore volontaires).

Quelle poussée ! Il mesure 19 cm de la tête au coccyx ou 30 cm de la tête aux pieds, et il pèse environ 650 g.

Vingt-cinquième semaine (27 SA/25 SG)

Votre bébé tout maigre va commencer à se remplumer grâce à l'entrée en fonction des cellules adipeuses : à partir de maintenant, il va faire du gras !

Le système nerveux continue son prodigieux développement : les cellules qui se sont diversifiées depuis quelques semaines poursuivent leur réseau, s'implantent dans la moelle et se réunissent pour former les nerfs. Quel chantier merveilleux ! Grâce à toutes ces connexions qui se mettent en place, Bébé a de plus en plus de sensations, et ses mouvements sont moins « réflexes ».

Maintenant, Bébé est un géant de 20,5 cm de la tête au coccyx ou 32 cm de la tête aux pieds, et il pèse environ 750 g.

Vingt-sixième semaine (28 SA/26 SG)

Le fruit-de-vos-entrailles continue sa préparation en vue de sa future sortie : ses poumons s'emplissent et se vident pour éviter que les alvéoles pulmonaires se collent, les reins filtrent le liquide amniotique qu'il boit en grande quantité et rejettent le tout par les voies urinaires… on s'entraîne, on s'entraîne !

Bébé continue également à se faire tout beau : le gras sous l'épiderme épaissit progressivement, lui enlevant au fur et à mesure son aspect fripé (vous voulez un enfant, pas un sharpei). De même, son futur sourire s'élabore : l'ivoire avait déjà été sécrété, c'est au tour de l'émail d'entourer les dents de lait (bien cachées dans la gencive). Pour les couettes ou la crête, faudra attendre encore un peu… mais les cheveux sont bien là !

Sa taille ? 21 cm de la tête au coccyx ou 33 cm de la tête aux pieds. Son poids ? Environ 870 g.

Septième mois : je prends des forces !

De la 29ᵉ à la 32ᵉ semaine d'aménorrhée, de la 27ᵉ à la 30ᵉ semaine de grossesse.

Votre bébé est viable ! Pourtant, si vous accouchiez maintenant, il serait un grand prématuré, avec tous les risques que cela comporte… C'est pourquoi, à partir de là, chaque jour de plus passé dans son cocon est une chance de plus d'être en pleine forme !

Vingt-septième semaine (29 SA/27 SG)

Pour pouvoir transmettre l'influx nerveux, les nerfs doivent être recouverts d'une sorte de gaine, la myéline, que l'on peut comparer à la protection plastique qui recouvre les fils électriques (afin de ne pas provoquer de courts-circuits). La production de cette myéline se déroule sur du très long terme puisqu'elle ne sera vraiment terminée qu'à la fin de l'adolescence (et même jusqu'à 20 ans). Pourtant, elle commence dès la fin du deuxième trimestre de grossesse. À la naissance, elle ne sera que très sommaire : l'enfant est incapable de marcher ou de maîtriser ses mouvements (l'influx nerveux ne parvient pas encore à l'ensemble de ses membres). La mise en place connaîtra un développement intense jusqu'aux 3 ans de l'enfant, période durant laquelle il acquiert les grands apprentissages (marche, propreté, langage), possibles grâce à la bonne transmission des messages nerveux.

Bébé mesure 22 cm de la tête au coccyx ou 34 cm de la tête aux pieds. Il pèse 1 kg !!!

Vingt-huitième semaine (30 SA/28 SG)

Les mouvements respiratoires qui, jusqu'à présent, étaient désordonnés, commencent à se régulariser : moins nombreux, ils sont plus rythmés.

Le système de régulation de la température se rode : attention, même à la naissance, il sera imparfait (c'est d'ailleurs pour cela que l'on couvre bien la tête du nouveau-né, puisque la chaleur de son corps s'en échappe).

Pour les petits garçons, les testicules descendent dans l'aine (l'arrivée dans les bourses est pour plus tard).

Et hop ! on a encore grandi ! 23 cm de la tête au coccyx ou 35 cm de la tête aux pieds pour 1,15 kg.

Vingt-neuvième semaine (31 SA/29 SG)

C'est bien beau de s'enrober, mais au fur et à mesure, on a de moins en moins de place pour bouger dans ce ventre ! Les mouvements de Bébé ont moins d'ampleur : il ne se sent pas encore à l'étroit, mais cela ne va pas tarder.

Il ouvre grands les yeux ! Mais la lumière n'atteignant pas encore sa rétine, elle reste inactive.

Tous les organes fonctionnent : les reins filtrent une quantité impressionnante de liquide amniotique. Celui-ci, sans cesse renouvelé, change de saveur selon l'alimentation de la maman : le petit peut ainsi exercer son sens du goût (commencez dès maintenant à manger des épinards, ce sera peut-être plus facile pour les lui faire avaler après !).

Ça commence à peser... 24 cm de la tête au coccyx ou 36 cm de la tête aux pieds pour 1,3 kg.

Trentième semaine (32 SA/30 SG)

La maturation sexuelle se poursuit : les testicules du petit garçon descendent dans les bourses, les cellules sexuelles primitives de la petite fille se transforment en ovocytes de premier ordre (c'est-à-dire qu'à l'adolescence, ils répondront à la stimulation hormonale pour libérer les ovocytes prêts pour la fécondation ; mais tout cela est bien loin, non ?).

Certains bébés sucent goulûment leur pouce, au point de naître avec le doigt tout irrité.

On en est où ? 25 cm de la tête au coccyx ou 37 cm de la tête aux pieds pour 1,5 kg.

Huitième mois : c'est par où la sortie ?

De la 33ᵉ à la 36ᵉ semaine d'aménorrhée, de la 31ᵉ à la 34ᵉ semaine de grossesse.

Ce mois-ci, le poids de Bébé va faire un bond considérable : il faut dire qu'il n'a plus que ça à faire, grossir, et comme la place est de plus en plus réduite, il ne peut plus vraiment se dépenser. Pressentant qu'il ne pourra bientôt plus bouger du tout, il fait une dernière cabriole pour se placer la tête en bas, en direction de la sortie. Mais dis donc, bonhomme, reste encore un peu au chaud, allez, encore un peu… (écoute un peu ta mère, elle sait ce qui est bon pour toi !).

Trente et unième semaine (33 SA/31 SG)

On appelle « présentation » la façon dont le bébé est positionné en vue de sa naissance prochaine : la situation normale est qu'il soit placé la tête en bas et les pieds en haut, jambes repliées sur le buste (présentation du sommet). Parfois, il peut avoir la tête en bas, mais celle-ci est rejetée en arrière et le bébé a le visage au niveau du col de l'utérus (présentation de la face). Il peut également arriver qu'il se présente en siège, c'est-à-dire les fesses en premier et la tête en haut, avec soit les jambes « en tailleur » s'appuyant sur le col de l'utérus (on parle alors de « siège complet »), soit avec les jambes levées (« siège décomplété »). Plus rarement, certains bébés se placent complètement en travers (pour bien compliquer les choses).

Peut-être va-t-il commencer à trouver le temps long… En tout cas, il est très attentif à son environnement sonore et réagit aux voix qu'il reconnaît (surtout la voix grave du papa dont les ondes arrivent plus facilement jusqu'à lui).

Avec un tour de tête de 8,5 cm, une taille de 26 cm de la tête au coccyx ou 39 cm de la tête aux pieds et un poids de 1,7 kg… ce bébé commence à être un sacré morceau !!!

BON À SAVOIR POUR LES FMP (FUTURES MAMANS PARESSEUSES)

95 % des bébés naissent avec la tête en bas et le dos orienté vers la gauche (manquerait plus que le vôtre veuille se faire remarquer…).

Trente-deuxième semaine (34 SA/32 SG)

À partir de maintenant, non seulement Bébé va continuer de grandir et de grossir, mais il va surtout renforcer son ossature : ses besoins en calcium sont énormes et, en cas de carence de votre part, Bébé risque de puiser dans vos réserves (ce qui n'est vraiment pas bon pour vos os à vous). Les os du crâne ne sont pas soudés (la tête doit pouvoir se « cabosser » un peu pour traverser le long couloir qui mène à l'extérieur) : il restera donc des zones « molles » (la fameuse « fontanelle ») sur la tête du bébé à sa naissance, d'où sa fragilité.

Ses glandes surrénales sont très grosses (à la naissance, elles auront retrouvé une taille proportionnelle à celle du bébé) : elles produisent des hormones dont un taux très important d'œstrogènes, qui met en fabrication le colostrum (liquide jaune et épais qui précède le lait maternel et qui constitue les premiers repas du bébé allaité).

27 cm de la tête au coccyx ou 40,5 cm de la tête aux pieds et 1,9 kg : ce sera tout ma p'tite dame ???

Trente-troisième semaine (35 SA/33 SG)

Le méconium continue à s'accumuler dans les intestins : il va y rester jusqu'à la naissance. Parfois, il peut arriver que les intestins se contractent : c'est un signe de souffrance fœtale (qui peut arriver suite à une maladie infectieuse de la mère, par exemple). On repère alors des particules de méconium dans le liquide amniotique (grâce à un prélèvement qui n'est effectué qu'en cas de suspicion). La décision est alors prise de déclencher l'accouchement.

La courbe de croissance ne cesse de grimper... 28 cm de la tête au coccyx ou 42 cm de la tête aux pieds, 2,1 kg... Ouch ! belle pièce !

Trente-quatrième semaine (36 SA/34 SG)

À part grossir, je fais quoi, moi ? Bah, plus grand-chose... La place est assez réduite, je ne peux plus faire de trampoline comme il y a encore quelques semaines. Ahhh, c'était le bon temps ! Maintenant, je commence à être un peu à l'étroit. Pourtant, je suis bien au chaud, ici. C'est douillet comme coin. Très cosy. Je vais encore rester un peu, on verra bien si on me met dehors dans quelque temps !

Je mesure 29 cm de la tête au coccyx ou 43 cm de la tête aux pieds, et je pèse 2,2 kg.

Neuvième mois : un, deux, trois... partez !!!

De la 37ᵉ à la 40ᵉ semaine d'aménorrhée, de la 35ᵉ à la 38ᵉ semaine de grossesse.

Ce n'est pas qu'on s'ennuie là-dedans, mais bon, pour Bébé (et pour vous, n'en parlons pas), le temps commence à être long. Il perçoit beaucoup de sons, reconnaît votre voix, apprécie quand vous marchez... mais il a surtout envie de voir tout ça en vrai !

Trente-cinquième semaine (37 SA/35 SG)

Les reins ont une activité intense : Bébé sécrète l'équivalent de deux cuillerées à soupe d'urine toutes les heures, cela renouvelle donc fréquemment le liquide amniotique. Pourtant, plus l'enfant prend de place, moins le volume est grand (votre ventre est extensible, soit, mais il a quand même ses limites…).

Ouf, le lanugo (long duvet) qui le recouvrait depuis des semaines commence à disparaître (le singe s'éloigne…).

Taille ? 30 cm de la tête au coccyx ou 45 cm de la tête aux pieds. Poids ? 2,4 kg. Tour de tête ? 9,2 cm (vous allez commencer à le sentir passer, non ?).

Trente-sixième semaine (38 SA/36 SG)

Les semaines qui restent vont permettre de fignoler le travail, parce que dès maintenant, Bébé est prêt à vivre sa vie. Le lanugo a entièrement disparu (pour vous éviter d'avoir peur ?) et sa peau est bien tendue puisqu'il a accumulé assez de gras pour être bien dodu (certains peuvent même ressembler à de vrais poupons en Celluloïd avec cuisses replètes et joues bombées).

Il mesure désormais 32 cm de la tête au coccyx ou 46,5 cm de la tête aux pieds et pèse environ 2,65 kg.

Trente-septième semaine (39 SA/37 SG)

Ce gros patapouf ne peut plus bouger ! Il remplit complètement l'utérus et maintenant ses mouvements se résument à quelques coups de pied ou de coude. Mais comme il a plus de force, vous les sentez drôlement ! Aïe !!! Il se tient recroquevillé sur lui-même, les jambes et les bras repliés pour gagner un peu de place.

Comme le lanugo, le vernix qui le recouvrait a complètement disparu : c'est un bébé tout rose qui s'apprête à venir vous dire bonjour !

Et on grandit, et on grandit… 33 cm de la tête au coccyx ou 48 cm de la tête aux pieds. Et on grossit, et on grossit… 2,9 kg.

Trente-huitième semaine (40 SA/38 SG)

Ces derniers jours seront sans doute les plus longs…

Bébé est dans les starting-blocks, tous ses organes sont matures, fonctionnels et prêts à être autonomes. Il pèse de tout son poids sur le col de l'utérus (il est d'ailleurs beaucoup descendu, ce qui vous soulage un peu) et va d'un moment à l'autre déclencher les opérations…

Dans quelques jours/heures, il sera dans vos bras. Dans quelques jours/heures, vous allez enfin voir à quoi il ressemble « en vrai ». Vous allez pouvoir compter ses doigts et vérifier qu'il a été livré au complet. Vous allez pouvoir commencer à vous extasier. Vous vous en doutiez déjà, mais là, vous allez comprendre en un instant ce que c'est qu'aimer.

À la naissance, Bébé mesure environ 50 cm de la tête aux pieds et pèse un peu plus de 3 kg.

10 REPÈRES POUR SUIVRE DE PRÈS SON ÉVOLUTION

(Évidemment, ces données ne sont que des moyennes indicatives, mais elles vous permettront de vous faire une idée de la place que prend votre petit dans votre ventre.)

1. Premier mois de grossesse (2 SA/6 SA)

	Taille	Poids
Jour 1 – 2 SA	150 millièmes de mm (taille de l'ovocyte)	Non mesurable
Jour 7 – 3 SA/1 SG	1 mm	Non mesurable
4 SA/2 SG	5 mm	Non mesurable

2. Deuxième mois de grossesse (7 SA/10 SA)

7 SA/5 SG	6 mm	Non mesurable
8 SA/6 SG	1,2 cm	1,5 g
9 SA/7 SG	2 cm	1,7 g
10 SA/8 SG	3 cm	2,5 g

3. Troisième mois de grossesse (11 SA/15 SA)

11 SA/9 SG	5,5 cm	10 g
12 SA/10 SG	7,5 cm	18 g
13 SA/11 SG	8,5 cm	28 g
14 SA/12 SG	10 cm	45 g
15 SA/13 SG	12 cm	65 g

4. Quatrième mois de grossesse (16 SA/19 SA)

16 SA/14 SG	14 cm	110 g
17 SA/15 SG	16 cm	135 g
18 SA/16 SG	17,5 cm	160 g
19 SA/17 SG	19 cm	200 g

5. Cinquième mois de grossesse (20 SA/24 SA)

20 SA/18 SG	20 cm	240 g
21 SA/19 SG	21,5 cm	335 g
22 SA/20 SG	22,5 cm	385 g
23 SA/21 SG	24 cm	440 g
24 SA/22 SG	26 cm	500 g

6. Sixième mois de grossesse (25 SA/28 SA)

25 SA/23 SG	28 cm	560 g
26 SA/24 SG	30 cm	650 g
27 SA/25 SG	32 cm	750 g
28 SA/26 SG	33 cm	870 g

7. Septième mois de grossesse (29 SA/32 SA)

29 SA/27 SG	34 cm	1 kg
30 SA/28 SG	35 cm	1,1 kg
31 SA/29 SG	36 cm	1,3 kg
32 SA/30 SG	37 cm	1,5 kg

8. Huitième mois de grossesse (33 SA/36 SA)

33 SA/31 SG	39 cm	1,7 kg
34 SA/32 SG	40 cm	1,9 kg
35 SA/33 SG	42 cm	2,1 kg
36 SA/34 SG	43 cm	2,2 kg

9. Neuvième mois de grossesse (37 SA/40 SA)

37 SA/35 SG	45 cm	2,4 kg
38 SA/36 SG	46 cm	2,7 kg
39 SA/37 SG	48 cm	2,9 kg
40 SA/38 SG	50 cm	3,3 kg

10. Vous pouvez déjà acheter une toise parce qu'il n'a pas fini de grandir.

chapitre 3

Comment passer de la planche
à la baleine ? Neuf mois qui vont faire
de vous une autre

Pensez-vous vraiment que vous ne ressemblerez pas à un culbuto ?

Vous vous doutez bien que ça ne va pas passer inaperçu. Vous n'allez pas pouvoir prétexter longtemps que ce léger gonflement est dû à une consommation excessive de haricots tarbais.

D'ailleurs, au début, vous allez attendre avec impatience que tout le monde s'en rende compte (vous allez même jusqu'à porter des ceintures de grossesse alors qu'on ne voit rien du tout, juste pour attirer l'attention). À la fin, vous vous demanderez avec désespoir comment vous allez faire pour effacer les traces de tout ça.

Depuis longtemps, vous regardez avec étonnement chaque femme enceinte en vous demandant comment on peut rester si sereine tout en sachant que l'on risque l'explosion. Maintenant, c'est vous qui aurez droit aux regards en coin des planches à pain « de l'autre camp », celles qui ne connaissent pas la chose.

En l'espace de neuf mois, vous allez pouvoir vérifier par vous-même toutes les légendes liées à la grossesse (et vous pourrez enfin raconter vous aussi tout plein de détails mélodramatiques à de pauvres parturientes qui boiront vos paroles avec angoisse et un infini respect ; ça compensera toutes vos souffrances, je vous le dis). Vous allez passer d'une démarche féline à une allure de culbuto, votre intimité se souviendra à jamais de la traversée d'une tête de 11 centimètres de diamètre, vous aurez peur de perdre tous vos organes à chaque éternuement, votre peau sera aussi zébrée qu'un modèle « Épi » de Vuitton…, mais, bien entendu, tous ces menus détails s'envoleront au premier sourire de l'Enfant paru (enfin, si vous aviez tous les bagages Épi pour vous récompenser, ce serait plus facile à accepter, quand même).

Pendant ces trois trimestres de bonheur intense, vous allez surtout vous poser beaucoup de questions en regardant votre corps se transformer (se déformer). En neuf mois, votre bébé passe de la cellule au poupon. Et puisque votre ventre lui sert de maison, il va bien falloir pousser les meubles pour lui faire un peu de place. Devant ce phénomène si naturel et pourtant si extraordinaire, vous serez sans doute un peu perplexe (inquiète/traumatisée/insouciante, rayez la mention inutile) ; mieux vaut savoir à quoi vous attendre pour :

— ne pas vous faire peur en vous croisant devant un miroir (ce n'est pas le moment de risquer l'arrêt cardiaque) ;

— ne pas vous évanouir le jour où vous ne verrez plus vos pieds (vous verrez, cela arrivera très vite) ;

— ne pas hurler quand Mamour vous dira « tu es belle comme… une pastèque » (il n'a pas tort).

Vous vous demanderez donc si vous allez sortir indemne de cette aventure. C'est pourquoi, charitable comme nous le sommes, nous allons vous expliquer exactement ce qui va vous arriver pour vous préparer psychologiquement à cette mutation en « mère de famille ». Suivez le guide.

Le 1er trimestre ou la grande révolution

Quelques mots pour résumer ce trimestre : « ??? / Blurp / Zzzzzz… » Vous allez très vite comprendre !

1er mois : pincez-moi, je n'y crois pas !

Du premier jour de vos dernières règles jusqu'à 6 semaines d'aménorrhée (6 SA)/de la fécondation à la 4e semaine de grossesse (4 SG).

Au chapitre 1, nous avons évoqué les premiers signes pouvant vous mettre la puce à l'oreille si vous soupçonnez une éventuelle grossesse. Il faut bien dire qu'à ce stade, votre état ne va pas encore subir de trop grosses modifications : vue de l'extérieur, vous ne changerez pas d'un iota (sauf si vous passez votre temps la tête dans la cuvette, ce qui n'a rien de flatteur pour le teint).

Pendant les quelques jours qui suivent la fécondation, vous n'êtes absolument pas consciente de ce qui est en train de se tramer dans votre ventre… D'ailleurs, le plus souvent, vous ne savez même pas à quel moment exact a eu lieu votre ovulation et vous ne pouvez pas prédire quel câlin de Mamour sera celui qui va changer votre vie (quand le gynéco vous donnera la date exacte, vous rougirez peut-être en vous disant « dire que j'ai conçu mon fils dans l'ascenseur/chez ma grand-mère/pendant une soirée SM !!! »). Pour le moment, vous continuez votre vie passionnante sans vous douter de rien.

Si vous cherchez à avoir un enfant, vous allez malgré tout guetter l'arrivée de vos règles avec impatience. Dès que vous apprendrez la nouvelle, vous allez sûrement observer tous les signaux de votre corps, toutes ses informations qu'aucun autre ne pourra vous donner puisque, pour le moment, c'est dans le plus grand secret que le fruit-de-vos-entrailles se prépare.

Avec plus ou moins d'intensité, vous remarquerez sûrement :

  – la tension des seins et l'augmentation de leur volume : vous trouverez vos nouveaux attributs très seyants, si ce n'est les veines bleuâtres qui peuvent apparaître (elles se dilatent du fait de l'augmentation du volume sanguin) ;

  – la fatigue : la progestérone ayant un effet « relaxant », vous subirez des coups de pompe fréquents ;

  – la modification du goût et de l'odorat : en général, ces sens sont beaucoup plus affûtés pendant la grossesse.

Si vous constatez une perte de sang, consultez votre gynécologue rapidement : cela peut être le signe d'une complication, ou alors rester tout à fait bénin. À surveiller dans tous les cas. (Pour plus d'informations sur les complications, rendez-vous au chapitre 4.)

En temps normal, votre utérus mesure 8 à 10 centimètres de long, il a une forme de poire (la partie étroite en bas) et est incliné vers l'avant – on dit « antéversé » (la position rétroversée, inclinée vers l'arrière, existe aussi, mais beaucoup plus rarement ; l'utérus rétroversé se redresse très vite : on n'a jamais vu de femmes enceintes « dans le dos »). Pour rester dans la métaphore fruitière, on peut dire qu'il va passer de la taille d'une mandarine (ou d'une petite figue, si vous préférez) à celle d'une grosse pastèque.

Vos amies les hormones

Évidemment, vous ne les voyez pas, vous ne savez même pas qu'elles existent, mais les petites coquines sont bien les responsables de tous les bouleversements qui ont lieu en vous pour préparer la venue de l'enfant chéri. Mieux vaut les connaître pour ne pas les prendre en grippe (de toute façon, vous ne pourrez rien faire, alors, à quoi bon ?).

○ **Gonadotrophine chorionique humaine (HCG)**

Vous en avez déjà entendu parler au chapitre 1 : hormone spécifique de la grossesse, sa production est l'un des premiers signes qui, une fois mesuré par le test de grossesse, permet de confirmer que vous êtes enceinte.

Sécrétée par le placenta (son ébauche en tout cas), elle est très importante puisqu'elle permet la production d'autres hormones, notamment celle qui bloque l'arrivée des règles et permet donc la poursuite de la grossesse.

Vous subissez son influence : elle est en partie responsable des nausées et des vomissements qui pourront vous perturber pendant le 1er trimestre (période où la HCG est en pleine croissance).

○ **Œstrogènes**

Hormones présentes en temps normal chez la femme, les œstrogènes sont produits en grandes quantités au cours de la grossesse : ils permettent notamment d'augmenter le nombre de vaisseaux sanguins dans l'utérus (puisqu'il va falloir créer tous les échanges entre la mère et l'enfant) et dans l'ensemble de votre corps.

Vous subissez leur influence : cette augmentation du volume sanguin peut être à l'origine de saignements de nez ou des gencives, mais aussi de la fameuse « bonne mine » de la femme enceinte due à une plus grande irrigation de la peau.

CE QUE LES AUTRES SE SONT BIEN GARDÉES DE VOUS DIRE…

Si votre teint est plus éclatant, c'est tout bénéf'. Si vous êtes rougeaude, ce qui peut arriver, c'est beaucoup moins glamour. Il est possible que le stick correcteur de couleur verte devienne un allié précieux pendant cette période.

o **Progestérone**

Elle aussi est une hormone féminine présente en temps normal et qui se révèle indispensable pendant la grossesse.

Elle est habituellement produite par les ovaires, mais, dès la 9e semaine de grossesse, c'est le placenta qui prend en charge sa fabrication.

Cette hormone a une action de relâchement sur les muscles et notamment sur l'utérus dont elle limite les contractions (ce qui permet le bon déroulement de la grossesse). Elle détend également les ligaments pour leur permettre de s'étirer.

Vous subissez son influence : d'autres muscles sont soumis à ses effets, du coup, elle ralentit aussi le transit intestinal, entraînant fréquemment un phénomène de constipation ou encore des difficultés à digérer. Elle dilate aussi les veines, ce qui peut entraîner des varices.

Elle prépare également les seins à la lactation : vos usines à lait se mettent en route… Cette activité inhabituelle (en temps normal, ils ne servent que de jouets à Mamour) les rend tendus et souvent douloureux.

De nombreuses autres hormones se mettent en action, chacune ayant un rôle bien spécifique (et vous donnant l'impression d'être entièrement possédée par une force étrangère et quelque peu maléfique). Les principales sont :

— la prolactine, qui favorise la mise en place de la lactation et stimule la croissance du bébé ;

— la HPL (hormone lactogène placentaire), qui joue un rôle équivalent en influant sur la formation des glandes mammaires nécessaires à l'allaitement. Elle est importante pour le développement de l'enfant puisqu'elle favorise le métabolisme des corps gras qui permettent sa croissance ;

— les hormones thyroïdiennes, qui sont utiles au développement du système nerveux central de l'enfant. Elles jouent également sur vous en augmentant votre consommation d'oxygène.

Vous êtes sous le choc ? Gardez les pieds sur terre !

Après avoir appris la nouvelle, vous allez sans doute être un peu « sonnée » : il va vous falloir quelque temps avant de vraiment prendre conscience que vous êtes en train de vivre l'un des plus grands bouleversements de votre vie.

Ne vous inquiétez pas si :

— vous vous surprenez à rester de longues minutes « absente », totalement absorbée par vos pensées, vous répétant en boucle « je-suis-enceinte-je-suis-enceinte-je-suis-enceinte » ;

— vous oubliez l'espace d'un instant votre nouvel état. « Un saut à l'élastique le week-end prochain ? Youpi !!! (Première réaction.) Euh, finalement, non. (Deuxième réaction, après réflexion.) » ;

— vous avez du mal à vous projeter dans les mois à venir. Ne vous inquiétez pas si tout d'un coup horoscopes et thèmes astraux deviennent vos lectures favorites : vous avez vraiment besoin de savoir où vous allez (ne donnez quand même pas tous vos sous à Mme Irma, les poussettes et autres équipements coûtent cher !).

Donc, il est normal que vous soyez un peu… hagarde (les hormones y sont pour quelque chose). Pourtant, il s'agit de rester lucide, car dès les premiers jours de la grossesse, vous allez avoir plein de démarches à faire. On peut même dire qu'il va falloir vous remuer le popotin (tant que celui-ci a encore sa forme d'origine), notamment pour prendre rendez-vous avec votre gynécologue et pour déterminer la maternité qui sera digne d'accueillir l'Enfant.

Allô Dr Gygy ? J'ai un truc à vous dire !

Après quelques jours de retard, après avoir fait un test urinaire… prenez rendez-vous chez votre gynécologue : il vous recevra sûrement au début du 2e mois de grossesse pour pratiquer le premier examen qui permettra de déterminer qu'aucune complication ne se profile.

Pour les détails concernant les examens gynécologiques, reportez-vous au chapitre 4.

CE QUE LES AUTRES SE SONT BIEN GARDÉES DE VOUS DIRE…

Certaines ne peuvent pas attendre une minute de plus pour se rendre chez leur médecin, trop angoissées ou trop impatientes d'en savoir plus. Si vous en éprouvez vraiment le besoin, n'hésitez pas à prendre rendez-vous : même s'il ne peut pas constater *de visu* votre nouvel état, il pourra sans doute vous rassurer et vous donner les premiers conseils relatifs à cette grossesse débutante.

Le choix de la maternité, une question décisive

Vous avez sûrement déjà entendu parler de cette course effrénée à laquelle les femmes doivent se livrer, leur test de grossesse encore tout chaud à la main, pour s'inscrire dans la maternité de leur choix. Dans les plus grandes villes (à Paris notamment), la demande est tellement concentrée sur certaines maternités qu'on se demande s'il ne faudrait pas appeler l'hôpital tout de suite après l'orgasme, au cas où.

Choisir l'endroit où l'on mettra son enfant au monde est en effet une question à étudier de près.

Parfois, le problème ne se pose pas : il n'y a qu'un seul hôpital près de chez vous, le gynéco qui vous suit exerce dans une clinique et vous irez là où il exerce, vous habitez en face d'une maternité. Dans ces cas-là, c'est vite vu.

En revanche, si vous souhaitez accoucher dans un hôpital bien particulier (pour sa réputation), si vous ne vous êtes jamais penchée sur la question et ne savez pas du tout où aller, si la distance est la même entre plusieurs établissements… mieux vaut réfléchir un peu avant de choisir.

Quels sont les critères de sélection (ils sont nombreux, à vous de les croiser) ?

○ **La proximité**

C'est le plus logique. Il semble normal de vous inscrire dans une maternité située à une distance raisonnable. Imaginez un peu le trajet au moment où, prise de contractions rapprochées, vous devez vous y rendre rapidement. Pensez aussi aux nombreux rendez-vous qui vous y seront fixés, ou encore aux trajets que devra faire le papa une fois que le bébé sera né. Il semble donc sensé de choisir un lieu assez proche de chez soi.

○ **Les délais d'inscription**

La forte concentration des naissances sur un nombre réduit d'établissements allonge les listes d'attente. Dans les grandes villes, les hôpitaux publics ou les centres hospitaliers universitaires sont pris d'assaut. Les cliniques sont en général un peu moins surchargées (à moins qu'elles aient une excellente réputation).

S'il est en général indiqué de s'inscrire au 5e mois de grossesse (au moment où la Sécurité sociale prend en charge la maternité à 100 %), il est fortement recommandé de réaliser une pré-inscription que vous pourrez toujours annuler si votre décision se porte sur un autre établissement.

o **La sécurité**

Il existe plusieurs types de maternités, classées selon le niveau de « technicité » de leurs équipements et de leurs équipes. Votre choix (fortement guidé par votre médecin) s'effectuera en fonction du déroulement de votre grossesse.

– Les maternités de niveau I sont recommandées dans le cadre des grossesses et des accouchements « simples », ne présentant aucun caractère de risque ou de complication prévisible. Rassurez-vous, cela représente quand même 90 % des cas.

– Les maternités de niveau II sont dotées d'une unité de néonatologie permettant d'accueillir les grossesses à risques ou les grossesses multiples (cas où les bébés sont fréquemment pris en charge à la naissance).

– Les maternités de niveau III possèdent une unité de réanimation néonatale et sont plus particulièrement recommandées pour les naissances ayant un risque de prématurité. Le bébé peut y être hospitalisé sans être séparé de sa mère.

o **Le nombre d'accouchements pratiqués**

Ce critère apporte beaucoup d'informations intéressantes puisqu'il détermine, entre autres, le type de personnel présent en permanence.

Par exemple, il est fixé par décret que ce n'est qu'au-delà de 1 500 accouchements par an que la présence 24 heures sur 24 d'un gynécologue-obstétricien, d'un anesthésiste réanimateur et d'un pédiatre est assurée.

De même, le nombre d'accouchements est pris en compte sur d'autres points : si ce nombre est inférieur à 700, on peut penser que la pratique est insuffisante (et s'ils avaient perdu la main, hein ?) ; s'il est supérieur à 2 500, on peut craindre le manque de disponibilité du personnel, ce qui pourrait nuire au besoin de contact et de présence qu'éprouvent les jeunes mamans.

o **Le confort**

Non pas que vous envisagiez votre séjour à la maternité comme un moment de détente, mais mieux vaut être dans les meilleures conditions pour donner naissance à la huitième merveille du monde. Pour vous faire une idée, rien de tel que de visiter la maternité (le mieux étant de se faire son opinion en allant voir des amies fraîchement accouchées).

Y a-t-il de nombreuses chambres individuelles ? avec douche ? Le papa peut-il assister à l'accouchement (même s'il faut le traîner par les cheveux) ? Quels sont les horaires de visite ? Les enfants peuvent-ils venir vous voir ? Quelle est la durée moyenne du séjour ? Quelle est la qualité des repas (ne pas s'attendre à quelque chose de bon, mais entre « franchement dégueu » et « mangeable », il y a une sacrée différence) ?

o **Hôpital ou clinique ?**

Le choix entre le public et le privé peut être cornélien. Chaque solution a ses avantages et ses inconvénients.

– À l'hôpital, vous bénéficierez d'une équipe très complète et des moyens techniques les plus performants. Vous n'aurez pas besoin de faire l'avance des frais, l'hospitalisation étant prise en charge par la Sécurité sociale et la mutuelle.

Vous serez accouchée par une sage-femme, l'intervention d'un gynécologue-obstétricien n'étant nécessaire que pour un acte médical (épisiotomie, césarienne, etc.). Vous serez sûrement placée dans une chambre double (un peu difficile quand le bébé de l'autre maman hurle juste au moment où vous voulez récupérer un peu de sommeil).

– En clinique, le gynécologue qui vous aura suivie sera présent pour l'accouchement. La relation avec l'équipe soignante sera sûrement plus personnalisée et votre confort meilleur (avoir une chambre individuelle, c'est quand même mieux). Attention ! Les tarifs sont à étudier avant de faire son choix : certaines cliniques qui proposent une « hôtellerie » de luxe pratiquent des prix très élevés.

2ᵉ mois : on ne voit rien, mais qu'est-ce qu'on déguste !

De la 7ᵉ à la 10ᵉ semaine d'aménorrhée, de la 5ᵉ à la 8ᵉ semaine de grossesse.

Le deuxième mois de grossesse est vraiment celui de la mise en route. Alors que pendant les premières semaines vous avez à peine réussi à vous faire à l'idée de ce nouvel état, maintenant, vous devez commencer à vous sentir « différente » : même si, de l'extérieur, rien ne peut laisser deviner LE secret, à l'intérieur, votre corps entier se mobilise pour sa nouvelle tâche (et ça bosse, ça bosse !).

Ce mois-ci, votre utérus va doubler de volume : ce n'est pas le bébé qui a besoin de tant de place, mais plutôt tous ses attributs (ébauche du placenta, liquide amniotique, etc.).

Parce qu'il commence à appuyer sur la vessie, vos envies d'aller aux toilettes sont très fréquentes : vous avez l'impression de vous y rendre toutes les cinq minutes ! Le plus gênant, c'est la nuit (on dit qu'il faut s'habituer aux réveils nocturnes dès maintenant…). Dans quelques semaines, l'utérus aura changé de position et sa pression sur la vessie sera moins forte : vous pourrez espacer un peu les passages aux wawa. Mais attention ! le répit sera de courte durée. Au troisième trimestre, le poids du bébé pèsera vraiment sur le bas-ventre et on repartira pour un tour... Les seins sont toujours tendus et gonflés (ils atteignent très vite leur taille « future maman sexy » et la gardent jusqu'à la fin de la grossesse). Ils connaîtront un nouvel « épanouissement » avec la montée de lait si vous décidez d'allaiter. L'aréole peut prendre une teinte plus foncée et s'élargir un peu.

Comment vivre les petits désagréments de la grossesse avec grâce et élégance

Réjouissance n° I : les « fameuses » nausées

Elles font partie de ce que vous préféreriez oublier. Attention ! Elles n'affectent pas toutes les femmes de la même façon, et elles ne feront pas de vous une héroïne. Mais il est certain qu'elles représentent l'un des symptômes les plus fréquents et les plus marquants du début de la grossesse.

Dues à l'imprégnation du corps par les hormones (notamment la HCG ou les œstrogènes, qui influencent la production d'acide gastrique par l'estomac), elles vous font des misères entre le 2e mois et la fin du 3e (en général, elles s'estompent dès le début du 2e trimestre).

Elles se manifestent avec plus ou moins d'intensité : certaines femmes sont justes « vaseuses », d'autres vomissent leur tripes dès le réveil (ou sont réveillées la nuit pour aller se vider). Cela n'est absolument pas prévisible et n'augure en rien le sexe de l'enfant. Pour certaines, cela dure quelques jours, pour d'autres, quelques mois...

Si vous avez le privilège de vivre ces réjouissances, dites-vous bien que malgré les quelques solutions qui sont proposées pour essayer d'atténuer tout ça, il va bien falloir accepter ce qui vous arrive, parce que « tu enfanteras dans la douleur », c'est bien connu, et ça commence dès le début ! En tout cas, ne vous inquiétez pas outre mesure : les nausées ne sont pas dangereuses pour le bébé, elles le sont juste pour :

– vos vêtements si vous n'allez pas assez vite aux toilettes ;

– votre dignité si vous vomissez devant des clients/votre banquier/un passant ;

– votre amour-propre, même si Mamour vous garantit que « mais si, mais si, je t'aime quand même » après que vous avez recouvert de vomi les sièges de son Audi TT.

Avec les nausées et les vomissements, certaines peuvent perdre du poids : cela n'est pas un problème (si toutefois vous tenez votre médecin informé) tant que vous parvenez à garder une alimentation à peu près équilibrée.

Demandez conseil à votre médecin : il existe de nombreux traitements, tout à fait compatibles avec la grossesse, qui permettent de bien atténuer les maux.

L'homéopathie propose également de nombreux remèdes, très efficaces.

Si les vomissements se révèlent excessifs, il s'agit peut-être d'hyperémèse, un trouble propre à la grossesse qui peut nécessiter une courte hospitalisation, avec mise sous perfusion, mais qui sera traité sans problème.

BON À SAVOIR POUR LES FMP (FUTURES MAMANS PARESSEUSES)

Petits trucs à essayer pour éviter de se faire élire Miss Gerby…

• Les nausées sont surtout ressenties le matin au réveil : il faut essayer de ne pas se lever à jeun et donc de grignoter un petit quelque chose avant de mettre le pied par terre (un biscuit, un morceau de pain, etc.). Prévoyez le coup la veille (plus prudent), ou demandez à Mamour de sauter du lit pour aller vous chercher quelque chose.

• Mieux vaut éviter d'avoir l'estomac vide : fractionnez vos repas. Attention, cela ne veut pas dire se mettre à grignoter à tout bout de champ en plus de sa ration normale, mais garder par exemple son dessert pour le manger à 16 h.

• Chaque femme peut trouver une solution personnalisée : si vous constatez une amélioration après avoir bu un trait de soda bien froid, renouvelez l'expérience, et si elle est efficace, profitez de l'aubaine (bien entendu, si seuls les Choco BN® vous font de l'effet, cela va très vite devenir problématique).

• On dit que le gingembre, la menthe, le citron… peuvent aider. À tester.

Réjouissance n° 2 : prout & co

Vous pouvez dire merci aux hormones… elles font de vous une vraie pétomane ou une championne du rot le plus caverneux. Dès le premier trimestre, les ennuis gastriques commencent… Un peu d'aide ?

o **Constipation**

Pour vous aider à retrouver un certain confort intestinal, essayez de modifier votre alimentation et de vous tourner vers des aliments qui favorisent le transit.

Consommez régulièrement des fruits et légumes, des céréales (le son notamment) qui, grâce à leurs fibres, peuvent vous aider. Mention spéciale pour les pruneaux ou les poireaux qui sont particulièrement efficaces. Attention cependant de ne pas tomber dans l'excès : trop de fibres peuvent irriter les intestins et vous pourriez souffrir alors de ballonnements encore plus importants.

Buvez beaucoup d'eau, des jus de fruits allongés avec de l'eau ou du lait. Essayez les mucilages (demandez conseil à votre médecin) qui permettent de ramollir les selles. Oubliez tout de suite les laxatifs qui peuvent être dangereux (ils provoquent parfois des crampes d'estomac, ce qui peut entraîner des contractions).

o **Flatulences et autres petits plaisirs**

Pour rester dans le domaine des nuisances gastriques, ne vous étonnez pas de passer maîtresse en vents plus mélodieux les uns que les autres.

Rangez votre fierté dans votre poche : ce n'est pas votre éducation qui est mise en cause puisque, d'habitude, vous vous maîtrisez, ou tout du moins vous restez discrète.

Efforcez-vous de manger lentement et de mâcher longuement pour éviter d'absorber de l'air.

Évitez les gros repas, les aliments lourds, les plats trop riches, et les aliments « pétogènes » (même si vous êtes prise d'une envie subite de cassoulet, résistez) : ne tendez pas le bâton pour vous faire battre.

Réjouissance n° 3 : douleurs ligamentaires (et leur petit lot d'angoisses)

Parfois, vous pouvez ressentir de douloureux « tiraillements » dans l'aine ou des tensions dans le bas-ventre. Cela peut passer en quelques secondes ou mettre plusieurs minutes à s'estomper… Ces sensations, assez angoissantes pour vous (vous pensez tout de suite au pire), n'ont pourtant pas de quoi vous inquiéter : l'utérus qui se met en place tire effectivement sur les ligaments, mais cela est tout à fait normal et sans conséquences.

Si les douleurs vous semblent excessives, parlez-en à votre médecin qui vous prescrira des antalgiques, très efficaces dans ce cas.

Réjouissance n° 4 : la fatigue

Dès le début, l'imprégnation hormonale va vous transformer en larve : si des concours de bâillements existaient, vous sortiriez gagnante à tous les coups ! Ne vous étonnez donc pas si :

– vous ne voyez plus un seul film jusqu'au bout (à la maison, ça peut passer ; au cinéma, c'est plus embêtant ; au théâtre ou à l'opéra, c'est carrément la honte !) ;

– vous vous endormez sur votre bureau (assez mauvais pour l'avancement de votre carrière) ;

– vous êtes beaucoup moins enthousiaste quand Mamour vous propose une sieste crapuleuse (une sieste, oui, crapuleuse, pas trop !).

Pas d'inquiétude cependant, les choses vont s'améliorer rapidement : dès le 2e trimestre, vous devriez retrouver votre forme habituelle (enfin… presque !).

Réjouissance n° 5 : problèmes veineux en tout genre

Sous l'influence des hormones, les veines auront tendance à se dilater, occasionnant plusieurs désagréments très glamour.

o **Varices et jambes lourdes** : cela ne s'améliorera pas avec la prise de poids, le retour veineux étant de plus en plus difficile. Évitez les sources de chaleur proches des jambes, portez des collants de contention (évidemment, en été, c'est difficile), surélevez le matelas au niveau des pieds… Votre médecin pourra vous prescrire un veinotonique.

o **Hémorroïdes** : ne mangez pas épicé et demandez un traitement si elles sont fréquentes.

o **Œdème** : la rétention d'eau fait partie des petites misères classiques et votre médecin devra vérifier qu'il ne s'agit pas d'un problème d'hypertension. Un traitement adapté sera sans doute nécessaire.

Réjouissance 6 : la sciatique

Les douleurs dorsales sont particulièrement fréquentes pendant la grossesse, et notamment la sciatique : le bassin bascule vers l'arrière et peut entraîner la compression d'une ou plusieurs racines du nerf sciatique, occasionnant ainsi une douleur persistante au niveau de la fesse, de l'arrière de la cuisse ou de l'intégralité de la jambe. Cette douleur peut être très handicapante, d'autant que le traitement par anti-inflammatoires est quasi impossible. L'ostéopathie est une réponse particulièrement adaptée à ce problème, tout comme les massages, la kinésithérapie ou la rééducation en piscine. Le repos est le plus souvent recommandé.

Troisième mois : Allô tout le monde ! Je suis enceinte !

De la 11ᵉ à la 15ᵉ semaine d'aménorrhée, de la 9ᵉ à la 13ᵉ semaine de grossesse.

Ce troisième mois devrait voir vos petits soucis s'améliorer progressivement : vous n'allez quand même pas rester verdâtre jusqu'au terme ! Vous devriez donc entamer la dernière ligne droite en ce qui concerne les histoires de nausées et de fatigue. Normalement, vous devriez arriver au bout du tunnel en cette fin de premier trimestre.

Votre utérus continue son développement : il remonte dans la cavité abdominale, ce qui permet à la vessie d'être un peu moins comprimée : ouf ! vous n'allez plus être obligée de chercher les petits coins partout où vous allez (cela devient systématique et très étrange de commencer toute nouvelle conversation par : « Bonjour ! Où se trouvent les toilettes ? »). Vous pouvez sentir l'utérus au-dessus du niveau du pubis en palpant votre ventre (pas non plus la peine d'appuyer trop fort !).

Du coup, votre ventre est un peu plus saillant : il se peut que votre taille commence à épaissir, sans toutefois qu'on devine votre état au premier regard. Vous êtes en plein dans la période où tout le monde se demande si vous n'avez pas un peu abusé de Kinder Bueno® ou si vous n'avez pas fauté avec Mamour il y a quelque temps.

SLIM OU PAS SLIM ?

Il est peut-être temps de se mettre à l'aise en arrêtant de porter vos pantalons slim et vos vêtements ajustés… Hors de question d'être comprimée, même pour céder aux exigences de la mode ! Sans être obligée de vous ruiner tout de suite en vêtements de grossesse, il va sans doute falloir vous tourner vers des formes plus amples et confortables : vous constaterez très vite que le ventre prend plus de place en fin de journée et qu'il est très désagréable de voir la marque de sa ceinture incrustée dans son bidon le soir. Les pantalons taille basse pourront vous sauver la mise quelque temps, mais vous ne couperez pas aux vêtements de femme enceinte.

Pour plus d'infos sur les vêtements de grossesse (et la mise entre parenthèses de votre vie de fashionista), reportez-vous au chapitre 6.

Comment officialiser la nouvelle (puisque vous n'allez pas pouvoir la garder longtemps pour vous)

C'est bien joli d'avoir trouvé une idée rigolote pour prévenir Mamour, la famille et les copains (le coup du panneau publicitaire en centre-ville, ça vous a coûté un bras, mais c'était efficace !). Mais n'allez pas croire que faire un enfant va se résumer à grossir et ne plus dormir : non, vous allez aussi devoir remplir de la paperasse, et surtout le faire dans les délais impartis. Ne vous plaignez pas ! C'est votre protection sociale que vous assurez (et là, vous commencez à vous sentir responsable ; ce n'est qu'un début).

○ **La déclaration administrative**

Avant la fin du premier trimestre, vous devez vous rendre chez le Dr Gygy pour une première visite obligatoire. Il est possible qu'en fin de trimestre vous l'ayez déjà vu au moins trois fois, mais l'administration estime que vous pouvez survivre après avoir appris THE BIG NOUVELLE sans avoir besoin de tenir informé celui qui connaît votre intimité comme sa poche.

Donc, cette première visite théorique, si elle est indispensable pour s'assurer de la bonne mise en route de toute l'usine à bébés (pour plus de détails, reportez-vous au chapitre 4), est aussi indispensable pour obtenir le formulaire qui va valider votre grossesse aux yeux de l'administration.

De quoi s'agit il ?

Après avoir constaté la grossesse, votre médecin va vous remettre un formulaire de déclaration de grossesse, intitulé « Vous attendez un enfant » (écrit en gros et en rouge, au cas où vous n'auriez pas encore bien pris conscience de la chose, petite écervelée). Ce document tient lieu d'attestation de premier examen médical.

Quelle que soit la date de la remise de ces documents par le médecin, vous êtes dans l'obligation de les faire parvenir complétés à la Caisse d'assurance maladie et à la Caisse d'allocations familiales avant la fin de la 14e semaine d'aménorrhée.

À quoi ça sert ? (Il faut parfois dire les choses clairement.)

À obtenir un « carnet de maternité »

Délivré par la Caisse d'allocations familiales, il vous donne de nombreuses informations et vous rappelle les examens obligatoires à passer selon un calendrier personnalisé.

À obtenir une « assurance maternité »

En renvoyant le volet correspondant à votre Caisse d'assurance maladie, vous lancez la procédure qui va vous permettre d'obtenir une couverture sociale spécifique à la maternité, soit :

- o le remboursement intégral de tous les examens (dépassements d'honoraires exclus) ;
- o les frais d'hospitalisation lors de l'accouchement ;
- o 8 séances de préparation à l'accouchement.

Pour les salariées (qui peuvent justifier d'une activité minimale), le congé maternité de 16 semaines. Si vous attendez des jumeaux et/ou si vous avez déjà deux enfants, le congé prénatal et postnatal est plus long.

Attention ! Pour pouvoir bénéficier de ce régime, il faut être soi-même assurée, ou bien épouse (ou à la charge) de l'assuré.

À recevoir des indemnités journalières

L'assurance maladie assure vos revenus pendant votre congé maternité.

Si vous êtes salariée, les indemnités sont égales au salaire journalier de base, calculé sur la moyenne des trois derniers mois, dans la limite du plafond mensuel de la Sécurité sociale (actuellement, 2 682 €).

Le montant minimum de ces indemnités est de 8,39 €, sans pouvoir dépasser 71,80 € par jour (diminués de 6,7 % de prélèvements sociaux), au 1er janvier 2007.

L'employeur peut être tenu par la convention collective applicable de compléter les indemnités à hauteur du salaire, de telle sorte que son employée enceinte touche l'intégralité de sa rémunération antérieure.

Si vous êtes en libéral, vous pouvez percevoir une allocation forfaitaire de repos maternel pour compenser votre perte d'activité (au maximum, 2 476 € en deux versements), ainsi qu'une indemnité journalière forfaitaire de 41,26 €, pour au moins 30 jours d'arrêt de toute activité.

À obtenir l'allocation dite « de jeune enfant »

À compter du 1er janvier 2007, la prestation d'accueil du jeune enfant, ou PAJE, est la formule appliquée uniformément (en remplacement des anciennes allocations).

Cette prestation est versée à toute personne enceinte ou ayant un enfant de moins de 3 ans dont les ressources ne dépassent pas les plafonds fixés. Cette allocation est versée du 4e mois de grossesse aux 3 mois de l'enfant. Elle peut être prolongée jusqu'à ses 3 ans, toujours selon les revenus familiaux.

Pour pouvoir y prétendre, il vous faut :

   o avoir déclaré votre grossesse dans les 14 premières semaines ;

   o passer une 1re visite médicale avant la fin du 3e mois ;

   o passer une visite par mois jusqu'à l'accouchement ;

   o après la naissance, avoir une consultation à 8 jours, 10 et 24 mois.

Cette allocation comporte 4 volets :

   o une prime à la naissance, ou à l'adoption, versée sous condition de ressources ;

   o une allocation de base, versée sous condition de ressources et visant à compenser le coût lié à l'entretien de l'enfant ;

   o un complément de libre choix d'activité, versé à celui des parents choisissant de ne plus exercer son activité professionnelle ou de travailler à temps partiel pour s'occuper d'un enfant. Pour les conditions et les montants, appelez votre CAF ou consulter le site www.caf.fr ;

   o un complément de libre choix du mode de garde, destiné à compenser le coût de la garde d'un enfant.

Dans le cadre de la PAJE, une prime de naissance peut également vous être versée.

Elle est attribuée au ménage ou à la personne dont les ressources ne dépassent pas un plafond, revalorisé chaque année. Ce plafond varie selon le nombre d'enfants déjà à charge et le nombre d'enfants nés ou à naître. Il est majoré :

○ si le parent vit seul ;

○ si les parents sont en couple, mariés ou non, et que les deux conjoints ont eu, l'année précédente, des revenus professionnels d'au moins 4 414,44 €[1].

○ **La déclaration à l'employeur**

Rien ne vous oblige à le faire... mais c'est à vos risques et périls.

Et puis, de toute façon, vous aurez du mal à le cacher bien longtemps encore. En plus, vous aurez envie qu'il prenne quelques dispositions pour ne pas vous envoyer vadrouiller sur des routes lointaines, vous demander des rapports pour la veille ou des commandes pour le lendemain.

Il s'agit surtout de vous assurer une protection, au cas où l'idée saugrenue de profiter de votre nouvel état pour vous faire un coup vache lui passerait par la tête.

Vous pouvez, bien entendu, aller lui parler de vive voix. Quels que soient vos rapports, il semble plus correct que l'information lui vienne de votre propre bouche. Attention ! ne pas utiliser de formules définitives du genre : « Alors ? ça vous la coupe, hein ? » ; ou : « Bien fait pour vous ! », même si votre supérieur hiérarchique est un être abject en permanence sur votre dos (avec un costume en Tergal et une cravate tricotée).

Après ce petit entretien cordial où vous lui aurez annoncé qu'il va devoir se débrouiller pour vous trouver une remplaçante (il s'était bien juré de ne plus employer de femmes...), vous lui ferez parvenir un courrier en

---

1. Information à la date de publication. Pour plus d'informations, consulter le site de la CAF www.caf.fr.

recommandé avec accusé de réception dans lequel vous ajouterez un certificat médical précisant la date approximative de l'accouchement. Pas la peine de lui parler de vos nausées ou de la tonicité de votre col de l'utérus. Il est suffisamment embêté comme ça, ne l'accablez pas.

Modèle de lettre
Madame Prénom Nom
Adresse
Code Postal Ville

Monsieur/Madame Prénom Nom
Fonction
Adresse
Code postal Ville

Lieu, Date

Objet : déclaration de grossesse. Lettre recommandée avec accusé de réception.

Madame, Monsieur,

Par cette lettre, je me permets de vous informer de ma grossesse. La date présumée de mon accouchement est fixée au [...]. En principe, mon congé maternité commencera donc le [...] et prendra fin le [...].
Vous trouverez ci-joint un certificat médical attestant de mon état.

Je vous prie d'agréer, Madame, Monsieur, l'expression de mes salutations distinguées.

Signature

À la réception de ce document, vous serez protégée face à plusieurs situations.

– Le licenciement

○ Avant la période du congé maternité et durant les 4 semaines qui suivent, vous ne pourrez pas être licenciée, sauf en cas de faute grave ou de problèmes économiques (être enceinte ne vous autorise pas à piquer dans la caisse, même pour acheter des fraises à 20 € le kilo).

○ Pendant la période de votre congé maternité, vous avez une protection absolue (même pour motif économique).

○ Si vous n'avez pas déclaré votre grossesse et que votre employeur vous notifie votre licenciement, vous pouvez le faire annuler en faisant parvenir le courrier dans les 15 jours suivant le licenciement.

– Le droit de vous absenter

Pas pour aller faire des razzias chez Petit Bateau pendant vos heures de travail. Faut pas rêver non plus. Mais pour aller passer vos examens médicaux obligatoires, oui (pas non plus pour aller vous faire faire une pédicure ou un soin du visage, même si vous en avez vraiment besoin).

– Les tâches pénibles/horaires/abus

Tout cela est réglementé par la loi : le boss n'a pas le droit de vous demander d'effectuer des travaux pénibles. Vérifiez également votre convention collective qui, parfois, ajoute des conditions spécifiques à votre type d'emploi.

Les horaires peuvent être aménagés (ce n'est pas prévu par la loi mais par les conventions collectives) : on ne peut vous demander de travailler plus de dix heures par jour, et vous pouvez bénéficier de réductions du temps de travail.

Il est strictement interdit de travailler pendant les 2 semaines qui précèdent la date théorique de l'accouchement, ainsi que pendant les 6 semaines qui suivent.

LE CONGÉ MATERNITÉ

Ah ! ces 16 semaines (minimum) tant attendues ! Vous avez droit à 6 semaines avant la date présumée de l'accouchement et 10 semaines après (12 et 22 pour des jumeaux, 24 et 22 pour des triplés ; si plus d'enfants… êtes-vous sûre de retourner bosser ???).

Notez-le ! Pour votre troisième enfant, le congé passe à 26 semaines (8 avant et 18 après).

S'il le juge nécessaire, votre médecin peut prolonger votre congé maternité : cela peut aller jusqu'à 2 semaines avant et/ou 4 semaines après la date théorique de l'accouchement. Un congé d'un mois pour allaitement peut parfois être donné.

Le 2ᵉ trimestre ou l'épanouissement ravi

Pour résumer ce trimestre, voici quelques expressions (que vous allez répéter souvent) : « Ohhhhh, ça bouge ! » ; « C'est un garçon !/C'est une fille ! »

4ᵉ mois : profitons-en, ça ne va pas durer

De la 16ᵉ à la 19ᵉ semaine d'aménorrhée, de la 14ᵉ à la 17ᵉ semaine de grossesse.

Vous entrez maintenant dans le deuxième trimestre, traditionnellement reconnu comme le plus agréable : on oublie les soucis du début, on n'est pas encore dans la lassitude de la fin. Et, surtout, vous êtes beaucoup plus en forme !

Il s'agit donc de profiter à fond de ces trois mois qui devraient être les meilleurs…

Vous aviez réussi à cacher la chose jusqu'à présent ? Ça ne va pas durer. On peut encore croire que vous avez mangé trop de choucroute, mais votre utérus, qui continue sa croissance, va bientôt atteindre la taille d'une noix de coco, ce qui semble être difficile à dissimuler dans un jean Diesel. L'utérus qui s'accroît tire de plus en plus sur les ligaments qui le soutiennent et le rattachent aux os du bassin. Alors que vous ignoriez jusqu'à présent leur existence (à moins d'avoir fait médecine ou d'avoir été championne au Dr Maboul), vous allez très nettement prendre conscience de la présence de ces ligaments : parfois, des pointes douloureuses peuvent survenir au niveau de l'aine, en marchant ou même en restant allongée. Elles peuvent disparaître en quelques secondes ou durer un peu plus, ce qui, avouons-le, est assez inquiétant (« y'a comme quelque chose qui se déchire là-dedans !!! »). Pas de quoi s'affoler non plus : parlez-en à votre médecin si cela se reproduit trop souvent, il pourra vous prescrire un antalgique.

Tous vos organes doivent faire de la place pour laisser ce cher utérus prendre ses aises :

– votre vessie se ratatine encore un peu, vous obligeant à multiplier les pauses pipi. Attention ! ce n'est pas pour cela qu'il faut moins boire ! Le liquide amniotique doit se renouveler fréquemment, vous avez donc besoin d'eau ;

– vos intestins doivent se caser là où ils peuvent. Le phénomène de constipation n'allant pas en s'améliorant, vous aurez clairement l'impression que votre tuyauterie aurait bien besoin d'un coup de Destop®… ;

– votre estomac n'est pas encore compressé (mais vous ne perdez rien pour attendre), pourtant, vous commencez peut-être à connaître quelques remontées acides, provoquant des brûlures d'estomac. Là encore, peu de choses à faire… si ce n'est fractionner les repas pour ne pas avoir trop de mal à digérer et ne pas éprouver de sensation de lourdeur.

Osons en parler… vous êtes constipée… mais vous n'avez pas envie de passer une heure aux toilettes à pousser pour arriver à vos fins. Vous auriez trop peur que tout parte en même temps ! Même si vous ne risquez rien (le col de l'utérus est bien fermé), vous n'allez pas prendre le risque de déclencher des contractions juste pour aller à la selle. Préférez augmenter votre consommation de fibres, de fruits cuits, d'eau riche en magnésium (Hépar) pour améliorer votre transit.

Bébé bouge !

Malgré tout, vous vivez encore normalement, même si vous sentez bien que les choses se précisent. Vous commencez sérieusement à réfléchir à l'avenir et à organiser votre vie future tant que vous avez encore assez de dynamisme et de souplesse (bientôt, ranger vos armoires vous paraîtra une activité insurmontable et prévoir un déménagement sera aussi inimaginable que d'aller faire les soldes sans carte bleue).

Et surtout… attention… événement qui va vous faire vraiment prendre conscience que la vie est en vous… à partir de maintenant, vous allez sûrement sentir Bébé bouger !

CE QUE LES AUTRES SE SONT BIEN GARDÉES DE VOUS DIRE…
Au début, il est très difficile d'identifier les mouvements du bébé dans le ventre : ils sont tellement imperceptibles que vous pouvez les confondre avec des gargouillis (ou des prouts, disons les choses comme elles sont).

Vous êtes perplexe devant celles qui s'extasient en posant la main sur leur bedaine : vous, vous vous demandez juste si vous faites de l'aérophagie (ce qui est moins glamour). Ne vous inquiétez pas, assez vite, vous allez reconnaître ces signes qui vont s'intensifier et, très bientôt, vous n'aurez plus de doute (surtout quand votre ventre sera déformé par les coups de pied ou de poing de ce cher ange…).

5e mois : y'a quelqu'un qui fait du trampoline dans mon ventre !!!

De la 20e à la 24e semaine d'aménorrhée, de la 18e à la 22e semaine de grossesse.

Plus personne ne doute, c'est sûr. De toute façon, maintenant, vous ne jouez plus sur l'ambiguïté : vous affichez votre ventre rebondi aux yeux de tous. Sans doute va-t-il falloir revoir votre garde-robe sérieusement : hors de question d'être comprimée ou mal à l'aise dans des vêtements trop étroits.

Tout votre corps continue sa mutation : maintenant, vous vous retrouvez à la tête d'une usine de fabrication pour laquelle les paramètres ont changé. Notamment en ce qui concerne les matières premières. Pour assurer l'oxygénation du sang de Bébé en plus du vôtre, il faut augmenter votre consommation. C'est pourquoi votre respiration se fait plus rapide et plus ample. N'ayez crainte, vous n'allez pas faire le petit chien pendant neuf mois (on garde ça juste pour les dernières heures), mais il est possible que vous ayez dès maintenant l'impression d'être essoufflée, surtout en faisant des efforts (monter les escaliers, marcher rapidement…). Ajoutez à cela le fait que l'utérus va bientôt comprimer vos poumons… Vous allez manquer d'air !

La « maison » de l'enfant continue de pousser les murs : les tensions ligamentaires sont de plus en plus fortes.

Vous respirez plus fort, votre cœur bat plus vite. Jusque-là, pas de problème. Vous allez aussi constater que votre température augmente (merci la thyroïde qui s'active comme une folle). Comme la majorité des femmes, vous êtes frileuse… donc ce coup de chaud ne devrait pas vous déranger. Pourtant, vous n'apprécierez peut-être pas le fait de transpirer comme en plein été ! Pour régulariser la température corporelle, vous allez suer (on vous avait prévenue, la grossesse, c'est pas le top du glamour). Portez des vêtements en coton, vous vous sentirez plus fraîche. En hiver, ne vous couvrez pas trop (n'allez pas non plus prendre froid) et préférez super-poser des vêtements faciles à retirer.

Votre masse sanguine a augmenté. En revanche, votre tension risque de baisser (en général de deux points par rapport à vos chiffres habituels) : gare aux coups de mou si elle chute brutalement ! Elle peut aussi aug-menter et dans ce cas entraîner des risques pour votre santé et celle de votre bébé. Sur l'hypertension artérielle, reportez-vous page 143.

Vos gencives saignent ? C'est normal. Voilà une conséquence supplémen-taire de la dilatation des capillaires sanguins. Profitez-en pour rendre visite à votre dentiste : il y a fort longtemps, on croyait en l'adage « un enfant, une dent », qui signifiait que la grossesse abîmait terriblement les que-nottes. Il est évident qu'aujourd'hui la malnutrition (surtout les carences en calcium) et le manque d'hygiène ne font plus les mêmes ravages. Pour-tant, il faut être très vigilante : le dentiste surveillera la bonne santé de votre bouche (ça faisait belle lurette que vous ne l'aviez vu, hein ?).

Vos seins étaient déjà tendus et douloureux ? Ils se préparent à la lacta-tion : dès maintenant, vous allez peut-être voir s'écouler un liquide jau-nâtre, assez épais, le colostrum (si vous n'en voyez pas, ne vous inquiétez pas, vos seins en seront pleins tout de suite après l'accouchement). Ce « premier lait » est un aliment très riche pour le nouveau-né : il est sécrété quelques jours après la naissance, avant la « montée de lait » et la production réelle de lait. Si vous avez décidé d'allaiter et que vos seins n'ont pas de tétons très développés ou s'ils sont rentrés, vous pouvez dès maintenant essayer de les « former » en prévision de leur rôle futur. Mamour va penser que vous vous livrez a des attouchements auto-érotiques et risque de croire que votre quotient de lubricité augmente en même temps que grossit votre ventre. Mettez tout de suite les choses au clair : « Non, petit pervers, je ne me tripote pas ! Je prépare mes boîtes à lolo pour ton fils/ ta fille !!! »

6e mois : je suis over épanouie !

De la 25e à la 28e semaine d'aménorrhée, de la 23e à la 26e semaine de grossesse.

Vous menez une vie normale. Enfin presque.

Définitivement, vous ne vous sentez plus seule : il faut dire que votre nouveau locataire prend de plus en plus de place. Et pour lui laisser suffisamment d'espace vital, il va bien falloir trouver où le caser. Tous vos organes internes vont être chassés, comprimés, compressés pour que ce cher ange puisse s'épanouir, s'étirer, se prélasser dans son nid douillet. Les côtes les plus basses vont s'écarter (reviendront-elles à leur place ? On vous le souhaite !), le diaphragme remonte, l'estomac se déplace… tout comme votre centre de gravité. Votre ventre vous fait pencher vers l'avant et, pour compenser, vous creusez les reins : le mal de dos vous guette !

Vos jambes sont peut-être plus lourdes : la circulation est un peu plus difficile et votre prise de poids n'arrange rien.

Pour remédier à toutes ces nouvelles sensations désagréables, vous commencez à nettement ressentir le besoin de repos. Limitez les efforts (ça tombe bien, vous ne demandez que ça, vous !) et ménagez votre dos en évitant la station debout prolongée : même si vous avez très envie de faire du shopping pendant des heures et de faire des razzias de dors bien, piétiner dans les boutiques trop longtemps, ça n'a rien de bon pour vous ! Le médecin peut vous prescrire des veinotoniques qui soulageront efficacement vos jambes enflées.

BON À SAVOIR POUR LES FMP (FUTURES MAMANS PARESSEUSES)

. . . .

C'est le moment ou jamais d'utiliser les caisses prioritaires dans les magasins. Avec votre ventre, vous n'avez pas à vous justifier, ni à culpabiliser. Quel pied de passer devant tout le monde en toute honnêteté (c'est l'une des choses que vous regretterez le plus, après votre grossesse !) !

. . . .

La relaxation

C'est le moment de commencer les exercices de relaxation et de trouver la bonne posture qui soulagera vos lombaires : reportez-vous au chapitre 6 pour trouver les exercices qui vous apaiseront.

Le sommeil

Votre sommeil est sans doute perturbé : impossible de vous endormir sur le ventre comme vous l'aimez ! Difficile de trouver la position qui convient avec ce bidon dont vous ne savez pas quoi faire ! N'hésitez pas à vous « caler » avec un coussin, un traversin (la jambe de Mamour n'étant pas prévue pour cet usage). Une fois que vous serez mieux installée, vous trouverez plus facilement le sommeil.

Il arrive souvent que les mouvements du bébé vous réveillent au milieu de la nuit : le garnement n'a aucun respect pour vous et se contrefiche de savoir qu'il vous dérange pendant que vous dormez. Avant de pouvoir lui expliquer que la nuit, c'est fait pour se re-po-ser, vous allez devoir subir ses assauts nocturnes (d'autant qu'il adore se manifester à ce moment-là, quand vous êtes bien détendue et que rien ne bouge). Malheureusement, il n'y a pas grand-chose à faire… (Si ce n'est positiver en se disant que, pour le moment, il s'agite mais reste sous contrôle. Dans un an, il courra partout, et vous derrière lui.

Quelques astuces pour essayer de dormir malgré les envies de pipi/ l'angoisse de l'accouchement (le compte à rebours est lancé)/l'agitation nocturne du futur Superhéros :

— avant d'aller vous coucher, évitez les repas lourds et les excitants ;

— buvez une infusion calmante (tilleul, verveine) tout en sachant que vous aurez encore plus envie de faire pipi si vous buvez plus d'une tasse (solution risquée) ;

— pratiquez quelques exercices de relaxation, comme la respiration abdominale (là, c'est sûr, vous ne pourrez pas rentrer le ventre comme il faut le faire en temps normal…) ou la visualisation d'images positives (vous, hyper-sexy en Bikini, avec un angelot sur la hanche, et non vous, pleine de bourrelets, avec un mouflet morveux au bras) ;

– caressez votre ventre, parlez-lui et expliquez-lui que vous avez besoin de repos (cause toujours).

Votre estomac commence à être sérieusement compressé (bientôt, vous n'aurez plus faim après deux bouchées). Vous allez sûrement connaître le bonheur des remontées gastriques (et ponctuer vos phrases de « blurp »). Désagréables mais pas graves, elles peuvent malgré tout devenir très gênantes : en ce cas, votre médecin vous prescrira un pansement gastrique efficace.

BON À SAVOIR POUR LES FMP (FUTURES MAMANS PARESSEUSES)

Il existe des « coussins d'allaitement » (sortes de grosses bananes remplies de microbilles) qui peuvent être utilisés dès maintenant pour soutenir le ventre. Un achat rapidement rentabilisé.

Vous pouvez ressentir quelques contractions. Au début, vous aurez sans doute du mal à les identifier… mais il est possible que vous sentiez votre ventre durcir, à intervalles réguliers. Pas d'inquiétude, vous n'allez pas mettre bas maintenant ! Il s'agit seulement d'un « entraînement » de votre utérus qui se prépare avant le grand rush final. Peu fréquentes et de faible intensité, elles ne sont en rien alarmantes. Si elles se multiplient, s'accentuent, parlez-en à votre médecin qui vous prescrira un antispasmodique léger qui résoudra le problème.

Le 3ᵉ trimestre ou le dernier échauffement avant le sprint final

Pour cette dernière ligne droite, votre fil rouge pourra se résumer ainsi… : vergetures/valise/vas-y (c'est par là la sortie).

7ᵉ mois : non, non, je n'en ai pas marre !

De la 29ᵉ à la 32ᵉ semaine d'aménorrhée, de la 27ᵉ à la 30ᵉ semaine de grossesse.

Votre ventre est déjà bien gros, mais vous n'êtes pas au bout de vos peines. Vous ne voyez plus vos pieds, mais ne vous plaignez pas, car, bientôt, vous ne pourrez plus mettre vos chaussures (ni vous épiler, ni mettre du vernis sur les orteils, vous finirez donc telle une grosse orque pleine de poils aux pieds calleux). Pour le moment, vous vous sentez encore vous-même, enfin, une drôle de vous-même avec une drôle de bosse.

Vous êtes encore assez « valide » pour continuer à faire un peu d'exercice. Attention ! faire de l'exercice, ce n'est pas forcément prendre un cours d'abdo-fessiers, c'est juste marcher un peu (et pas seulement dans les rayons de Superbébémarket), se promener au grand air, faire quelques longueurs à la piscine, tant que vous vous en sentez le courage.

Avec l'augmentation du volume sanguin, vous allez sans doute connaître de petits désagréments veineux : jambes lourdes, chevilles enflées, varices, hémorroïdes, etc. (On vous avait bien dit que ce n'était pas aussi idyllique que ça…) N'hésitez pas à finir votre douche par un jet d'eau fraîche, limitez les bains chauds (oubliez-les carrément, de toute façon, bientôt, il sera trop difficile d'en sortir sans être obligée de faire des signes avec les bras, comme une noyée).

Les crampes pimentent votre vie quotidienne (et nocturne) : souvent, vous êtes saisie d'une douleur vive dans le mollet et il faut que quelqu'un tire sur votre pied en flexion pour pouvoir récupérer (Mamour a-do-re faire ça la nuit, quand vous l'avez réveillé en sursaut par un effroyable cri de hyène). Et si vous entamiez une petite cure de magnésium ? Ça ne fait jamais de mal à personne, mais, enceinte, vous en avez encore plus besoin que la moyenne des femmes…

Vous êtes bien souvent essoufflée (même sans bouger) : vous ne ferez croire à personne que vous venez de courir un 100 mètres. Au quotidien, ce type de désagrément commence à vous agacer… tout vous fatigue, tout vous coupe le souffle… le tout ponctué de rototos et de « blurp ». Dire que vous vous sentez au top du glamour est un doux euphémisme. Allez, allez, vous n'en avez plus pour longtemps (pfff…).
Pour vous remonter le moral, vous allez sans doute commencer à assister à vos cours de préparation à l'accouchement : voir d'autres femmes dans la même situation que vous (certaines sont BEAUCOUP plus grosses que vous ! ha ! ha !) va vous redonner la pêche. Pour en savoir plus sur la préparation à l'accouchement, rendez-vous page 287.

8e mois : oui, oui, je tiens bon !

De la 33e à la 36e semaine d'aménorrhée, de la 31e à la 34e semaine de grossesse.

Mais non, vous ne ressemblez pas à une bonbonne !!! Enfin, presque pas !!! C'est au cours des deux derniers mois de grossesse que Bébé prend du poids : on peut donc dire que c'est à partir de maintenant que vous allez VRAIMENT grossir. Jusque-là, c'était du jus de gnognotte, du gras « léger », de l'embonpoint superficiel… Maintenant, vous allez faire du lard.

Sans doute avez-vous pris une dizaine de kilos depuis le début de la merveilleuse-aventure-de-la-vie. Mais maintenant, le rythme risque de s'accélérer (et les cellules adipeuses vont s'en donner à cœur joie) et causer de gros dégâts. Pour en savoir plus sur la difficile gestion de la courbe de poids, reportez-vous page 159.

Votre dos est très cambré, ce qui devient douloureux, à la longue, notamment si vous restez longtemps debout. Vos jambes sont marbrées, signe de mauvaise circulation sanguine, lourdes et parfois enflées : n'hésitez pas à les surélever avec un gros coussin lorsque vous vous reposez.

D'ailleurs, c'est ce que vous avez le plus souvent envie de faire, vous reposer. Il arrive fréquemment que vous vous sentiez complètement épuisée, comme si quelque chose (quelqu'un oui !) vous pompait votre énergie de l'intérieur. Vous avez l'impression que tout ce que vous mangez lui profite À LUI, que toutes les heures où vous dormez lui font un bien fou À LUI, que toute la relaxation que vous faites lui est très bénéfique À LUI…

Bien obligée de vous soumettre à sa tyrannie, vous devez quand même profiter au maximum des dernières semaines durant lesquelles vous pouvez :

– vous reposer sans culpabiliser ;

– vous faire choyer par tout le monde ;

– vous regarder le nombril (très drôle, ça fait belle lurette que vous ne le voyez plus),

parce que, après, il n'y en aura que pour le ver de terre, et vous (la grosse larve), vous compterez pour du beurre.

Pendant vos longues plages de repos, vous rêvez un maximum de votre vie future, vous vous projetez dans des scènes qui bientôt deviendront réelles (vous vous imaginez en train de donner le bain/le sein/le bib… dans un délire d'images pastel), votre activité psychique tourne à bloc. Sans doute une façon de se préparer psychologiquement aux chamboulements à venir.

Votre activité onirique est multipliée par cent : vous faites des rêves abracadabrantesques, où vous imaginez des situations tantôt ubuesques (un seul médecin pour dix accouchements simultanés, le bébé qui veut sortir par la bouche, le bébé qui naît déjà âgé de 5 ans…), tantôt horribles (un film gore, à côté, c'est *Bambi*), ou comiques (Bébé sort et dit : « J'étais à l'étroit là-dedans »). Tout ça est normal, votre esprit s'entraîne à vivre la nouvelle situation.

Votre utérus poursuit son entraînement : le moment où il va devoir fournir l'effort final approche, il faut bien qu'il se prépare un peu à l'avance. Les contractions que vous ressentez ne sont pourtant pas douloureuses. Elles se précisent malgré tout de plus en plus : vous devez les compter pour en évaluer la gravité. Si elles se multiplient, parlez-en à votre médecin.

Votre bassin se prépare également : pour pouvoir laisser passer l'être-en-devenir, il va falloir ouvrir la voie. Vous qui aviez les hanches étroites, vous allez sûrement gagner quelques centimètres de largeur, au grand dam de votre garde-robe car, même si vous retrouvez votre poids initial, votre morphologie aura certainement changé (et vous serez toute boudinée dans vos vieilles fringues). Les os du bassin commencent donc à s'écarter et vos tendons vous font bien sentir qu'ils se mobilisent : vous éprouvez parfois des tiraillements qui peuvent être douloureux dans certains cas. Un antalgique permet en général d'en venir à bout.

Les jours commencent à vous sembler longs, longs… D'autant plus que le moindre mouvement vous coûte. Vous ressemblez… à une baleine échouée.

9ᵉ mois : ça ne finira donc jamais ???

De la 37ᵉ à la 40ᵉ semaine d'aménorrhée, de la 35ᵉ à la 38ᵉ semaine de grossesse.

Pour le coup, vous êtes GROSSE (maintenant, vous comprenez tout le sens du verbe si délicat, « engrosser »).

Vous n'en pouvez plus.

Vous ne savez plus comment vous mettre (assise vous êtes mal, debout vous êtes mal, allongée vous êtes mal).

Vos nuits sont de lointains souvenirs.

Vous comptez et recomptez les jours qui vous restent à tenir.

Vous faites, défaites, refaites pour la énième fois la valise de la maternité.

Vous vérifiez une énième fois que la valise est bien près de la porte.

Vous redemandez pour la énième fois à Mamour s'il a fait le plein d'essence et s'il se souvient de l'itinéraire (cela ne sert à rien : à coup sûr, le jour J, il va se tromper de chemin).

Soudain, vous êtes prise d'une frénésie de rangement. Attention ! c'est un signe d'accouchement imminent !

1. Prenez-vous en photo

Rien de plus impressionnant que de voir des clichés de l'évolution de son ventre au fil des mois. Pour réussir votre coup, prenez-vous en photo tous les mois ou tous les 15 jours, toujours au même endroit et toujours dans la même tenue (ne choisissez pas quelque chose de trop serré au début). Ensuite, il suffira de faire un « diaporama » pour voir votre ventre enfler à vue d'œil.

2. Préparez votre retour

Avant de partir en congé maternité, arrangez-vous pour laisser vos dossiers le plus en ordre possible. Pour organiser la transition, vous aurez l'esprit plus léger.

3. Profitez de votre état

Même si la politesse se perd, il est encore fréquent (heureusement !) que quelqu'un se lève pour vous laisser sa place dans les transports en commun. Dites merci, souriez… et profitez (pas la peine de faire votre mère courage).

4. Organisez une baby-shower !

La dernière mode aux US : organiser une *party* pour fêter l'événement de la naissance… avant la naissance ! On réunit des copines et on se fait « arroser » de cadeaux.

5. Patientez

La période si délicate du début de grossesse, quand on subit les symptômes désagréables, finit toujours par passer. Rares sont les cas où l'on vomit pendant neuf mois. Il faut prendre son mal en patience (une fois que vous aurez accouché, vous ne vous souviendrez plus de rien).

6. Reposez-vous…

… sans culpabiliser. Les paresseuses adoοΟΟοorent être enceintes…

7. Soyez à l'écoute…

Rares sont les occasions où l'on peut vous encourager à écouter autant votre corps, à tenir compte des signaux qu'il envoie. Soyez-y attentive.

8. ... sans exagérer

Ne prenez pas non plus un air béat en caressant votre ventre et en excluant tout le monde de votre « bulle ». Vous vivez un truc exceptionnel, certes, mais 200 milliards de femmes l'ont vécu avant vous. Alors, ne la ramenez pas trop.

9. Échangez

Les femmes adorent raconter leur grossesse (vous ferez pareil, c'est sûr). Cette période est vraiment un merveilleux moment pour échanger entre copines, avec votre mère, et d'autres. Vous aurez toujours besoin d'être rassurée face à cette situation si nouvelle.

10. Soyez convaincue...

... que cet état est réversible. Sinon, l'humanité s'éteindrait.

chapitre 4

Comment Dr Gygy
va devenir très intime avec vous

« Docteur je pense tout le temps à vous. C'est grave ? »

Soyons claires. Votre gynéco, vous l'aimez bien, mais surtout quand vous ne le voyez pas. Pourtant, vous pensez souvent à lui. Chaque année, pendant au moins trois mois, vous vous dites : « Il faut que je prenne rendez-vous avec Dr Gygy. » Toutes les semaines, vous décollez le Post-it « Frottis, URGENT » de votre agenda pour le recoller sur la page suivante. Enfin, vous vous décidez à appeler. Pour vous entendre dire : « Un rendez-vous ? Bien sûr. Dans trois mois. » Quinze jours avant la fameuse consultation, vous commencez à mouliner (et s'il me trouvait un truc ?). Puis le jour dit arrive et vous vous préparez comme pour une nuit de noces (pour montrer votre intimité sous son meilleur jour) : épilation impec, crème pour le corps, dessous irréprochables (on évite quand même la dentelle rouge, il n'est pas là pour ça). Une fois l'examen fini, on est soulagée comme le condamné qui serait gracié : on respire, jusqu'à la prochaine fois. Vous avez donc passé la moitié de l'année à penser à lui.

Les choses changent complètement quand vous êtes enceinte. Vous aurez droit à une consultation tous les mois (vous allez devenir potes), mais dans ces circonstances, vous serez presque impatiente d'y aller. En fait, ce n'est pas avec votre gygy que vous avez rendez-vous. C'est avec votre bébé.

Comment votre ventre va devenir le centre de toutes les attentions du corps médical

Planter la petite graine et la voir évoluer est une chose parfaitement naturelle. Pourtant, vous allez vous rendre compte que votre nouvel état devient un véritable cas d'étude pour tous ceux qui portent une blouse blanche.

Même si tout se passe bien (on vous le souhaite).

Même si vous êtes dans une forme éblouissante (on vous le souhaite aussi).

Vous allez être observée, mesurée, analysée, pesée (le plus douloureux)… au risque de trouver que cette aventure ressemble à un épisode de *Grey's Anatomy* (si seulement Dr Gygy pouvait ressembler à Dr Mamour…). Pourtant, malgré les contraintes que cela impose, vous apprécierez que toutes les précautions soient prises afin que votre enfant se porte le mieux possible et que sa naissance se déroule en toute sécurité.

Au cours de votre grossesse, vous aurez droit à huit consultations obstétricales obligatoires, une consultation d'anesthésie et trois échographies. Vous arriverez avec un tas de questions à poser, un tas d'angoisses, et vous repartirez rassurée, prête à attendre le prochain rendez-vous avec sérénité.

Les consultations mensuelles sont obligatoires (et remboursées à 100 %), mais rien ne vous empêche de consulter dès que vous constatez que quelque chose ne va pas ou si vous êtes inquiète.

PENSE-BÊTE ! •

Des questions ? Vous en avez au moins une nouvelle en tête tous les jours, mais vos facultés mentales étant quelque peu altérées, il est fortement conseillé de les noter au fur et à mesure. Vous arriverez donc devant Dr Gygy avec votre petite liste. Tant pis si vous avez l'air d'avoir Alzheimer, rien de plus rageant que d'oublier de demander un truc hyper-important et de devoir attendre un mois avec sa question en suspens (vous pouvez toujours téléphoner, il vous répondra quand même).

• •

Mon gynéco est un être merveilleux !

C'est sûr. À force de le voir, vous allez vivre une histoire d'amour en accéléré avec lui (la passion du début, la routine ensuite, la nostalgie une fois que tout est fini…).

La première consultation est à mettre à part. Elle doit impérativement avoir lieu avant la fin du 3e mois, pour établir la déclaration de grossesse et surtout pour vérifier le bon « départ dans la vie » du futur rejeton. Cette consultation sera sans doute plus longue que les suivantes : s'il ne vous connaît pas, le médecin aura beaucoup de questions à vous poser sur :

– votre mode de vie (fumeuse ? végétarienne ? nightclubeuse ? sauteuse en parachute ?),

– votre environnement (distance pour se rendre au travail ? conditions de travail ? animaux domestiques ?),

– votre état de santé (vos antécédents médicaux et chirurgicaux),

afin d'adapter au mieux le suivi médical et de détecter tous les risques éventuels.

C'est à cette occasion qu'il vous pèsera pour la première fois (ce qui donnera le point de départ de votre courbe de poids). Malheureusement, il ne vous fera pas confiance : vous ne pourrez pas lui annoncer le chiffre qui vous convient (oui, comme toutes les autres, vous MENTEZ à ce sujet). Bien souvent, le vilain gynéco jette lui-même un œil sur l'aiguille de la balance. Il prendra également votre tension, pour savoir sur quelle base partir afin d'en surveiller l'évolution.

Par la suite, à chaque visite, votre médecin va vérifier un certain nombre de paramètres qui lui donneront des informations sur le bon déroulement de votre grossesse :

– votre tension artérielle ;

– votre poids ;

– votre hauteur utérine (qu'il mesure avec un mètre de couturière, à l'ancienne, ou à l'échographie !). Cette donnée concernant la taille de votre utérus est importante pour savoir si celui-ci a un développement normal ;

– l'état de votre col (par un toucher vaginal). Il s'agit de la « porte de sortie » de votre enfant et il va falloir la surveiller de près… elle doit rester bien fermée pendant toute la grossesse ;

– le rythme cardiaque du bébé (un petit appareil à ultrasons permet de l'entendre… vous allez adorer ça !).

En plus de l'examen clinique, votre médecin vous posera un certain nombre de questions (trouvez l'intrus).

– Des douleurs ?

– De la fièvre ?

– Des pertes ? Du sang ?

– Ça va ma poule ?

– Sentez-vous le bébé bouger (à partir du 5e mois) ? À quelle fréquence ?

– Des troubles urinaires ?

– Des contractions ?

Ma sage-femme est une grande dame !

Elle est LA femme clé de votre grossesse et de votre accouchement. Son rôle est déterminant pour le suivi de votre grossesse, le jour de l'accouchement et les suivants. Une vraie alliée (à qui vous oserez peut-être plus facilement poser les questions qui vous gênent).

Elle exerce à l'hôpital ou en libéral pour suivre les grossesses « normales » :

— contrôles médicaux du suivi de grossesse ;

— prescription des examens (analyses, échographies…), prescription des traitements ;

— cours de préparation à la naissance ;

— diagnostic du début de travail et déroulement de l'accouchement ;

— soins à la mère et au bébé ;

— conseils pour la contraception, l'alimentation, etc. après la naissance.

BON À SAVOIR POUR LES FMP (FUTURES MAMANS PARESSEUSES)
Le métier s'ouvre aux hommes. Mais l'appellation ne change pas.

Mon laborantin est un chic type !

Lui aussi, vous allez le fréquenter souvent. Mais ce n'est pas pour ça que vous allez l'aimer : les prises de sang, vous n'allez pas y couper. Donc, pas la peine de faire votre chochotte qui s'évanouit dès qu'elle voit une aiguille, ça ne marchera pas, vous ne pourrez pas faire autrement. Pensez au petit déjeuner pantagruélique que vous pourrez prendre après l'examen, ça motive ! (Oui, trois pains au chocolat, c'est pour se remettre de ses émotions !)

Dès le début de la grossesse, vous aurez droit à un bilan complet.

o **Groupe sanguin**

Vous avez une carte de groupe sanguin mentionnant que la détermination a été faite deux fois ? Parfait ! Non ? Le médecin prescrira la recherche. Si vous êtes de rhésus positif, pas de problème, vous n'aurez qu'à vous munir de votre carte de groupe le jour de l'accouchement. Si vous êtes de rhésus négatif, les choses se compliquent un peu.

Admettons que vous faites partie des 15 % de malchanceuses au rhésus négatif.
Si Mamour est également de rhésus négatif, votre enfant sera négatif. Aucun problème.
Si Mamour est de rhésus positif, il y a une chance sur deux pour que l'enfant soit positif. Dans ce cas, il risque d'y avoir une incompatibilité entre vous et l'enfant, production d'anticorps, nommés « agglutinines irrégulières ». Le danger se présente si vous avez déjà été en contact avec le facteur rhésus positif (au cours d'une IVG, d'une grossesse extra-utérine, d'une amniocentèse par exemple, toute occasion où votre sang aurait pu être en contact avec du sang contenant le facteur). C'est en général ce qui se passe pour un deuxième ou un troisième enfant.
À ce moment-là, les anticorps de la mère peuvent traverser le placenta et attaquer les globules rouges du fœtus, repérés comme ennemis. Cela peut entraîner une grave anémie, un œdème, une jaunisse ou des lésions cérébrales plus graves encore. Dans ce cas, il est probable qu'on réalise une transfusion sanguine ou un remplacement du sang de l'enfant.
Mais, de nos jours, la surveillance est telle que ces cas extrêmes sont de plus en plus rares.
Au cours de la grossesse d'une femme au rhésus négatif, on procède à au moins quatre recherches pour mettre en évidence la production d'anticorps. Si c'est nécessaire, des traitements sont mis en place pour protéger le bébé. Après la naissance, on pratique un vaccin antirhésus sur la mère, afin qu'elle ne développe pas d'anticorps en vue d'une future grossesse (on pratique ce vaccin après toute fausse couche, IVG ou grossesse extra-utérine).

o **Rubéole**

Cette maladie bénigne de l'enfance peut être très dangereuse pour le fœtus (gros risques de malformations). Il est donc très important de savoir si vous êtes immunisée pour prendre, le cas échéant, toutes les précautions nécessaires.

Vous êtes immunisée ? Vous avez été vaccinée ? Ouf, un souci de moins. Si vous n'êtes pas immunisée et que vous n'avez pas fait le vaccin dans les trois mois qui précèdent la grossesse, vous n'avez d'autre choix que de faire attention à ne pas côtoyer des enfants ou des personnes susceptibles de l'avoir attrapée.

Attention ! La difficulté réside dans le temps d'incubation de la maladie... Une infection peut se produire par une personne qui ignore qu'elle est atteinte.

Si vous avez un doute, parlez-en très rapidement à votre médecin qui prendra les précautions nécessaires pour protéger votre enfant des risques encourus.

o **Toxoplasmose**

Cette maladie est très dangereuse pour le fœtus.

Elle est due à un parasite, transmis par les animaux aux hommes, qui se trouve dans certaines viandes insuffisamment cuites (notamment le porc, le bœuf et surtout le mouton). On le trouve aussi dans les excréments des chats qui se nourrissent d'oiseaux chassés (ce qui est très rare dans nos contrées), ou sur les fruits et légumes mal lavés (qui auraient été en contact avec des éléments souillés).

Plus de 80 % des femmes sont immunisées (le plus souvent sans même le savoir) : il convient de le vérifier par une analyse de sang qui détectera la présence d'anticorps (si vous n'êtes pas immunisée, on vérifiera votre sérologie tous les mois).

Si vous n'êtes pas protégée, vous allez devoir prendre de sérieuses précautions.

o Lavez impérativement tous les fruits et légumes que vous consommez. Certaines ajoutent du vinaigre dans l'eau de lavage. Lorsque vous ne mangez pas chez vous, évitez-les.

o La viande doit être bien cuite (on oublie le tartare de bœuf jusqu'à l'accouchement). Bon à savoir : le parasite est tué par la congélation !

En cas de contamination, rassurez-vous, vous serez soumise à un traitement antibiotique adapté.

BON À SAVOIR POUR LES FMP (FUTURES MAMANS PARESSEUSES)

Pas la peine d'abandonner votre chat pendant la grossesse ! Pour que votre minou soit infecté, il faudrait qu'il chasse et se nourrisse d'animaux infectés. Ce n'est sûrement pas le cas de votre Mistigri exclusivement nourri au Ronron-avec-morceaux-dedans. En revanche, évitez de fréquenter des chats dont vous ignorez les habitudes alimentaires.

Pour changer la litière (quotidiennement, car l'infection se développe en trois ou quatre jours), portez des gants et lavez-vous les mains après toute manipulation, ou, mieux encore, demandez à Mamour de s'en charger.

o Liutériose

Si elle peut passer inaperçue pour la femme (à peine un peu de fièvre), l'infection par la bactérie Listéria peut avoir des conséquences graves pour le fœtus : septicémie menant à un accouchement prématuré, conséquences après la naissance (signes cutanés, détresse respiratoire, retard neurologique). Pour les précautions à prendre, reportez-vous page 162.

o Syphilis et autres MST

Lors du premier bilan sanguin, le médecin prescrira la sérologie de la syphilis, du sida et de l'hépatite B, maladies sexuellement transmissibles et ayant des conséquences graves sur la santé de l'enfant à venir. La recrudescence de la syphilis notamment est à l'origine d'une multiplication des fausses couches et des malformations congénitales. Détectée rapidement et bien soignée, elle peut ne pas entraîner de séquelles sur l'enfant.

o **Protéinurie et glycosurie**

Vous allez aussi avoir droit à des analyses d'urine ! Et ce, tous les mois !!!

La recherche de protéines (notamment d'albumine) permet d'identifier des signes d'hypertension, d'anomalies rénales, d'infection urinaire… Si le test est positif, le médecin devra approfondir les examens pour pouvoir vous donner un traitement adapté.

L'analyse va également se porter sur la présence de sucre dans les urines, signe de diabète gestationnel (pour en savoir plus, rendez-vous page 141). Il est assez fréquent que la femme enceinte présente une légère glycosurie : pas d'affolement donc, en lisant toute seule vos analyses (ce qu'il ne faudrait jamais faire, pour éviter les angoisses inutiles).

CE QUE LES AUTRES SE SONT BIEN GARDÉES DE VOUS DIRE…
. . . .
Plus les mois vont passer, plus il sera difficile de faire pipi dans le tout petit flacon qui vous sera fourni pour l'analyse d'urine. Bientôt, votre ventre vous barrera totalement l'accès à la zone concernée et il vous faudra viser (avec plus ou moins de succès). Suppliez le laborantin d'avoir pitié et de vous fournir un flacon large… qui limitera les dégâts (mais munissez-vous quand même d'essuie-tout !).
. . . .

Mon échographiste est un homme exceptionnel !

Attention ! séquence émotion.

Vos différentes échographies vont rester des moments à tout jamais gravés dans votre mémoire. Rares sont les examens médicaux aussi chargés en émotion (mis à part le toucher de prostate pour les messieurs, n'est-ce pas ?).

Pourquoi donc ?

o Vous allez apprendre un tas d'informations sur la santé et le développement de votre locataire. C'est quand même là le plus important.

o Vous allez le « rencontrer », avoir une image de lui (même si elle est floue et s'il a le nez comme une patate). C'est l'une des rares occasions de pouvoir vous le représenter (et pas seulement l'imaginer), d'avoir une idée de ce à quoi il va ressembler.

o Vous allez repartir avec une photo de votre merveilleux rejeton. Et vous ferez comme toutes les autres (alors que, jusque-là, vous trouviez ça parfaitement ridicule) : vous la montrerez à tout le monde (même à votre boucher, je peux en témoigner).

o Si vous le souhaitez, vous pourrez connaître le sexe de l'enfant. Et, au choix, remercier le ciel de vous envoyer un héritier ou une héritière. Attention ! si vous souhaitez garder la surprise, prévenez le médecin à l'avance : il veillera à ne pas faire de gros plans révélateurs sur la zone en question.

mais oui, c'est la 8e merveille du monde ! pour vous...
....
Oui, c'est sûr, même quand votre enfant n'en sera qu'au stade proche du protozoaïre, vous vous extasierez sur son sublime profil. Ne vous attendez pourtant pas à ce que les gens, hors du cercle proche, soient aussi enthousiastes que vous à la vue de cette image pixellisée.
....

Qui va aller voir là-dedans ?

Votre gynécologue est équipé d'un appareil d'échographie ? Bingo, c'est lui qui vous fera passer les examens. Pratique, vous pourrez cumuler la visite mensuelle et l'échographie et ne vous déplacer qu'une fois. Peut-être même pourrez-vous bénéficier de quelques séances supplémentaires (si vous êtes chanceuse, vous aurez droit à une photo à chaque séance !). S'il n'est pas équipé, vous irez sans doute dans un cabinet spécialisé.

À l'hôpital, vous ferez tout sur place, en compagnie de votre obstétricien ou d'un médecin échographiste.

Est-ce vraiment fiable ?

L'échographie obstétricale est un énorme progrès dans la surveillance médicale de la grossesse, mais n'est pas fiable à 100 %. Elle permet de diagnostiquer une grande partie des anomalies morphologiques, mais elle est incapable de mettre en évidence les anomalies fonctionnelles des organes étudiés, surtout s'ils sont morphologiquement normaux.

Comment ça marche ?

L'exploration échographique est un procédé inoffensif et indolore qui fonctionne grâce à l'émission d'ultrasons par une sonde : ceux-ci pénètrent dans l'organe à explorer, puis, par le phénomène de la réflexion, vont revenir à la sonde qui va les transformer en signaux électriques. Ces signaux vont apparaître sur l'écran sous forme d'images. Attention ! il ne s'agit pas d'une image « photographique » mais d'une représentation des ombres de cet organe. Voilà pourquoi il peut parfois y avoir des zones invisibles ou dont l'interprétation est impossible.

BON À SAVOIR
....
L'échographie obstétricale ne détecte que **60 %** des malformations fœtales et **75 %** des fœtus atteints de trisomie 21. C'est déjà énorme.
....

3D *or not* 3D ?

Les échographies en 2D sont les échos classiques, celles qui sont utilisées en routine par votre gynécologue et qui permettent une vue de l'anatomie interne du bébé. Les deux dimensions sont la hauteur et la largeur. Vous obtiendrez des clichés en noir et blanc.

Les échographies en 3D introduisent une dimension supplémentaire : la profondeur. Celle-ci donne une impression de volume. L'échographie 3D donne une image fixe en relief. Attention, âmes sensibles. Certaines images peuvent être très impressionnantes ! Il suffit que Bébé bouge à l'instant où le cliché est pris pour que l'image soit déformée et que votre joli poupon ressemble à un nain de jardin. L'échographie en trois dimensions permet des images faciles à lire (pour votre œil inexpérimenté), mais n'offre pas une vue de l'anatomie interne, des organes internes de Bébé. Or le bilan de santé de l'enfant passe par l'examen interne du fœtus et doit donc se faire en deux dimensions par des spécialistes.

En gros, la 3D, c'est pour le fun.

Il existe également des images en quatre dimensions, qui donnent un film animé, coloré et en relief. Il y a eu un vrai « boom » des sociétés vous proposant de faire participer votre rejeton à une véritable superproduction (à des prix hallucinants, partant du principe que pour Bébé, on est prêt à tout). Mais attention, ces échographies ne sont pas des examens médicaux, ce sont des échographies « spectacle ». Leur but est que vous gardiez un souvenir inoubliable que l'on vous enregistrera sur le support de votre choix.

Comment se passe l'examen ?

Au tout début de la grossesse, l'utérus est encore peu développé et il vaut mieux y accéder par la voie vaginale pour être au plus près du nid douillet de l'enfant chéri. De ce fait, vous aurez droit à une « fouille » dans les règles de l'art. Ah ! ce charmant geste du médecin qui enfile un préservatif sur la sonde ! Un grand moment d'érotisme ! (On vous le dit, la sonde ne fera JAMAIS partie de vos sex toys favoris.)

Plus tard, il passera par l'extérieur : votre ventre est enduit d'un gel qui favorise la pénétration des ondes. Attention ! c'est froid (vous êtes prévenue, pas besoin de faire un bond sur la table d'examen). Le médecin promène la sonde (comme une souris d'ordinateur) sur votre protubérance ventrale. Il peut arriver qu'il appuie sur votre ventre pour que Bébé bouge et montre un meilleur profil.

CE QUE LES AUTRES SE SONT BIEN GARDÉES DE VOUS DIRE...

Vous attendez cet examen comme l'événement du siècle. Vous avez réussi à faire venir Mamour (il a pris un jour de congé, il est prêt à tout pour cet enfant). Vous avez le paquet de Kleenex à portée de main. Vous pensez que le médecin sera aussi ému que vous (normal). Eh bien non. Il est silencieux (vous vous attendiez à ce qu'il soit émerveillé devant un bébé aussi beau). À peine il lève un sourcil, de temps en temps. Du coup, vous êtes tétanisée... tout va bien ou quoi ?

Il faut le savoir, l'échographie est un examen extrêmement minutieux et dont l'enjeu est très important (il s'agit quand même de détecter les éventuelles anomalies de votre enfant, ce n'est pas rien !). Il est donc NORMAL que le médecin soit très concentré. Et qu'il n'ait pas envie de discuter avec vous de l'éventualité ou non d'appeler l'enfant Anatole (ce qui vous préoccupe beaucoup).

Attendez donc qu'il prenne la parole pour le harceler de questions.

Retransmission en direct, à vous les studios !

Pour suivre une grossesse normale, trois échographies sont suffisantes : elles interviennent aux étapes cruciales du développement du bébé.

Ces trois examens sont pris en charge à 100 % par la Sécurité sociale.

Évidemment, s'il le juge nécessaire, le gynécologue peut pratiquer des examens supplémentaires, afin de surveiller de plus près l'évolution de votre bidon.

o **La première échographie (non obligatoire)**

Bien souvent, dès votre première consultation chez le Dr Gygy, une première échographie sera prescrite ou directement réalisée, afin de vérifier le « bon départ » de votre grossesse (on peut « voir » le sac embryonnaire dès 5 semaines d'aménorrhée).

Le médecin cherchera en effet à vérifier :

– la bonne implantation de l'embryon, c'est-à-dire le fait qu'il se trouve bien dans l'utérus (et non pas dans une trompe, par exemple) pour écarter tout risque de grossesse extra-utérine ;

– qu'il ne s'agit pas d'un « œuf clair » (voir plus bas) ;

– le nombre d'embryons (« Ce sont des triplés, Madame ! »).

o **Les 3 échographies réglementaires**

1. L'échographie de datation, entre la 11ᵉ et la 13ᵉ semaine d'aménorrhée
Apprêtez-vous à avoir un choc. Pour le moment, vous savez que vous êtes enceinte, mais rien n'y paraît encore. Et là, pour la première fois, vous allez voir le petit être qui est en vous, entendre son cœur... Je peux prendre les paris : vous allez pleurer.

Cette échographie apporte de nombreuses informations : elle permet de voir les membres, la tête, l'abdomen et les différents organes (surtout le cœur, dont on voit la pulsation à l'image).

Le médecin mesure la longueur cranio-caudale (distance entre le sommet de la tête et le bas des fesses), ce qui lui permet de dater précisément le début de la grossesse (à trois ou quatre jours près, quand même). Grâce à cette date, il pourra déterminer la date probable de votre accouchement.

Il mesure également l'épaisseur de la nuque du fœtus. En effet, un des indicateurs de la trisomie 21 est une nuque d'une épaisseur supérieure à 3 mm. Pour les examens spécifiques à la recherche de la trisomie 21, voir page ci-contre.

2. L'échographie morphologique, entre la 21ᵉ et la 23ᵉ semaine d'aménorrhée
Bébé va être observé sous toutes les coutures : les organes sont attentivement analysés, notamment le cœur, qui fait l'objet d'une étude approfondie. Les membres sont vérifiés (on compte le nombre de doigts, si le locataire se laisse faire) et la tête est observée. Le médecin regarde la localisation du placenta (au cas où il serait « bas inséré », ce qui peut gêner l'accouchement et demander un suivi particulier) : grâce à la fonction Doppler de l'appareil d'échographie, il visualise les flux sanguins à travers le cordon et les artères utérines (vous allez voir passer votre sang vers le bébé et le sang du bébé vers vous ; c'est incroyable de voir en image cet échange qui permet la vie !).

Différentes mesures sont prises (on appelle ça la biométrie) : elles permettent de déterminer si la croissance du fœtus est normale. On s'intéresse notamment :

— au diamètre de la tête et à sa circonférence (on appelle cette mesure le « diamètre bipariétal ») ;

— à la longueur du fémur (qui est l'os le plus long du corps) ;

— à la circonférence abdominale (c'est la mesure qui, en fin de grossesse, permettra d'évaluer la taille et le poids de naissance).

BON À SAVOIR POUR LES FMP (FUTURES MAMANS PARESSEUSES)

Cette deuxième échographie est la dernière où le fœtus apparaît tout entier sur l'écran. Ensuite, il sera trop grand et vous n'aurez que des images en « morceaux ».

---

3. L'échographie dite de « bien-être fœtal », entre la 31e et la 33e semaine d'aménorrhée

Les mesures sont à nouveau prises pour vérifier la croissance du bébé et évaluer son poids et sa taille de naissance. Bien entendu, il ne s'agit que d'estimations. Malgré tout, elles sont importantes pour vous qui attendez avant de faire vos derniers achats. Si on vous annonce un gros poupon, vous pourrez commencer sa garde-robe directement en taille 1 mois et zapper le gabarit « naissance ».

Tous les organes sont à nouveaux observés, ainsi que les échanges sanguins. On vérifie la « présentation » afin de voir si Bébé est dans la bonne position pour le grand événement qui se prépare.

La recherche de la trisomie 21 : les examens spécifiques

Voilà une des plus grandes angoisses de la grossesse, un sujet d'inquiétude commun à toutes les femmes enceintes. « Mon bébé est-il normal ? » Outre toutes les maladies, les malformations, les « défauts » que l'on peut redouter pour son enfant, la trisomie 21 est l'une des anomalies qui peuvent remettre en question le fait de mener à bien sa grossesse.

De nombreux facteurs peuvent l'induire et de nombreuses techniques pour la dépister sont mises en place.

○ **Les facteurs de risque**

– Les antécédents familiaux.

– L'âge maternel (à 20 ans, le risque est de 1 pour 1 500, à 30 ans, il est de 1 pour 900, et à 40 ans, de 1 pour 111).

○ **Le dépistage**

– Le tri-test (les marqueurs sériques) ou HT 21

Il s'agit d'un dosage sanguin pratiqué entre la 14ᵉ et la 17ᵉ SA et qui va évaluer trois hormones d'origine placentaire. Le résultat final donne une indication sur le pourcentage de risques de porter un enfant trisomique. On estime à 70 % le nombre de cas dépistés par ce test. Il est donc clair que son résultat n'est qu'une indication (d'autant que le seuil de 1/250 choisi en France pour proposer une amniocentèse est assez bas).

Vous pouvez accepter ou refuser de pratiquer ce test. Engagez le dialogue avec votre médecin pour prendre votre décision.

– La clarté nucale

Lors de l'échographie pratiquée entre la 11ᵉ et la 14ᵉ semaine, l'épaisseur de la nuque est mesurée. Elle est un bon indice pour le dépistage de la trisomie 21.

En prenant en compte tous les éléments de risque (âge maternel, antécédents, clarté nucale et marqueurs sériques), on parvient à détecter 90 % des cas.

○ **Le diagnostic**

– L'amniocentèse

Elle est proposée à partir de 38 ans (limite fixée de façon arbitraire, essentiellement pour des raisons économiques) et si le taux de risque révélé par le tri-test est de 1/250. Vous pouvez décider de la faire pratiquer même si ce seuil n'est pas atteint (à vos frais).

Elle consiste à prélever du liquide amniotique avec une fine aiguille (à travers la peau du ventre), le tout sous contrôle échographique. L'examen se fait sans anesthésie : il est plus impressionnant que douloureux. Il convient de se reposer une journée après l'examen.

Les résultats sont obtenus en trois semaines environ (un premier résultat sur la trisomie 21 peut tout de même être donné dans les trois jours) : en effet, les cellules fœtales recueillies sont mises en culture afin de pouvoir en étudier le caryotype et déceler ainsi des maladies génétiques (anomalies chromosomiques notamment). L'attente est longue pour les mamans qui s'imaginent toujours le pire…

Il existe des risques (avortement), même s'ils sont minimes (l'expérience de l'opérateur est primordiale), c'est pourquoi la décision de pratiquer cet examen n'est pas anodine.

    — Biopsie du trophoblaste

Entre la 9e et la 13e SA, on prélève un morceau du futur placenta (en passant par le col de l'utérus ou par la voie abdominale) afin d'étudier les cellules fœtales. L'examen est plus précoce que l'amniocentèse et les résultats sont plus rapides.

Mon anesthésiste est trop chou !

Quelques semaines avant la date présumée de votre accouchement, vous aurez rendez-vous avec l'anesthésiste pour la consultation obligatoire qui doit précéder l'événement.

Pour envisager la péridurale (ou l'anesthésie générale, en cas d'urgence), le médecin anesthésiste doit, au cours d'un entretien préalable, établir un dossier réunissant toutes les informations nécessaires :

    — un descriptif de votre état de santé (vos traitements actuels, vos risques allergiques) ;

– les documents médicaux (résultats d'examens de radiologie, de biologie, de diagnostic, qui ont pu être réalisés précédemment) ;

– la prescription, si nécessaire, d'examens complémentaires ;

– le recueil de votre accord ou consentement (vous devez signer des papiers attestant que vous êtes au courant des risques et que vous les acceptez).

Durant cette consultation, le médecin vous expliquera le déroulement de l'anesthésie et vous aurez la possibilité de lui poser toutes les questions qui vous inquiètent.

On ne vit pas au pays de Candy. Parfois, les choses se compliquent

On vous l'a dit dès le début, si la grossesse est un phénomène on ne peut plus naturel, qui se reproduit depuis des millénaires, ce n'est pas pour ça qu'il est parfait et que vous avez la garantie que tout se passera idéalement. Il y a parfois des ratés.

On ne va pas s'appesantir des pages et des pages sur les complications possibles (faudrait pas déprimer, non plus), mais il est bon de savoir que les risques existent. Ne serait-ce que pour se réjouir de passer à côté.

Fausse couche

C'est un phénomène très fréquent (on sait qu'il représente un tiers des grossesses !). Si vous commencez à en parler autour de vous, vous constaterez qu'un très grand nombre de femmes ont été confrontées au problème.

On parle d'avortement précoce (et même parfois ultra-précoce ; souvent, il survient avant même que l'on se sache enceinte…) quand il intervient avant les quinze premières semaines de grossesse, d'où l'angoisse classique d'annoncer sa grossesse aux autres avant que cette échéance soit passée.

Quelles sont les causes ?

Elles sont nombreuses, mais plus de la moitié viennent d'une malformation chromosomique de l'embryon. Celui-ci ne se développe pas (on parle d'un « œuf clair » et le corps de la mère le rejette). Une infection locale (du vagin ou du col de l'utérus) ou générale (une grippe, les oreillons, etc.) peut également en être à l'origine. L'exposition à certaines substances toxiques, à des radiations, à des médicaments pourrait aussi provoquer des avortements spontanés. En général, toutes ces causes sont ponctuelles et ne remettent pas en question d'éventuelles grossesses ultérieures.

En revanche, il peut exister des phénomènes entraînant des fausses couches à répétition :

— un utérus trop petit, une malformation, un mauvais état de l'endomètre peuvent empêcher la nidation ou augmenter les risques de rejet de l'œuf ;

— certaines maladies lourdes (rénales, vasculaires, diabétiques, par exemple), ou des causes d'origine immunitaires peuvent également compromettre une grossesse.

Quels sont les symptômes ?

Douleurs et saignements de plus en plus forts.

Attention ! tous les saignements ne sont pas synonymes de fausse couche ! Les fameuses « règles anniversaire », par exemple, peuvent très bien survenir sans danger. Malgré tout, il est recommandé de prévenir son médecin au moindre saignement, afin qu'il puisse juger de la gravité de la situation.

Si c'est une fausse couche ?

Lorsque le diagnostic confirme qu'il s'agit d'un avortement spontané, le médecin va suivre le phénomène de l'expulsion de l'œuf qui pourra se passer naturellement ou à l'aide d'une intervention chirurgicale. En cas d'hémorragie importante, vous risquez d'être hospitalisée d'urgence.

Un contrôle sera réalisé ensuite pour s'assurer que l'utérus ne contient plus de débris de l'œuf : le cas échéant, il convient de procéder à une aspiration (sous anesthésie) afin de prévenir tout risque d'hémorragie.

Les conséquences psychologiques d'une fausse couche sont souvent importantes. Tout dépend bien sûr de sa précocité, de l'implication de la femme dans cette grossesse, de sa sensibilité, mais le phénomène est toujours douloureux. Le bouleversement hormonal est grand, ce qui n'arrange rien. Nombreuses sont celles qui connaissent un épisode dépressif. L'entourage est alors d'un grand réconfort et il ne faut pas hésiter à se faire aider pour surmonter l'épreuve.

Grossesse extra-utérine

Il s'agit d'une complication peu fréquente (2 % des grossesses), mais qui peut être grave.

Quelles sont les causes ?

L'œuf, une fois fécondé, ne termine pas son cheminement pour atterrir dans l'utérus et se fixe à un endroit qui ne convient pas au développement d'une grossesse (le plus souvent dans une trompe, on parle alors de grossesse « tubulaire », mais aussi dans le col de l'utérus ou même sur d'autres organes). En grossissant, il peut entraîner la rupture d'une trompe avec des risques d'hémorragie. Ce dysfonctionnement a plusieurs causes possibles : un obstacle bloquant la descente de l'œuf dans les trompes (cela peut être une malformation, des adhérences, un antécédent de maladie infectieuse, par exemple), l'âge, le port d'un stérilet, plusieurs IVG, etc.

Quels sont les symptômes ?

Des maux de ventre violents et des saignements (très bruns en général). Il faut consulter très rapidement car les risques d'hémorragie sont très importants (la trompe peut éclater très vite) et peuvent être fatals. Une intervention chirurgicale (de préférence sous cœlioscopie pour éviter les cicatrices) permettra de retirer une partie ou la totalité de la trompe. Un traitement médicamenteux est souvent associé à l'intervention pour garantir l'arrêt de la grossesse.

Et la suite ?

Les femmes ayant vécu cette expérience craignent beaucoup de ne pas pouvoir mener à bien une nouvelle grossesse. Or, dans 60 % des cas, elles y parviennent dans les deux ans qui suivent la GEU (la trompe restée intacte fonctionne toujours). Le recours à la procréation médicalement assistée est parfois nécessaire, mais tout n'est pas perdu.

Diabète gestationnel

Il s'agit d'une forme de diabète qui apparaît pendant la grossesse (au troisième trimestre en général) : il n'existait pas avant et disparaîtra ensuite (dans 60 % des cas).
Il se traduit par un taux de sucre (glycémie) trop élevé dans le sang.

Quelles sont les causes ?

Le pancréas fabrique l'insuline qui régule le taux de sucre, mais chez certaines femmes (ayant des antécédents diabétiques, ou souffrant de surpoids) il ne parvient plus à tenir ce rôle pendant la grossesse.

Quels sont les symptômes ?

Prise de poids trop importante. Présence de sucre dans les urines et dans le sang.

Le taux de glycémie peut être analysé par le test de O'Sullivan : il s'agit d'absorber 50 g de glucose et d'effectuer une prise de sang une heure plus tard afin d'évaluer le taux de sucre passé dans le sang.

CE QUE LES AUTRES SE SONT BIEN GARDÉES DE VOUS DIRE...

Avaler 50 g de sucre sous forme de fraises Tagada®, c'est sympa. Mais en sirop de glucose immonde, c'est une autre histoire. Non seulement vous trouverez ça dégoûtant, mais, en plus, vous allez râler : « Quitte à prendre 1 000 calories, j'aurais préféré m'envoyer une pyramide de macarons Ladurée ! » Préparez-vous psychologiquement à cette épreuve, qui n'est pas la plus agréable de la grossesse.

Et la suite ?

Le suivi est impératif pour éviter des complications importantes pour l'enfant (prise de poids excessive du bébé entraînant des difficultés pour l'accouchement, risque de souffrance fœtale due à la mauvaise oxygénation du bébé).

On prescrit un régime qui régularise la glycémie (on évite les sucres rapides, les sucres lents sont accompagnés de plus de fibres, par exemple). Si celle-ci est toujours élevée, on peut avoir recours à des injections d'insuline.

Après l'accouchement, la glycémie de la maman sera encore surveillée pendant quelque temps.

BON À SAVOIR POUR LES FMP (FUTURES MAMANS PARESSEUSES)

Il y a deux choses différentes : une grossesse chez une femme diabétique et l'hyperglycémie développée par une femme enceinte.

Une femme atteinte de diabète et souhaitant mettre en route une grossesse devra faire l'objet d'un suivi très attentif de sa glycémie. Le bébé sera régulièrement surveillé pour dépister tout signe de souffrance fœtale.

Hypertension artérielle (toxémie gravidique)

Brrr !!! Le mot « gravidique » fait froid dans le dos !

Il s'agit en effet d'une des affections les plus graves qui puissent atteindre une femme enceinte : la toxémie gravidique peut être fatale pour la mère et l'enfant, c'est dire s'il faut la surveiller de près ! Elle concerne 5 % des grossesses !

Elle est aussi appelée prééclampsie : sans traitement, elle évolue vers l'éclampsie (convulsions).

Quelles sont les causes ?

Elles ne sont pas connues, mais on suppose que des antécédents de tension artérielle, l'âge maternel élevé, l'obésité peuvent être des facteurs de risque.

Quels sont les symptômes ?

L'association d'une hypertension artérielle (plus de 14/9), de la présence de protéines dans les urines (albumine) et d'une prise de poids avec œdème (surtout aux chevilles).

Elle survient généralement lors d'une première grossesse et les risques sont accrus pour une grossesse gémellaire.

La future maman éprouve des maux de tête, des acouphènes (bourdonnements d'oreille) et des troubles oculaires (cécité subite, mouches volantes, vision trouble).

Et la suite ?

La prééclampsie peut se compliquer en éclampsie, une crise de convulsions mettant en danger la mère et l'enfant.

C'est pourquoi le traitement et la surveillance sont importants :

– arrêt de travail ;

– traitement contre l'hypertension ;

— surveillance stricte du poids et de la présence d'albumine dans les urines.

En cas de symptômes de crise, l'hospitalisation est immédiate et, le plus souvent, la décision de déclencher la naissance est prise (pouvant mener jusqu'à la césarienne d'urgence).

En général, il n'y a pas de récidive pour les grossesses suivantes. Pourtant, la surveillance sera accrue pour les femmes ayant été atteintes.

La béance du col

La longueur et la fermeture du col de l'utérus sont des facteurs majeurs du bon déroulement de la grossesse. C'est pourquoi l'examen mensuel de l'obstétricien est très attentif à ce point.

Un col ouvert est une cause d'accouchement précoce et de prématurité pour l'enfant.

Quelles sont les causes ?

Une malformation de l'utérus (notamment une exposition de la mère au Distilbène®), une lésion due à un acte chirurgical (IVG, conisation), traumatisme dû à un accouchement précédent…

Quel traitement ?

Même si cette technique est de moins en moins utilisée, le chirurgien peut décider d'avoir recours à un « cerclage » avant la fin du premier trimestre ; cela consiste à fermer le col grâce à un fil (comme une couturière resserre une boutonnière, voyez-vous).

En général, il est recommandé de mener une grossesse couchée afin d'éviter de faire peser du poids sur le col et d'accélérer ainsi sa dilatation. L'accouchement suit en général de très près le retrait du fil.

Décollement du placenta

Le placenta permet les échanges sanguins entre la mère et l'enfant, apportant au bébé tout ce dont il a besoin pour son développement. Il peut arriver que cet « organe » se décolle de la paroi utérine (sur une surface plus ou moins grande), créant ainsi un hématome (appelé hématome rétro-placentaire).

Quelles sont les causes ?

Elles sont nombreuses et difficiles à déterminer, mais on peut citer :
- un choc dans la paroi abdominale (lors d'une chute, par exemple) ;
- une tension artérielle trop élevée ;
- le diabète ;
- etc.

Quels sont les symptômes ?

Des saignements et des douleurs.

Et la suite ?

En début de grossesse, et selon l'ampleur du décollement, le pronostic vital de l'enfant pourra ou non être mis en jeu. Si la circulation entre la mère et l'enfant n'est pas affectée, la grossesse peut se poursuivre, l'hématome pouvant se résorber. En général, le repos total est prescrit afin de préserver les chances de survie de l'enfant.

Si le décollement survient en fin de grossesse, il peut être à l'origine d'une naissance par césarienne d'urgence pour limiter les risques d'hémorragie importants.

Placenta prævia

Il s'agit d'une anomalie de l'insertion du placenta qui vient se fixer dans la partie basse de l'utérus, recouvrant plus ou moins le col de l'utérus et gênant ainsi sa dilatation et la sortie du bébé.

Quelles sont les causes ?

Une grossesse multiple, un utérus cicatriciel, l'âge de la mère (les risques augmentent fortement passé 35 ans).

Quels sont les symptômes ?

Des saignements.

Et la suite ?

Très souvent, la localisation du placenta évolue en fin de grossesse (il remonte). Il faut donc surveiller son évolution attentivement. En général, le repos est prescrit pour éviter les risques d'hémorragie.

En cas de placenta recouvrant, la naissance par césarienne est obligatoire.

La prématurité

De nombreux facteurs peuvent empêcher la grossesse d'être menée à terme (notamment la grossesse multiple, des anomalies du placenta, des malformations du col ou de l'utérus, des fibromes, une fièvre sévère, une infection…).

On parle de prématurité quand l'accouchement a lieu avant la 37e SA révolue. Un « grand prématuré » naît avant la 33e semaine de gestation.

10 MOYENS DE COHABITER AGRÉABLEMENT
AVEC LES BLOUSES BLANCHES (OU ROSES)

1. Soyez en confiance

Votre médecin, votre sage-femme vont être déterminants dans cette « affaire ». Mieux vaut se sentir à l'aise, prête à leur confier la santé de ce que vous aurez de plus cher. Expliquez vos craintes, ne retenez pas vos questions : vous vivez une aventure extraordinaire, il faut que vous puissiez en profiter pleinement.

2. Soyez « sérieuse »

Un rendez-vous de suivi de grossesse, ça ne se zappe pas. Même si l'on sait que l'on a abusé de la mousse au chocolat.

3. Soyez patiente

Rien de tel que les salles d'attente des gynécologues-obstétriciens. Ce sont sans doute les médecins qui ont le plus de retard ! Toujours appelés pour un accouchement… Mieux vaut s'armer de patience et ne rien prévoir d'autre pour la journée !

4. Soyez stoïque

Il est possible que votre médecin vous gronde au moment de la pesée. Encaissez sans broncher ou dites-lui carrément que vous faites de votre mieux mais que vous n'y pouvez rien si le seul fait de voir un carré de chocolat vous fait prendre 500 g. Non mais !

5. Taisez-vous

Ne parlez pas au médecin pendant qu'il fait un contrôle échographique. Ce n'est pas le moment de le distraire.

6. Remettez à plus tard

Il est conseillé de ne pas appliquer de crème hydratante sur le ventre avant une échographie : cela pourrait gêner le passage des ondes. Vous vous enduirez de votre huile antivergetures dès votre retour *at home*.

7. Soyez réaliste

Même si vous pouvez faire confiance à l'imagerie médicale pour vous fournir un portrait ressemblant, ne prenez pas peur si votre bout de chou a l'air quelque peu déformé ou aplati. Les images sont d'une qualité suffisante pour déceler une anomalie (enfin, seul l'œil expert du médecin pourra la trouver), mais pas assez pour vous montrer l'enfant sous son meilleur profil. On n'est pas non plus au Studio Harcourt.

8. Mettez toutes les chances de votre côté

Les médecins vous donnent des conseils d'hygiène de vie (notamment sur l'alcool et les cigarettes) afin de protéger au mieux votre enfant. Ils ne sont pas là pour vous faire la morale mais pour vous aider.

9. Gardez votre calme

Si l'on vous prescrit des examens supplémentaires parce qu'il y a un doute ou quelque chose d'anormal, essayez de ne pas imaginer le pire tout de suite (j'ai bien dit « essayez »). Le bébé ressent le stress.

10. Reposez-vous

Si l'on vous conseille le repos, ne vous croyez pas plus maligne que les autres (sur le mode « à moi, il ne peut rien m'arriver ») : respectez vraiment les conseils du médecin pour protéger votre bébé.

chapitre 5

Comment manger deux fois mieux
(et non deux fois plus,
vous vous croyez où ?)

Qui vous a dit qu'il fallait manger pour deux ?

Enceinte = gros bidon (+ gros roploplos, mais ça, nous en reparlerons plus tard). Toute à la joie de porter la vie dans votre ventre, vous ne pouvez vous empêcher d'y penser :

— oui, vous avez très envie que votre vie prenne un nouveau tournant ;

— non, vous n'avez pas du tout envie de virer bonbonne.

Or une petite voix ne cesse de vous parler à l'oreille : « Fini, la taille 38 ! » « Ta copine a pris 28 kg… » « Peut-on redevenir sauterelle après avoir été hippopotame ? »

La qualité de votre alimentation va tout d'un coup devenir un enjeu majeur et vous vous poserez des questions inédites, du type : « Est-ce raisonnable que je mange un cinquième beignet ? » « Pizza hier, pizza à midi. Pizza ce soir ? »

La question centrale, avouons-le, restera celle de votre prise de poids, que vous preniez l'option « je surveille au gramme près » ou « j'ai arrêté de me peser depuis le stade + 18 kg ».

Alors, pour ne plus se creuser la tête sur le menu idéal des neuf mois à venir, pour ne plus vous demander si oui ou non vous avez droit au reblochon (trop fatiguant de se creuser la tête ainsi), en avant pour un petit cours de diététique spécial maternité.

Je ne change rien = tout va bien

À moins de ne se nourrir que de barres chocolatées ou de faire une fixette sur les rillettes, votre alimentation habituelle doit couvrir l'ensemble de vos besoins nutritionnels pendant la grossesse.

Vous êtes déçue ? Vous pensiez que vous alliez pouvoir vous gaver de cochonneries, prendre 30 kilos et tout mettre sur le dos de votre bébé ? En fait, les études les plus récentes montrent que la femme enceinte n'a pas vraiment besoin de modifier son comportement alimentaire pendant cette période particulière : c'est votre corps qui va s'adapter ! Les besoins en fer sont augmentés ? Eh bien, l'absorption intestinale du fer va se multiplier par neuf ! Le calcium est indispensable ? Eh bien, le système digestif va entièrement utiliser celui que vous consommez (au lieu d'en laisser passer une grande partie).

Ainsi, vous n'avez pas vraiment à vous occuper de savoir si votre quota de telle ou telle substance est rempli : votre usine à bébés est une formidable machine qui trouve son carburant là où il est.

Évidemment, on ne le répétera jamais assez, cela ne peut se produire que dans le cadre d'une alimentation saine et variée.

C'est rassurant de pouvoir faire confiance à son corps, non ?

Je mange équilibré = je nous fais du bien

Voilà le principe de base de l'alimentation de la femme enceinte. Il faut un bon terreau pour que pousse cette graine : il convient donc de lui apporter tous les éléments dont elle a besoin pour se développer sans aller puiser dans les réserves souterraines (votre stock à vous) et éviter ainsi les carences dont vous pourriez souffrir.

« Un peu de tout » pourrait devenir la devise des neuf mois à venir.

Je mange régulièrement

Vous avez de mauvaises habitudes alimentaires ? Peut-être vos nouvelles priorités vont-elles vous permettre de les perdre… Si vous sautez allègrement les petits déjeuners pour cause de « pas le temps » ou de « pas faim », si vous oubliez de déjeuner pour cause de « je finis un dossier » ou de « je fais du shopping », si vous zappez le dîner pour cause « d'apéro dînatoire » ou de « y'a rien dans le frigo », il va falloir remettre de l'ordre dans tout ça !

Plan d'action

o Le petit déjeuner est primordial : il permet de stopper le jeûne de la nuit. Le bébé, lui, n'est pas calé sur vos horaires. Il se fiche de savoir s'il est l'heure ou pas de prendre sa dose de glucides. Il lui faut des apports réguliers et ce, quel que soit le moment de la journée. Donc, pour ne pas tomber en hypoglycémie dès 9 heures du matin, mieux vaut prendre un sérieux petit déj.

De plus, manger un petit quelque chose le matin permet souvent de faire passer les nausées qui peuvent vous saisir dès que vous posez le pied par terre.

o Le déjeuner et le dîner sont essentiels : ils vous permettent de rythmer votre prise alimentaire de la journée.

o Vous avez droit à deux collations légères à répartir sur la journée (exemples ci-après).

Pendant la grossesse, vous aurez peut-être du mal à faire des repas correspondant à vos habitudes car votre appétit sera fluctuant : avec les nausées du début et la sensation d'avoir un estomac rétréci ensuite, vous ne pourrez peut-être pas consommer de grosses quantités. L'idée est donc de fractionner les repas pour répartir votre consommation sur l'ensemble de la journée !

Attention ! cela ne veut pas dire que vous avez l'autorisation de manger tout le temps ! (Ce serait trop beau…) Vous pouvez, en revanche, garder votre portion de fromage ou votre dessert pour les déguster plus tard.

Je ne mange pas « pour deux »

Le mythe se brise… En fait, la grossesse ne fait augmenter vos besoins énergétiques que de 150 kcal par jour au 1er trimestre et de 350 kcal par jour aux 2e et 3e trimestres. Vous voyez donc s'éloigner vos rêves de pots entiers de crème glacée, de chocolat à volonté ou de pizzas à gogo.

Évidemment, si vous avez une activité qui vous fait dépenser beaucoup d'énergie, il faudra peut-être revoir tout ça à la hausse. D'autre part, cette activité devra sans doute s'interrompre assez rapidement…

BON À SAVOIR POUR LES FMP (FUTURES MAMANS PARESSEUSES)

Qu'est-ce qu'une alimentation équilibrée ?

50 à 55 % de glucides, 30 à 35 % de lipides et 10 à 15 % de protéines (mais attention ! 50 % de fraises Tagada®, 35 % de beurre et 15 % de saumon fumé ne constituent pas une alimentation équilibrée ; une fois encore, ce serait trop beau).

Je fonce sur les protéines

Vous imaginez tout le muscle qu'il faut fabriquer pour former votre futur poupon ? Vos besoins vont donc être largement accrus. Si vous mangez régulièrement viande, œufs, poissons et autres laitages, vous couvrirez facilement vos nouveaux besoins. Si vous êtes végétarienne, ou que vous boudez la viande, il faudra absolument surveiller les apports en protéines dans votre alimentation pour garantir le bon développement du bébé.

Les besoins de la femme enceinte sont de 70 g par jour (largement couverts par votre alimentation, même hors grossesse).

Je prends ma dose de sucres

Les glucides sont indispensables pour alimenter l'usine à bébés : leur métabolisme est d'ailleurs profondément modifié pendant la grossesse.

Pour éviter toute hypoglycémie, pensez à répartir leur prise sur l'ensemble de la journée (en consommant un morceau de pain à chaque repas, par exemple).

Les sucres lents sont à privilégier puisque, justement, ils permettent de « tenir la distance » entre deux repas.

Les besoins de la femme enceinte sont au moins de 250 g par jour.

Je m'autorise des lipides

Ils sont très importants pour la fabrication des tissus nerveux du bébé. Pensez à varier vos sources de lipides (beurre, huiles, crème, poissons gras…) qui ont chacune un intérêt nutritionnel différent.

Je fais le plein de calcium

Non seulement il en faut de grandes quantités pour fabriquer les os du bébé, mais il est aussi très utile pour la maman en la protégeant des dangers de la tension artérielle (et des crises d'éclampsie). En consommant suffisamment de calcium pour couvrir vos besoins, vous évitez de prendre le risque que le fœtus puise dans vos réserves (vos os)…

Les besoins de la femme enceinte sont de 100 g par jour.

Je me charge en vitamines

Une alimentation équilibrée couvre généralement les besoins en vitamines A, B ou C. Pourtant, pendant la grossesse, une vitamine bien particulière, l'acide folique (ou vitamine B9), est primordiale : elle a un rôle important pour prévenir la prématurité ou le retard de croissance fœtale. Donc, il vous sera en général conseillé de prendre un complément alimentaire qui en contient. Vous pouvez également consommer un maximum d'aliments pourvus en folates : levure en paillettes, céréales complètes, légumes à feuilles, agrumes, lentilles, œufs, maïs, par exemple. La vitamine D est également indispensable : vos besoins seront couverts par le complément alimentaire.

Les besoins en fer augmentent beaucoup : la grossesse augmente de 50 % le volume de sang et, pour assurer cette surproduction de globules rouges nécessaires à l'oxygénation des cellules du bébé et de la mère, il faut beaucoup de fer. Le médecin suivra de près vos analyses de sang pour dépister toute carence menant à l'anémie. En consommant des aliments riches en fer (viande, poisson, œufs, légumes secs, fruits secs, oléagineux), vous consommerez sans doute la quantité nécessaire à votre bonne santé.

Je bois de l'eau

Forcément, puisqu'on oublie l'alcool, le café, les sodas sucrés qui font grossir... l'eau va devenir, plus que jamais, votre alliée.

Pour alimenter la création permanente du liquide amniotique et faciliter les échanges mère/enfant, vous avez besoin de boire beaucoup (de toute façon, vous aurez soif !). Pensez à varier les eaux pour profiter de leurs différents composants et n'hésitez pas à choisir une eau riche en calcium (type Contrex) et magnésium (type Hépar) pour prévenir la constipation et les crampes qui pourraient vous gêner pendant votre grossesse.

Je gère mon appétit

Voilà toute la difficulté.

On vous répète à tout bout de champ qu'il faut manger à heures régulières... Mais vous, vous passez de phases d'écœurement à des fringales terribles. Votre appétit fait sa révolution. Et vous complique la vie. Cas pratiques et solutions.

Vous n'avez pas faim le matin, ni aux autres repas d'ailleurs

Pourtant, pour ne pas tomber dans les pommes tout de suite, vous savez très bien qu'il faut avaler un petit quelque chose.

Contentez-vous d'un peu de pain (de préférence complet, pour les fibres), d'un petit morceau de beurre, d'une ou deux cuillerées de confiture (ça donne un coup de pouce). Ajoutez, si vous pouvez encore avaler quelque chose, des pruneaux ou quelques abricots secs.

Vous pourrez prévoir une petite collation vers 10 heures et/ou un goûter. Par exemple :

- une banane et un verre de lait ;
- un petit pain aux noix ;
- un yaourt et trois biscuits secs (des biscuits simples, pas des « fourrés cacao aux pépites de caramel ») ;
- un morceau d'emmental et une pomme.

Vous êtes prise de fringales

Une fringale, vous connaissez ? C'est un truc qui peut vous transformer en monstre sanguinaire, la bave aux lèvres, prête à dévorer n'importe quoi (même à piquer le goûter de votre petit neveu. Il n'avait qu'à être plus rapide que vous. Et toc !), prête à vous lever la nuit pour manger des restes de daube froide arrosée de compote de pommes (c'est tout ce qu'il y avait dans le frigo). C'est dangereux. Donc, il faut faire quelque chose.

Si vous êtes souvent dans cet état, peut-être auriez vous intérêt à fractionner vos repas pour mieux les répartir dans la journée : gardez par exemple le dessert pour plus tard (si vous grignotez et ajoutez de nombreuses rations à vos repas normaux, c'est la prise de poids garantie).

Exemple : au dîner, je mange des carottes râpées, un filet de poulet, des légumes sautés et du riz, mais je garde ma faisselle et mes fruits rouges pour la pause pub au milieu de ma série préférée (si je ne me suis pas endormie avant, bien entendu).

Votre estomac est un puits sans fond

Vous avez faim non-stop. Comme si ce petit gobait tout ce qui entre dans votre bouche di-rec-te-ment.

Peut-être vos rations sont-elles insuffisantes ? Vous ne voulez pas prendre de poids, certes, mais il faut quand même vous nourrir suffisamment, sinon vous risquez d'être fatiguée et énervée, et ça, ce n'est pas bon pour vous. En plus, si vous grignotez pour lester votre estomac glouton, vous vous coupez l'appétit pour le repas suivant... et ainsi de suite.

Pensez aux aliments « longue durée » qui tiennent au corps : les féculents, les légumes secs, les aliments riches en fibres, etc., sont plus longs à digérer, donc vous « calent » pour plus longtemps.

Je surveille mon poids (sans virer obsessionnelle non plus)

C'est quand même la question centrale. On le sait toutes.

Alors, puisqu'il faut bien en passer par là, autant être d'accord sur quelques principes fondamentaux.

o Votre prise de poids va dépendre de votre morphologie, de votre corpulence, de votre métabolisme..., donc, quand on parle d'une prise de poids de 9 à 12 kg, ce n'est qu'une moyenne qui sera variable selon votre cas.

o Pourquoi est-ce que votre gynéco est si pointilleux sur ce sujet ? Mettons de côté l'hypothèse qu'il est sadique et que cela lui fait plaisir de vous engueuler dès que l'aiguille s'affole un peu.

Si Dr Gygy est exigeant à ce sujet, c'est pour vous. En effet, une prise de poids trop importante a de nombreuses conséquences :

– rendre l'accouchement difficile ;

– rendre difficile l'après-bébé : vous ne serez pas au top de votre forme et ce ne sera pas le moment le mieux choisi pour vous mettre à un régime carabiné (imaginez un peu : vous ne dormez pas, vous passez vos journées à changer des couches et, EN PLUS, il ne faudrait pas manger ! Trop dur).

Comment se passe la prise de poids

Vous ne risquez pas de vous lever, le lendemain du test positif, avec un kilo de plus sur la balance (à moins d'avoir fêté la nouvelle dans un restaurant gastronomique, mais là, vous savez à quoi vous attendre). Non, les choses sont très progressives : normalement (on répète une fois de plus qu'il s'agit de données théoriques), vous ne devriez pas ou très peu prendre de poids pendant le 1er trimestre. Il peut même arriver que vous en perdiez (si, si, c'est possible) : nausées, petit appétit… peuvent vous donner l'illusion que le processus ne s'est pas encore mis en marche.

En général, on constate une prise de poids de 4 à 5 kilos sur la première partie de la grossesse et le reste sur la seconde partie : en effet, ce n'est qu'à mi-chemin que l'utérus et le bébé commencent vraiment à « peser leur poids ».

En fin de grossesse, vous aurez l'impression que chaque bouchée avalée vous « profitera » : pendant les dernières semaines, le bébé « fait du gras » et votre ventre connaît une croissance exponentielle ; c'est souvent à ce moment que l'on arrête de se peser (seules celles qui sont parvenues à se maîtriser continuent de monter sur la balance, juste pour le plaisir de dire aux autres « non, non, question poids, tout va bien ». Les garces !).

Il se peut qu'au bout de deux mois, la balance reste au point mort. Puis, d'un coup, elle accuse 2 ou 3 kilos de plus en l'espace d'une semaine. C'est sûr, vous allez vous faire engueuler par le doc. Mais vous n'y pouvez rien, c'est comme ça.

Il est possible aussi que vous ayez tellement envie que votre grossesse soit visible que vous allez tout faire pour afficher un ventre rebondi au plus vite : dès les premières semaines, vous allez vous lâcher. Attention ! un ventre de femme enceinte est très différent d'une bouée classique ; votre méthode n'aura peut-être pas le résultat attendu.

Cas particuliers

Vous étiez très mince avant la grossesse… peut-être trop mince

Vous avez droit à une prise de poids supérieure à la moyenne des 12 kg pour que votre utérus puisse atteindre son développement optimal et permettre au bébé une bonne croissance.

Vous aviez un problème de surpoids avant la grossesse

Malheureusement, il va falloir être encore plus vigilante que les autres… pour éviter toutes les complications éventuelles (notamment l'hypertension, dont nous avons parlé p. 143). Sans faire de « régime », vous devrez malgré tout surveiller très attentivement votre prise de poids et éviter, entre autres, les aliments gras et sucrés.

Un des meilleurs moyens pour ne pas trop grossir est de conserver une activité physique régulière. Marcher, nager, faire du yoga… sont indispensables pour éviter le surpoids et pour maintenir votre forme. Pour en savoir plus sur le sport pendant la grossesse, reportez-vous au chapitre 6.

BON À SAVOIR POUR LES FMP (FUTURES MAMANS PARESSEUSES)

Au cours de la grossesse, on oublie toute notion de « régime ». Il est bien évident que pendant cette période, vous n'allez pas chercher à perdre du poids, mais plutôt à ne pas trop en prendre. Si vous avez l'habitude de restreindre vos prises alimentaires (le trip 1 000 calories par jour), vous allez devoir passer à la vitesse supérieure : couvrir vos besoins minimaux est essentiel. Vous prendrez exactement le poids nécessaire à votre bébé et ne ferez pas de « réserves » si difficiles à vider ensuite…

Je prends certaines précautions

Vous faites attention au contenu de votre assiette afin d'apporter à votre bébé tout ce dont il a besoin pour naître en pleine santé. Mais aussi afin de lui éviter des dangers que vous pourriez, sans le savoir, lui faire courir. Vous devez chasser les bactéries à tout prix. Certaines d'entre elles peuvent avoir des conséquences sur le développement de votre bébé.

Les gestes de prévention

L'hygiène des mains : lavez-vous les mains très souvent (après passage aux toilettes, jardinage, manipulation d'aliments crus…) et n'hésitez pas à utiliser une brosse à ongles.
Si vous avez un chat, ne changez pas la litière vous-même, ou alors portez des gants.

L'hygiène de votre frigo

Vous devez redoubler de vigilance pendant votre grossesse.
Enveloppez les aliments les plus fragiles dans des sachets plastique pour les « isoler ».
De même, mettez à part les aliments à base de lait cru.

Nettoyez régulièrement votre réfrigérateur (vinaigre blanc ou eau de Javel afin d'éliminer les bactéries).

Conservation des aliments

Ne décongelez pas les aliments à l'air ambiant.
Évitez les préparations à base d'œuf cru (la mayonnaise ou la mousse au chocolat maison, par exemple) : si vous en consommez, ne conservez pas les restes.
Soyez attentive aux dates limites de conservation des aliments.

Les aliments à éviter

Pendant votre grossesse, vous allez devoir être très vigilante en ce qui concerne les infections alimentaires, qui peuvent être graves pour votre enfant : toxoplasmose et listériose seront vos bêtes noires.

La black-list de votre menu

- o De manière générale, on oublie le lait cru : les fromages qui en contiennent (camembert, brie et autre munster) ne doivent pas être consommés. Vous allez pouvoir rêver pendant quelques mois d'un morceau de fromage bien odorant et du verre de vin qui l'accompagne…

- o Retirez la croûte de tous les fromages.

- o Laissez de côté certaines charcuteries industrielles du type rillettes, pâté, foie gras, œufs en gelée… Dites-vous que vous ajouterez une bonne tartine de rillettes à votre casse-croûte fromage/pinard « dans neuf mois »…

- o Vous mangerez de la viande crue plus tard (*bye bye* tartare…), mais pour le moment, faites bien cuire vos steaks. Commandez tout « à point, merci ».

○ De même, oubliez les poissons crus (*bye bye* sushis… mais aussi tarama et surimi), les fruits de mer crus, ainsi que les poissons fumés.

Si vous n'êtes pas immunisée contre la toxoplasmose (une prise de sang en début de grossesse aura décelé votre éventuelle immunité) :

– lavez très soigneusement vos fruits, légumes et herbes aromatiques ;

– mangez de la viande bien cuite ;

– si vous ne savez pas si les aliments qu'on vous propose ont été bien lavés, préférez prendre des plats cuits (au resto, pas de crudités, par exemple).

CE QUE LES AUTRES SE SONT BIEN GARDÉES DE VOUS DIRE…

Si vous êtes enceinte au moment des fêtes… le buffet ne sera pas pour vous ! *Out* tous les plats dits « de fête »… Mais comme tout le monde sera aux petits soins pour vous, on vous préparera sûrement quelque chose de spécial, juste pour vous. Vous pourrez donc demander à Tante Yvonne qui vous reçoit de vous faire votre plat de cannellonis préférés (avec une tonne de fromage dessus) pour vous consoler de ne manger ni foie gras, ni huîtres, ni saumon.

Les produits que l'on mangera plus tard

Hormis les risques de listériose et de toxoplasmose, il existe d'autres aliments qu'il est préférable de ne pas consommer pendant la grossesse parce qu'ils peuvent être nocifs pour l'enfant.

Le foie

Les doses trop élevées de vitamine A sont mauvaises pour le fœtus. C'est pourquoi les femmes enceintes doivent éviter les aliments contenant du foie d'origine animale (quelle que soit l'espèce). Mais cela n'est qu'à titre de prévention, il faudrait en manger de très grandes quantités et très souvent pour courir un risque ! Il vaut mieux quand même les réserver pour l'après-accouchement (vous n'imaginez pas l'orgie que vous allez faire ensuite…).

Le soja et ses produits dérivés

Le soja contient des phyto-œstrogènes (c'est d'ailleurs pour ça qu'il est recommandé en période de ménopause). Des études sur les animaux ont montré qu'il pouvait avoir des effets sur les fœtus. On recommande donc de ne pas en prendre pendant la grossesse ou d'en limiter la consommation.

Les produits enrichis en phytostérols

Ce sont les produits destinés aux personnes ayant du cholestérol (margarine notamment). Ils sont déconseillés dans le cadre de la grossesse. Si vous avez l'habitude d'en prendre pour limiter votre taux de cholestérol, consultez un nutritionniste qui saura vous orienter vers des produits adaptés à votre grossesse.

BON À SAVOIR POUR LES FMP (FUTURES MAMANS PARESSEUSES)

Peut-on consommer de l'aspartame pendant la grossesse ?

Aucune étude ne montre la nocivité de l'aspartame pendant la grossesse. Mais si vous demandez leur avis à dix spécialistes, vous aurez dix réponses différentes. Vous pouvez donc faire le choix d'en consommer. En revanche, n'oubliez pas que les glucides sont indispensables au bon développement de votre bébé.

Et l'on évite aussi… (faut-il le rappeler ?)

… le tabac

Nous avons déjà abordé ce sujet au début du livre, mais il n'est jamais inutile de rabâcher. Si vous êtes fumeuse, essayez vraiment de mettre votre habitude entre parenthèses pendant votre grossesse. On n'a jamais trouvé meilleur argument pour arrêter définitivement de fumer ! Et puis, imaginez toutes les jolies tenues de bébé que vous allez pouvoir acheter avec les économies réalisées.

… l'alcool

Absolument interdit. Vive le Champomy® !

… le café

Même si rien n'est encore démontré, les scientifiques pensent qu'il y a un lien entre une consommation excessive de caféine et des risques d'avortement spontané et de petit poids à la naissance. Buvez un petit café si cela vous fait plaisir. Ne passez pas votre journée une tasse à la main, c'est tout.

… les drogues en tous genre

Non, le Nutella® n'est pas une drogue. Mais bon, on n'en abuse pas quand même.

Mon menu de femme enceinte

Entre ce qu'il ne faut pas manger, le fait de surveiller son poids, la lutte contre la nausée ou la constipation et la nécessité de couvrir tous vos besoins et ceux du bébé, s'alimenter pendant la grossesse devient un parcours du combattant.

Quelques idées de menu, juste pour vous simplifier la vie.

Partez du principe qu'à chaque repas, vous devez prendre un aliment de chacun des quatre groupes (produits céréaliers, fruits et légumes, produits laitiers, viandes et substituts).

Petit déjeuner

Exemple A

1 œuf à la coque
1 tranche de pain complet
Fromage blanc
1 orange

Exemple B

4 biscottes beurrées
1 verre de lait
½ pamplemousse

Exemple C

1 verre de jus de carotte
1 bol de muesli (bien riche, avec plein de trucs dedans)
1 yaourt

Déjeuner

Exemple A

Crudités
1 hamburger maison (steak haché + pain)
1 yaourt
1 orange

Exemple B

1 salade niçoise (crudités + thon + œuf)
1 morceau d'emmental
1 morceau de pain
1 portion d'ananas

Exemple C

1 pavé de cabillaud
1 portion de riz
Courgettes sautées
1 salade de fruits

Dîner

Exemple A

Salade César (romaine + parmesan)
Spaghettis bolognaise
Pomme au four

Exemple B

1 cuisse de poulet
Ratatouille
Tarte aux fraises

Exemple C

Soupe de légumes
Couscous de poisson
Fromage blanc aux framboises

Comment faire quand on est végétarienne

Vous pouvez parfaitement continuer votre régime alimentaire pendant votre grossesse. Votre vigilance sera accrue en ce qui concerne les apports nécessaires pour la bonne croissance de votre bébé. Précisez à votre médecin que vous ne consommez pas de protéines animales : il vérifiera que vous n'avez pas de carences et pourra y remédier si besoin est.

Les végétariennes doivent compenser l'absence de protéines animales par d'autres sources : les œufs, les céréales, les légumineuses (les légumes secs) et les oléagineux permettent des apports de très bonne qualité.

N.B. : comme nous l'avons dit plus haut, attention au soja qui ne doit pas être consommé en trop grandes quantités puisqu'il contient des phyto-œstrogènes qu'il est préférable d'éviter pendant la grossesse.

L'association céréales + légumineuses est intéressante au niveau diététique pour ses apports en acides aminés indispensables.

Pensez à l'huile de colza qui est riche en oméga 3.

La végétarienne doit également veiller à couvrir ses besoins en minéraux :

– fer : œufs, légumes secs (lentilles), graines de lin, de sésame, son, abricots secs, persil… Pensez à l'associer avec des aliments riches en vitamine C qui améliore l'absorption du fer de 30 %. En revanche, évitez le thé qui diminue celle-ci ;

– le calcium : produits laitiers et oléagineux en sont les meilleures sources.

10 FAÇONS DE NE PAS FAIRE RIMER PESÉE AVEC TORTURE

1. Maîtrisez-vous

La grossesse est souvent l'occasion de lâcher la bride pour celles qui ont une tendance au surpoids. Vous vous faites plaisir maintenant, mais vous pleurerez après. Réfléchissez et résistez à l'appel de ce quatrième macaron.

2. Raisonnez-vous

Outre les questions « esthétiques », la prise de poids excessive peut être un problème d'ordre médical. Dites-vous que vous prenez soin de votre bébé en ne finissant pas la dernière part de tarte au citron (alors que vous en avez déjà mangé deux).

3. Dites « merci »

À tous ceux qui vous resservent sous prétexte qu'il faut « manger pour deux » : on dit merci, mais on refuse la troisième ration de raviolis.

4. Faites l'écureuil

Les noisettes, noix et autres amandes sont pleines de tout ce qui fait du bien quand on est enceinte. On en ajoute dans son menu quotidien (mais on ne fait pas de réserves dans ses joues, elles sont suffisamment rebondies comme ça).

5. Faites-vous plaisir, quand même

Il faut que cet enfant soit heureux, qu'il ressente le bien-être de sa mère. Donc, on s'autorise un moelleux au chocolat ou une autre gâterie hautement calorique de temps en temps (la difficulté étant de bien doser le « de temps en temps »).

6. Ne grignotez pas

On fait bien la différence entre « fractionner les repas » et « grignoter ». Et on ne fait pas celle qui n'avait pas compris.

7. Goûtez

Un des grands plaisirs de la grossesse : la pause goûter pour ne pas avoir de fringale avant le dîner. On parle d'un goûter « adulte » (du type une pomme et des biscuits au sésame), pas d'un goûter « sortie d'école » (deux pains au chocolat et deux paquets de Tagada).

8. Demandez à Mamour de compatir

Et de ne pas commander de tartare + camembert + pinard alors qu'on mange une bavette cuite comme une semelle et qu'on boit de l'eau à bulles en face de lui.

9. Allez voir un spécialiste

Si l'affaire est trop difficile à gérer, on se fait suivre par un nutritionniste pour ne pas faire trop d'erreurs ou pour trouver des solutions adaptées à son cas.

10. Croisez les doigts

Pour que, une fois que vous serez sortie de la maternité, on ne vous demande pas « c'est pour quand ? ».

chapitre 6

Comment rester divine
malgré une allure de culbuto

Comment être belle comme une madone

« **Vous êtes resplendissante.** » « Vous attirez tous les regards. »
« Vous êtes épanouie. »
« Le bonheur se lit sur votre visage. »
Voilà le discours officiel.
En votre for intérieur, peut-être verrez-vous les choses autrement.
« Vous êtes resplendissante. » Tu parles, avec tous les boutons que j'ai, on dirait un phare à l'entrée du port.
« Vous attirez tous les regards. » C'est sûr, on ne peut pas me louper.
« Vous êtes épanouie. » Quelle jolie formule pour dire « dilatée » !

Voici toute la difficulté de cette période :

— accepter de ne plus vraiment être vous-même pendant neuf mois (et ne pas avoir l'air surprise à chaque fois que vous croisez votre reflet dans un miroir) ;

— savoir mettre à profit vos nouveaux atouts (vous voyez très bien de quoi je veux parler) ;

— profiter de l'indulgence de tout le monde (ou de l'hypocrisie) : « (Même énooOoorme) tu es magnifique. »

Les astuces pour que cette période se passe en beauté

Les stars américaines qui exposent leurs énormes ventres sur la couverture de *Vanity Fair* sont sublimes.

Vous pouvez faire comme elles.

Évidemment, vous, vous n'avez pas douze maquilleurs, trois coiffeuses et un éclairagiste.

Et puis vous, vous n'êtes pas photoshopée.

Donc, il va falloir faire avec (c'est-à-dire sans).

Une peau à mordre

Allons bon. Votre peau, en temps normal, vous en prenez soin (elle est épilée/gommée/hydratée/bronzée/etc.).

Eh bien, pendant neuf mois, de nouvelles attentions vont être nécessaires, parce qu'elle va être mise à rude épreuve.

Merci les variations hormonales !

Ces fameuses hormones qui imprègnent tout votre corps pour le faire passer d'un sex toy à une usine à bébés jouent également un très grand rôle sur votre peau.

Elles peuvent entraîner une certaine **sécheresse cutanée.** De nombreuses femmes enceintes s'en plaignent… sans doute à cause de la rétention d'eau sous-cutanée qui empêche au film hydrolipidique (à la surface) de se reconstituer correctement. C'est peut-être le moment de changer de soin hydratant en passant à une version plus riche. Ajoutez un masque hydratant à vos soins réguliers.

Les hormones sont aussi responsables d'une recrudescence d'**acné** (vous avez l'impression de revivre votre adolescence… le bonheur).

Vous redécouvrez la joie de la pustule sur le coin du menton et même, ô délice, sur le haut du dos.

Évidemment, les traitements oraux sont interdits… il convient donc de traiter localement :

> — utilisez un savon surgras pour vous nettoyer le visage (et hydratez ensuite un maximum pour contrebalancer les effets desséchants) ;

– ne triturez pas vos boutons (et encore moins au feu rouge, dans le rétroviseur, c'est répugnant… ce conseil est d'ailleurs applicable même en dehors de la période de la grossesse) ;

– demandez conseil à un dermatologue avant d'utiliser des lotions à base d'antibiotique : elles sont très efficaces mais doivent être prescrites.

Nos amies les hormones peuvent également nous jouer des tours en présence du soleil et faire apparaître sur nos visages poupins de vilaines taches marron aux contours irréguliers, appelées **masque de grossesse.**

Il survient en général entre le 4e et le 6e mois, sur le front, les tempes, les joues et autour de la bouche. 70 % des femmes le subissent (essentiellement les brunes et les peaux mates). Il s'agit d'une hyperpigmentation de la peau sous l'influence des hormones lors d'une exposition au soleil.

En général, les taches partent naturellement six mois après l'accouchement. Dans le cas contraire, on pourra vous prescrire un traitement dépigmentant.

Pour les éviter… ne vous exposez pas au soleil ! Et portez une protection écran total, impérativement.

Mais d'où vient cet air de madone ?

Une alimentation équilibrée contribue à la beauté de la peau. Comme vous allez très bien manger pendant ces neuf mois (notamment des aliments riches en vitamines A et D très bons pour l'éclat du teint), il va sans dire que vous aurez une peau magnifique.

Avez-vous remarqué que toutes les femmes enceintes ont… une tête de femme enceinte ? Un air bien à elles, un truc qui se lit sur le visage. Le fameux air de madone. Eh bien, on peut l'expliquer…

o Une femme enceinte a l'air serein : son bonheur est éclatant et il la transfigure. Le flux de progestérone, l'hormone de la sérénité, participe à cette allure nouvelle qui la caractérise. Attention ! il y a aussi l'air un peu niais de la femme enceinte qui caresse son ventre avec un sourire béat… Faites attention de ne pas basculer !

o Une femme enceinte a bonne mine : les œstrogènes jouent sur la dilatation des vaisseaux sanguins et les capillaires du visage en profitent aussi ! La peau est mieux irriguée et son teint est plus coloré… une mine éclatante !

o Une femme enceinte a le visage doux : la peau profite de la plus grande irrigation sanguine, le derme est plus riche en gras (il n'y a pas que les seins et le ventre qui en profitent !), du coup, les ridules s'estompent, la peau est rebondie, et tout le visage est resplendissant.

BON À SAVOIR POUR LES FMP (FUTURES MAMANS PARESSEUSES)

Profitez de cette période pour adopter un maquillage léger, naturel, qui met en valeur votre teint frais. Dissimulez les imperfections avec un anticernes, portez un « embellisseur de teint », un nuage de poudre, un voile de blush… et c'est tout ! Vous êtes belle de cette beauté qui vient de l'intérieur. (Attention ! après, la chute sera plus rude !)

Des seins sublimes

Nous avons déjà parlé du fait que vos nouveaux attributs ne vont sans doute pas passer inaperçus.

À chacune sa satisfaction, selon son châssis de départ : remplir enfin un vrai bonnet, faire de la concurrence à Lolo Ferrari (dans ce cas-là, Lolo n'étant pas le diminutif de Laurence), remplir la main d'un honnête homme…

Toute fière d'arborer de voluptueux décolletés, il vous faudra également penser à prendre soin de vos nouveaux joujoux. D'autant que, une fois la période bénie terminée, vous retrouverez vos seins dans l'ancien format (voire moins) ; il vaut donc mieux anticiper pour limiter les dégâts.

La glande mammaire peut tripler de volume pendant la grossesse et l'allaitement. La peau des seins étant déjà fragile, les fibres élastiques seront mises à rude épreuve. C'est pourquoi il faut prendre beaucoup de précautions avec eux (ils pourront encore servir, après).

o Choisissez un bon soutien-gorge : on oublie pour un temps les balconnets où tout déborde, les pigeonnants qui écrasent, les triangles qui ne soutiennent rien. On choisit du confortable (et le plus joli possible ; si si, c'est possible), avec des bretelles larges pour ne pas scier les épaules et pour bien soutenir la superstructure… Choisissez de préférence du coton (vous allez transpirer beaucoup plus qu'en temps normal et le coton laisse mieux respirer la peau).

o Oubliez à jamais les douches ou les bains chauds. Pour ramollir les tissus, rien de tel. Si vous êtes très courageuse et prête à tout pour garder des seins altiers, n'hésitez pas à finir vos ablutions par un jet d'eau fraîche, en tournant en rond autour de chaque sein. Dynamisme garanti !

o Hydratation o-bli-ga-toi-re. Tous les matins, après la douche et même le soir, au coucher. Huile d'amande douce, crème spéciale buste, baume nourrissant… ce que vous préférez, mais massez-moi ces seins s'il vous plaît ! On ne vous dit pas non plus de vous livrer à de longues séances d'auto-érotisme, mais au moins, enduisez votre poitrine d'un corps gras qui aidera les fibres de son épiderme à ne pas trop se distendre.

o Pratiquez quelques exercices pour muscler vos pectoraux : les seins ne contiennent pas de muscle, en revanche, les pectoraux soutiennent les glandes mammaires. Ce sont eux qu'il faut solliciter (pour quelques exemples d'exercices, voir plus loin).

Un ventre admirable

Évidemment, c'est là que tout se passe. Vous avez du mal à imaginer que votre peau va pouvoir s'étendre de plusieurs centimètres carrés (et surtout revenir ensuite à son état normal). En fait, c'est l'avenir de votre ventre que vous devez préserver pendant ces neuf mois.

Les vergetures, nos ennemies jurées

Vous connaissez forcément ces stries de la peau qui peuvent survenir sur les seins, les hanches, le ventre, l'arrière des bras…

Il s'agit de « cicatrices internes » de la peau, les fibres élastiques de la peau se rompant en étant trop étirées. L'influence des hormones est également à prendre en compte dans ce phénomène. Elles surviennent en cas de prise de poids rapide et exagérée : la grossesse est donc une période où elles peuvent facilement s'installer. D'abord rouges ou violacées, elles sont plus ou moins larges. Au fil du temps, elles blanchissent et s'aplanissent comme toutes les cicatrices, mais laissent des marques assez visibles, notamment sur les peaux mates.

o **Comment les éviter ?**

Tout d'abord en maîtrisant sa prise de poids : plus elle est lente et moins elle est importante, meilleur ce sera pour votre peau.

Ensuite, en aidant la peau à se distendre en douceur : huiles, crèmes et autres laits nourrissants sont indispensables pour permettre aux fibres de s'assouplir.

Le massage fait partie du rituel soin que vous devez instaurer tous les jours (et même deux fois par jour, idéalement, dès le 4e mois de grossesse).

Ce massage peut devenir un merveilleux moment à partager avec le futur papa. Laissez-lui le soin d'appliquer la crème sur votre ventre, par de longs mouvements enveloppants. Sensualité, communication et bienfaits beauté seront au rendez-vous.

Si, malgré tout, votre ventre se marque, sachez qu'après votre accouchement, vous pourrez avoir recours à des soins prescrits par le dermatologue :

– des traitements médicamenteux contenant de la vitamine A acide (utilisée aussi pour les marques d'acné) ;

– des techniques de microdermabrasion, très efficaces ;

– des tatouages, réalisés par le dermato, qui peuvent bien les estomper.

Votre ventre va peut-être également voir une ligne médiane se dessiner entre le pubis et le nombril (parfois au-dessus), plus ou moins foncée. Elle est elle aussi due aux hormones qui pigmentent différemment la peau pendant la grossesse (comme les mamelons des seins qui peuvent paraître plus foncés). Elle disparaîtra progressivement après l'accouchement (cela peut prendre plusieurs mois).

TOUT N'EST PAS PERDU ! . . . .

Il y a des peaux plus sujettes que d'autres aux accidents, c'est une question de nature. L'autobronzant est un bon moyen de dissimuler les vergetures…

. . . .

Une chevelure de sirène

Et pourquoi les cheveux ne profiteraient pas, eux aussi, de cet afflux d'hormones qui baignent le corps entier ?

Oui, oui, vos cheveux aussi vont se modifier :

– les cheveux secs seront améliorés, plus brillants, plus souples ;

– les cheveux gras seront allégés.

Vous aurez aussi l'impression de gagner en volume. En effet, la chute « de remplacement » est freinée, voire stoppée : tous les cheveux qui tombent normalement (parce que leur cycle est terminé) restent en place sur votre tête. Du coup, leur nombre est considérablement augmenté.

En revanche, après l'accouchement, finie la crinière de rêve : tous les cheveux qui ont fait des prolongations décident de vous quitter enfin en s'ajoutant à la reprise de la chute normale. Du coup, vous aurez l'impression de perdre la moitié du volume de votre tignasse… d'un coup ! Assez flippant…

o **Que faire ?**
Pendant la grossesse, privilégiez les traitements doux qui prendront soin de votre nouvelle chevelure.
Ne négligez pas votre supplémentation alimentaire en vitamines du groupe B, les amies des cheveux. Après l'accouchement, vous pourrez continuer à privilégier les aliments qui en contiennent (la levure de bière, notamment) !

Toutes les femmes ne voient malheureusement pas leur chevelure devenir digne d'une pub pour shampooing « volume et brillance » et elles gardent leurs « poils de tête » pauvres et mous. Souhaitons-leur de ne pas cumuler avec un retour d'acné et un masque de grossesse. Ou alors… soyons indulgentes.

BON À SAVOIR POUR LES FMP (FUTURES MAMANS PARESSEUSES)

On conseille souvent de ne pas utiliser de coloration ni de produits de type « permanente » pendant la grossesse, puisque des composants pourraient pénétrer dans l'organisme. Ces théories étaient valables à l'époque où les produits étaient réellement toxiques : de nos jours, les formules sont étudiées pour ne pas être nocives. N'ayez donc crainte. Vous n'avez tout de même pas des racines de dix centimètres !!!

Une peau lisse

Alors là, le mythe va s'écrouler.
On a déjà beaucoup parlé du rôle des hormones dans cette période si particulière de la vie d'une femme. Si elles sont vos amies pour permettre

à votre nouveau locataire de bien vouloir rester dans votre petit cocon, en ce qui concerne votre pilosité… elles sont carrément vos ennemies jurées ! Pendant la grossesse, vous allez peut-être croire qu'on vous joue un mauvais tour et voir se développer une pilosité tout à fait inadéquate avec votre état, sur des zones particulièrement non habituelles.

En effet, il n'est pas rare de découvrir :

– des poils entre son pubis et son nombril, sur une ligne médiane. Particulièrement inesthétique. Attention ! y aller mollo sur l'épilation, au risque de les voir s'installer de manière durable. Vous êtes autorisée à élaguer les plus longs. Mais surtout à prendre patience… dans quelques mois, ils seront tombés et ne reviendront plus. Petite consolation : bientôt, votre ventre sera trop gros pour que vous puissiez les voir… ;

– des poils sur les seins. Oui, vous avez bien lu. Là encore, patience, patience (à moins de découvrir un spécimen de la longueur d'un cheveu, que vous serez aimablement autorisée à arracher d'un coup de pince vengeur).

En ce qui concerne l'épilation des zones plus « traditionnelles », vous vous rendrez vite compte que cette affaire n'est plus de votre ressort (vous n'y aurez plus accès). Si vous êtes adepte de l'épilation à domicile, du « petit coup de rasoir qui rafraîchit », vous allez rapidement devoir passer la main. Les rendez-vous chez l'esthéticienne seront autant d'occasions de prendre soin de vous, en cette période où l'on ne se sent pas au top de sa beauté.

BON À SAVOIR POUR LES FMP (FUTURES MAMANS PARESSEUSES)

Pour le jour J, vous préférerez sans doute vous présenter avec un pubis net, sinon, vous vous en remettrez aux mains des sages-femmes qui n'auront pas le temps de faire dans la dentelle… Prévoyez le coup avant !!!

Des dents de nacre

Le vieil adage « une grossesse, une dent » n'est plus d'actualité aujourd'hui (peut-être même ne le connaissiez-vous pas !). Il y a fort longtemps, les carences en calcium causées par la grossesse et une alimentation non adaptée pouvaient entraîner de graves troubles dentaires, mais aujourd'hui les femmes enceintes sont suffisamment suivies pour éviter ce genre de problème.

En revanche, il n'est pas à négliger que les bouleversements hormonaux peuvent être à l'origine de petits désagréments non sans conséquences.

La flore bactérienne peut être modifiée et de là entraîner une inflammation des gencives, la gingivite (gencives douloureuses et saignements).

Si elle n'est pas soignée, elle peut évoluer en parodontite (inflammation plus profonde) qui peut se disséminer jusqu'à l'enfant.

Pendant la grossesse, il convient donc :

– d'avoir une grande hygiène bucco-dentaire : brossages des dents réguliers, bains de bouche antiseptiques ;

– de limiter les grignotages sucrés (pour couper la nausée ou calmer une fringale) : ils attaquent les dents et pèsent lourd sur la balance ;

– de consulter son dentiste pour qu'il détecte une éventuelle inflammation, qu'il effectue un détartrage ou soigne une carie (les autres soins que vous devriez éventuellement faire seront remis à l'après-accouchement).

Des ongles d'émail

Vous allez peut-être remarquer que vos ongles seront particulièrement forts pendant ces neuf mois.

Ne négligez pas de les soigner malgré tout : après l'accouchement, ils connaissent en général une baisse de forme qui les rend cassants et friables. S'ils sont bien nourris pendant neuf mois, ils souffriront peut-être moins de ces conséquences.

Très vite, poser du vernis sur ses orteils va relever de l'exploit de contorsionniste. Le passage chez la pédicure sera indispensable en fin de grossesse : vous savez que vos pieds vont être bien exposés dans les « étriers » de la table d'accouchement… Vous garderiez toute votre vie le souvenir de vos ongles négligés. Attachons de l'importance aux détails, s'il vous plaît !

BON À SAVOIR POUR LES FMP (FUTURES MAMANS PARESSEUSES)

Vous massez votre ventre avec de l'huile d'amande douce ? Profitez-en pour masser aussi le contour de vos ongles, ils vous remercieront plus tard !

Le regard de l'autre

Même gonflée, avec des jambes en poteaux, des cernes et des boutons, Mamour va vous trouver belle.

o Parce que, pour lui, vous êtes le nid sacré où est en train de pousser sa graine, une sorte de déesse dépositaire de son héritage génétique à lui (dont il ne saurait pas quoi faire sinon).

o Parce qu'il vous aime même avec votre tête du réveil, même quand vous êtes malade, même quand vous avez trois centimètres de racines. (Il vous aimait même à l'époque où vous aviez une permanente genre caniche. C'est dire.)

o Parce que vous n'êtes pas aussi moche-et-grosse que vous le pensez : pour vous, ce corps en transition est peut-être difficile à accepter, mais pour lui, il est plein de rondeurs très appétissantes.

o Parce qu'il ne remarque pas les mêmes détails que vous (le bouton que vous avez sur le menton, arrêtez de lui en parler, il ne l'avait même pas vu).

Dans ses yeux, vous êtes magnifique. Et finalement, c'est à lui que vous voulez plaire…

Comment essayer, malgré tout, de rester un minimum fashionista

Il y a quelques années encore, on avait une solution : la robe chasuble, version col claudine ou à petit nœud-nœud sur le plastron, habillait tous les ventres rebondis. Aujourd'hui, nos exigences modesques se sont développées (et les créatrices de mode tentent tant bien que mal de nous faire croire qu'on n'est pas sur la touche)… mais le problème reste le même. Qu'est-ce que je vais bien pouvoir me mettre sur le bide ?

Comment éviter de ressembler à un sac pendant neuf mois

Évidemment, la question cruciale va rapidement se poser. Vous allez tenir quelques mois en portant vos vêtements habituels, mais très vite, vos tee-shirts vont exploser sous la pression de vos seins bombesques et vos « taille basse » boudiner votre fessier en pleine expansion.

Chronologie

○ **Au premier trimestre**

À moins de porter, dès la confirmation de la nouvelle, un tee-shirt « c'est pour bientôt ! », personne ne remarquera rien avant trois mois. Un peu gonflée, vous parviendrez sans doute très bien à gérer cette phase en portant un peu plus souvent les vêtements « spécial règles » dans lesquels vous vous sentez bien habituellement une fois par mois.

CE QUE LES AUTRES SE SONT BIEN GARDÉES DE VOUS DIRE...

S'il s'agit de votre deuxième grossesse, passez tout de suite à l'étape numéro 2 : votre corps ayant une excellente mémoire, il se souvient dès la conception qu'il va pouvoir reprendre ses aises immédiatement.

o **Au deuxième trimestre**

C'est le moment le plus difficile, vous n'êtes pas assez grosse pour remplir de vrais vêtements de grossesse et vous êtes trop grosse pour des vêtements classiques. Une bonne solution consiste à acheter de bons basiques, deux tailles au-dessus de votre taille habituelle, sachant que vous risquez de les porter encore un petit moment après l'accouchement. Du coup, choisissez du sobre, du solide (parce que vous allez les traîner un certain temps…).

Évidemment, tout va dépendre de votre morphologie : si vous gardez des jambes et des bras fins (le genre « vous avez avalé une pomme »), vous pouvez continuer à porter des « hauts » normaux et des pantalons taille basse.

Si vous êtes du genre à vous empâter dès le début, vous recourrez plus vite aux vêtements spécifiques : une consolation, vous les amortirez plus qu'une autre !

Dans cette période de flou, deux solutions : essayer de dissimuler ou afficher clairement la couleur.

Si vous avez envie de discrétion, les vêtements assez amples pourront encore créer l'illusion un certain temps. Profitez de la mode des blouses « empire », particulièrement propices à cacher tout ce qui se trouve en dessous des seins. Vous pouvez aussi porter des chemises d'homme et piquer celles de Mamour, jusqu'à ce que vous arriviez au constat terrible… que vous êtes devenue beaucoup plus épaisse que lui.

Si vous souhaitez que tout le monde soit au courant, n'hésitez pas à mouler votre bidon dans des matières stretch, à l'accentuer en portant des ceintures sous le nombril…

o **Au troisième trimestre**

La question ne se pose plus. Il vous faudra forcément acheter des vêtements adaptés. En revanche, vous n'aurez sûrement pas envie d'investir des sommes folles dans des vêtements que vous n'allez pas porter longtemps.

Aujourd'hui, plusieurs enseignes vous proposent des gammes de vêtements spécifiques pour la grossesse, des marques spécialisées (souvent haut de gamme, comme Formes, Véronique Delachaux…), mais aussi les grands noms de la mode « pas chère » (H&M, C&A, Etam, Gap…). Vous aurez l'embarras du choix.

Pour le bas, misez sur un ou deux bons basiques, dans des couleurs faciles à porter et surtout accessoirisez-les pour ne pas vous lasser.

Les basiques indispensables

o **Kit de survie**

Une chose très importante à retenir : pendant la grossesse, on vous pardonnera de porter toujours les mêmes vêtements. Il suffit de vous constituer une panoplie de base et de l'user jusqu'à la corde, personne ne viendra vous le reprocher.

Un bon jean, un pantalon noir et une veste, un ou deux caleçons, trois tee-shirts, une chemise et un gilet… et vous êtes parée !

Une fois que vous aurez accouché, que vous aurez suffisamment dégonflé pour revenir à des vêtements normaux (ceux d'avant… si possible !), vous pourrez faire un feu de joie avec vos frusques et enterrer symboliquement cette parenthèse de votre vie !

o **Mention spéciale pour le caleçon**

Hyper-confortable, le caleçon est l'ami de la femme enceinte. Mais attention ! Il convient de prendre quelques précautions : si vous pouvez vous réjouir de porter un vêtement aussi souple et extensible, il est quand même recommandé de cacher la partie qui va de la ceinture à la moitié des cuisses : le tissu qui épouse parfaitement votre intimité n'est pas forcément flatteur. De grâce, portez des tuniques longues par-dessus.

o **Le soutien-gorge**

Le soutien-gorge est sans doute l'un des premiers éléments de votre garde-robe qui va devoir être renouvelé.

Évidemment, dans un premier temps, vous pourrez vous réjouir en achetant un article avec une taille et un bonnet supérieurs à vos modèles habituels. Mais très vite, vous admettrez que si les meilleures ventes dans les magasins d'articles de maternité sont les soutiens-gorge, c'est pour une bonne raison : totalement adapté à la situation, ils vous permettront de passer des mois dans le confort et la sécurité pour vos nénés. Des bretelles plus larges pour ne pas cisailler les épaules, plusieurs agrafes dans le dos pour pouvoir s'élargir à mesure que vous prenez de l'ampleur, des bonnets bien couvrants pour éviter l'effet « ballotage »… un produit vraiment étudié, en somme.

Aujourd'hui, il existe de jolis modèles, ne ressemblant pas forcément à des camisoles de force. Oui, oui, des choses avec de la dentelle et même des couleurs flatteuses (Chéri va adorer).

Si vous avez décidé d'allaiter votre enfant, vous pourrez dès le 8e mois acheter deux ou trois soutiens-gorge d'allaitement qui ont l'énorme avantage de s'ouvrir sur le devant (quand vous aurez passé deux jours à dégainer votre sein toutes les deux heures, vous comprendrez l'intérêt, jusque-là obscur, de ce genre de produit). Souvent, il faut compter une taille et un bonnet de plus (oui, encore !) car la montée de lait va les faire grossir.

o **La culotte**

C'est sûr, le string, ce sera pour plus tard. Pour des raisons de confort évident et aussi parce que pendant la grossesse vous aurez des pertes beaucoup plus abondantes qu'en temps normal, adoptez la culotte.

Grosse ou petite ?

Vous choisirez l'option avec laquelle vous êtes la plus à l'aise… La grosse culotte vous donne l'impression d'être bien couverte mais glisse régulièrement. La plus petite culotte vous laisse ventre nu mais se fait plus discrète…

Une chose est sûre : achetez un gros stock de culottes que vous ne porterez que pendant cette période (jusqu'à votre retour de couches). Vous aurez un plaisir immense à les jeter une fois que tout cela sera fini.

BON À SAVOIR POUR LES FMP (FUTURES MAMANS PARESSEUSES)

Choisissez des sous-vêtements en coton : vous pourrez les laver à plus haute température.

Astuces pour être à l'aise malgré la taille ballon

o **Les chaussures**

— Choisissez une paire de chaussures bien emboîtantes : sens de l'équilibre perturbé + ligaments plus souples… l'entorse n'est jamais loin !

— Évitez les talons trop hauts qui accentuent la cambrure : douleurs dorsales garanties. Évitez aussi les chaussures trop plates : elles peuvent provoquer l'affaissement de la voûte plantaire (sous le poids).

— Très vite, enfiler vos chaussures va être un défi digne de Koh Lanta : posez un pied sur une chaise pour ménager votre dos. Et oubliez les lacets.

CE QUE LES AUTRES SE SONT BIEN GARDÉES DE VOUS DIRE…

Il arrive qu'en fin de grossesse on prenne une pointure ! Comme si les pieds, écrasés par l'excès de poids et parfois par la rétention d'eau, s'étalaient lamentablement… et définitivement !

Voilà une raison supplémentaire pour surveiller sa prise de poids (pensez à votre collection de chaussures qui deviendraient toutes trop petites… et reposez cet éclair au chocolat !)

○ **Tout ce qui serre…**

– … est à proscrire. On oublie les chaussettes à élastique fort, les pantalons à la taille inadaptée (oui, il faut l'admettre, vous avez un peu forci), les collants qui cisaillent.

– En cas de problèmes de circulation sanguine, vous pouvez toujours essayer les collants de contention qui soulagent les jambes lourdes. À noter : certaines marques haut de gamme de collants font des collants de grossesse… très confortables.

Comment se maintenir en forme pour freiner la mutation éléphantesque

Évidemment, maintenant que vous êtes enceinte, ce n'est pas le moment de vous mettre au kick-boxing ou de vous inscrire au marathon de New York. Mais ce n'est pas non plus le moment de virer loukoum sous prétexte de prendre soin du bébé : au contraire, une future maman qui fait de l'exercice est en meilleure condition pour préparer l'arrivée de Junior.

BON À SAVOIR POUR LES FMP (FUTURES MAMANS PARESSEUSES)

Les contrats des clubs de gym stipulent souvent que l'on peut ajourner son abonnement pendant sa grossesse. Étudiez le vôtre de près… vous aurez bien besoin de vous remettre en forme après.

Comment le sport va vous aider à passer le cap

Ouvrez grandes vos oreilles : vous POUVEZ pratiquer un sport pendant la grossesse, à condition qu'il n'y ait ni choc, ni vibrations, ni coups, ni risques de chute.

Il faudra impérativement en parler à votre médecin qui, lui seul, pourra vous donner son aval pour la poursuite de votre activité favorite.

Vous serez même encouragée à bouger votre corps dodu car il est prouvé que le sport :

— limite la prise de poids ;

— favorise la perte de poids post-accouchement ;

— entretient la ceinture abdominale ;

— augmente l'oxygénation de la maman et du bébé ;

— diminue la douleur de l'accouchement (les sportives ont moins recours aux analgésiques) ;

— limite les problèmes veineux.

Pas mal, non ?

Les sports bidon friendly

○ La marche : facile, accessible à toute heure, gratuite… elle peut être pratiquée jusqu'à la fin de la grossesse.

Attention ! Piétiner des heures chez Primabébé à la recherche d'un mobile musical et d'un nounours assorti ne peut être comptabilisé dans votre dose de sport quotidien…

○ La gymnastique douce/le yoga/le stretching/le Pilates : tout ce qui est à base d'étirements (les ligaments sont plus souples, c'est le moment d'en faire !), de relaxation, de mouvements amples, de respiration contrôlée… est parfait pour entretenir sa forme tout en prenant soin de ses formes.

o La natation : sport d'excellence pour les futures mamans. L'apesanteur de l'eau soulage le corps de ses tensions, permet d'oublier un moment que l'on est plus baleine que sirène. La nage sur le dos est particulièrement recommandée pour soulager les lombaires douloureuses.

Attention ! Si la natation est formidable pour votre physique, elle peut être plus difficile pour votre moral… Porter un maillot n'étant pas forcément ce qui fait rêver la femme enceinte.

Les sports « même pas on y pense »

Évidemment, on range tout de suite au placard son équipement pour… (le fait que vous n'avez même jamais envisagé de pratiquer les sports suivants est tout à fait plausible. Mais peut être existe-t-il quelques paresseuses originales !) :

– le jogging ;

– les jeux de ballon (pas jouer à la baballe avec son chat, mais pratiquer le volley ou le basket, par exemple) ;

– les sports de combat (même la bataille de polochons est à éviter) ;

– l'équitation (« À dada sur mon bidet », c'est pour plus tard, vous verrez) ;

– l'aérobic (imaginez votre ventre moulé dans un collant Lycra® rose fluo… ça vous coupe l'envie de suite, non ?) ;

– le roller ;

– le catch (ha ha !).

BON À SAVOIR POUR LES FMP (FUTURES MAMANS PARESSEUSES)

Regarder le foot avec son chéri peut être dangereux (coup de coude intempestif, stress des tirs au but…). Prenez vos précautions.

Quelques p'tits exercices pour se faire du bien

On le répète :

- on ne se met pas à s'agiter maintenant qu'on est enceinte alors qu'on ne bougeait pas le petit doigt avant ;
- on demande son avis au médecin ;
- on est à l'écoute de son corps ;
- on doit toujours pouvoir parler pendant l'effort (on peut encore respirer) ;
- on fait de courtes séances, de faible intensité.

Exercices pour les pectoraux (derrière les boîtes à lolo)

1. Assise en tailleur, le dos bien droit. Plusieurs options :

- on tend les bras sur les côtés et on fait de petits ronds vers l'avant, puis vers l'arrière ;
- on écarte les bras, avant-bras repliés. On ramène les coudes pour qu'ils se touchent ;
- on presse les paumes des mains l'une contre l'autre.

2 séries de 10 pour chaque exercice.

2. Les pompes sur le mur

- Debout, bras tendus, on appuie les mains sur le mur à hauteur des épaules (elles sont écartées d'environ 60 cm).
- Le corps bien droit, on amène le visage près du mur et on remonte.

2 séries de 10.

Exercices pour le ventre et le dos

La bascule du bassin

1. On se met à quatre pattes. Les bras sont bien tendus, les cuisses forment un angle droit avec le dos.

On passe de la position « dos rond » à la position « dos plat » (avec abdomen bien rentré… enfin, on fait ce qu'on peut).

2. Sur une chaise à l'envers : rouler sur les fessiers pour faire basculer doucement le bassin.

2 séries de 10.

Exercices pour les hanches

1. Sur le dos, les jambes pliées, les pieds serrés. On écarte les genoux, on les resserre.

2 séries de 10.

2. Assise en tailleur, le dos droit, on pousse légèrement les genoux avec les mains vers le bas en expirant.

2 séries de 5.

Exercices pour les abdos

Ce genre d'exercices est à faire pendant le 2e trimestre. Après, on n'y arrive plus !

1. Couchée sur le dos, les bras le long du corps, décoller les deux pieds du sol et rabaisser. Vous pouvez aussi ramener les genoux vers le ventre.

1 série de 5.

2. Couchée sur le dos, genoux pliés et pieds à plat. Les bras étendus sur les côtés. On pédale avec les jambes et on les redescend doucement.

1 série de 5.

3. Couchée sur le dos, genoux pliés et pieds à plat. Les bras étendus latéralement, on bascule doucement les genoux vers la gauche, puis vers la droite. L'exercice doit être très lent et vous devez bien respirer.

1 série de 10 de chaque côté.

10 FAÇONS DE RESTER AU TOP PENDANT NEUF MOIS

1. Achetez grand

Pas la peine de se croire plus forte que les autres, il y a bien un moment où vous allez devoir acheter des vêtements adaptés. Pas la peine de claironner « non, non, moi je rentre toujours dans mon jean », vous n'attirerez aucune sympathie (au contraire, on vous détestera). Privilégiez votre confort plutôt que votre image, même si on peut être enceinte ET féminine, enceinte ET fashion.

2. Prévoyez du détachant

Il doit y avoir une explication scientifique au phénomène, sans doute l'addition de la proéminence ventrale, de la régression mentale et de l'engourdissement des doigts… Toujours est-il que votre ventre va devenir un attrape-tache permanent. Vous mangerez comme une cochonne. Comme vous n'aurez pas beaucoup de vêtements de rechange, il est donc conseillé d'avoir toujours du détachant à portée de main. Ou de porter un bavoir (de toute façon, bientôt, vous serez couverte de crachouillis de lait ou de purée… mieux vaut se préparer dès maintenant).

3. Déculpabilisez

Toutes les femmes enceintes qu'on voit dans les magazines, avec leur mine réjouie, leur teint pur, leur corps délié, leur vêtements qui-ne-font-pas-sac… tout cela vous déprime. Vous, vous avez l'air abattu, la fesse molle, la cheville épaisse et le caleçon qui boudine. Dites-vous qu'elles sont toutes terriblement photoshopées (vous avez le droit d'arracher les pages des magazines et d'en faire des boulettes : ça fait du bien).

4. Évitez les changements radicaux

Ne profitez pas de cette période pour changer radicalement de coiffure ou de style : vous aurez déjà du mal à vous reconnaître avec votre nouveau ventre, ce n'est pas la peine de faire croire à votre chéri qu'il a carrément changé de femme !

5. Changez de posture

L'attitude classique de la femme enceinte qui se tient les reins avec les mains n'est pas très avantageuse… si vous avez mal aux lombaires, tentez plutôt la « bascule du bassin » qui vous soulagera plus efficacement… et préviendra la sciatique.

6. Mangez bien...

... c'est aussi une façon de vous faire belle. Une bonne alimentation contribue largement à la bonne santé de la peau. Raison de plus pour être très vigilante pendant ces neuf mois.

7. Portez le chapeau

Une bonne protection solaire, un chapeau à large visière... faites tout pour éviter le masque de grossesse.

8. Alternez

Il existe aujourd'hui une grande variété de produits cosmétiques spécifiques à la « maternité ». L'application étant recommandée quotidiennement, alternez les produits pour ne pas vous lasser.

9. Soyez prévoyante

Allez chez le coiffeur en fin de grossesse... parce qu'une fois que l'enfant sera là, vous ne pourrez dégager du temps avant un bon moment.

10. Soyez prévoyante *bis*

Tant que vous y êtes, passez chez l'esthéticienne pour une épilation et un soin des pieds...

chapitre 7

Comment la grossesse rend neuneu :
bizarreries, idées reçues
et questions à la noix

Et si je comprenais enfin les blagues de blondes ?

Être enceinte, c'est dans le ventre, mais aussi dans la tête. Si des changements indéniables se manifestent autour de votre taille (et de votre fessier), des bouleversements non moins négligeables se profilent dans votre manière de penser, dans votre état émotionnel, dans votre mental. On peut dire que ça va mouliner là-dedans. Parce que neuf mois, c'est drôlement long quand on se pose des questions. On a le temps de se faire des films, d'imaginer son petit scénario, de croire à des sornettes pour se rassurer, de s'imaginer des horreurs parce qu'on a perdu tout son bon sens...

Alors, pour s'éviter d'avoir l'air cruche en plus d'avoir l'air d'un culbuto, passons en revue toutes ces questions niaises relatives à la grossesse que vous ne manquerez pas de vous poser.

Fraises en décembre, couscous à minuit : je rêve ou j'ai des envies ?

Alors on va être claires dès le début... le besoin impérieux de manger telle ou telle chose tout-de-suite-maintenant est ce que l'on peut appeler une tocade, un caprice, un truc pour se faire remarquer.

Certes, les études montrent que les « envies » correspondent à des besoins physiologiques de la mère et du bébé (vous avez une carence en magnésium, votre corps réclame du chocolat à corps et à cri), mais on peut aussi dire que tout cela, c'est juste pour se rendre intéressante. C'est un fait.

Mais se rendre intéressante, on en a le droit. Et même le devoir. On est en train de fabriquer la huitième merveille du monde, quand même ! Donc on mérite de se faire bichonner et d'obtenir ce que l'on veut.

Les femmes l'ont compris depuis la nuit des temps. Il va sans dire qu'autrefois, c'était même la seule occasion qu'elles avaient de se faire un peu gâter.

La croyance populaire avait même établi que le fait de refuser une envie à une femme enceinte pouvait être nuisible au bébé... et pouvait laisser une marque rouge sur celui-ci. On sait aujourd'hui que les angiomes de naissance sont très fréquents, qu'ils disparaissent en quelques mois et qu'ils n'ont rien à voir avec une envie non satisfaite de pêche à la mayonnaise (oui, il y en a qui ont envie de manger des pêches avec de la mayonnaise !).

La bonne paresseuse attitude

- o Je suis consciente que tout cela est un peu farfelu (paresseuse, mais pas dupe).

- o Je trouvais ça débile chez les autres, mais maintenant que je suis obsédée par les boîtes de thon, j'ai moins envie de me moquer.

- o Je passe là-dessus et si je veux réclamer du riz cantonnais au goûter, je le réclame.

- o Cela permet à Mamour de me montrer (ô combien !) qu'il m'aime et (ô combien !) qu'il est prêt à tout pour choyer le ventre sacré qui porte sa petite graine magique. Donc, lui faire courir toute la ville pour trouver des accras de morue un jour férié, ce n'est pas un problème, c'est juste une bonne occasion de montrer qu'il est un super-héros. Et ça, ça ne se refuse pas.

Angoissée au lieu d'être heureuse : je suis à la loose ou quoi ?

Nous avons déjà beaucoup parlé du bouleversement hormonal, pour ne pas dire de la révolution ou du cataclysme que génère la grossesse dans votre corps. Mais le bouleversement psychologique est à la mesure de ce qui se passe dans votre utérus.

On oublie l'image d'Épinal de la femme enceinte radieuse et inondée de bonheur : devenir mère, ce n'est pas aussi facile que l'on croit.

Tout d'abord parce que, une fois que le processus est enclenché, on ne peut plus revenir en arrière (sauf raison grave). On se rapproche irrémédiablement du jour où tout va basculer, sans qu'on puisse faire autrement (et ce, même dans le cas d'une grossesse désirée). Or cela peut générer des angoisses et des doutes.

Accoucher, c'est mettre un enfant au monde, mais aussi revêtir une nouvelle personnalité, un nouveau rôle, un nouveau MOI. Perdre de son indépendance, se responsabiliser, accepter de ne plus être le centre du monde… Et parfois, cela ne va pas de soi. Cela peut réveiller d'anciennes blessures, raviver de mauvais souvenirs et être source d'angoisse.

Et puis, devenir mère, c'est tout d'un coup se confronter à l'image de sa propre mère, devenir son égale, ce qui modifie complètement les rapports, et peut déstabiliser votre équilibre.

La plupart des femmes vivent leur grossesse sans être perturbées par toutes ces questions, mais certaines peuvent vivre mal cette transition. Ce n'est pas pour ça qu'elles n'aimeront pas leur enfant ou qu'elles ne sauront pas s'occuper de lui.

La bonne paresseuse attitude

- ○ Je ne culpabilise pas si je sens mes angoisses gâcher un peu « tout le bonheur » que je suis censée éprouver.

- ○ Je n'hésite pas à en parler à mon médecin ou au psychologue de la maternité : il suffit parfois de mettre des mots sur des sentiments pour mieux les cerner, les comprendre et les accepter.

J'ai deux neurones et je pleure tout le temps : je vais rester niaise après ?

Votre esprit est comme embrumé. Il faut dire que vos ressources intellectuelles sont un peu diminuées : le bébé, la grossesse, l'avenir… sont tellement présents dans votre tête qu'il reste beaucoup moins de place pour le reste. Vous êtes écervelée (lobotomisée ?). Du coup, vous oubliez un tas de choses, vous n'êtes attentive à rien (sauf quand il s'agit du bébé), vous ne parvenez pas à vous concentrer. Si vous ajoutez à cela qu'en début de grossesse vous vous endormez quasiment sur votre bureau, on peut comprendre que votre efficacité soit sacrément diminuée.

En plus, vous qui aviez déjà la larme facile, là, vous virez fontaine en quelques secondes. Toutes les émotions sont amplifiées, tous les sentiments exagérés.

Heureusement, le corps s'habitue au bouleversement hormonal et, au deuxième trimestre, les choses rentrent à peu près dans l'ordre.

Il va sans dire qu'après la naissance, votre tendance à aimer les petits nounours, les petits nœuds et les peluches Tigrou peuvent faire douter de votre retour à la raison.

Mais là, il s'agit peut-être d'un problème plus profond…

La bonne paresseuse attitude

- Si j'ai envie de pleurer, je pleure.
- Si j'ai envie de regarder *Bambi,* je regarde *Bambi.*
- Je suis très attendrissante, on me pardonne tout (profitons-en, ça ne durera pas).

J'ai peur de ne pas l'aimer : suis-je une mauvaise mère ?

Dans la nature, les femelles ont instinctivement le désir de s'occuper de leur petit et de le protéger.

Or nous ne sommes pas des chiennes (enfin, pas en toutes circonstances).

Chez la future maman, le fameux « instinct maternel » n'est pas automatique, pas immédiat, il peut même être carrément inexistant. On n'appuie pas sur un bouton pour le voir jaillir.

La relation avec le nouveau-né se construit et le sentiment d'attachement est progressif.

Douter de sa capacité à aimer ce petit étranger dont vous aurez la responsabilité est tout à fait normal, cela fait partie du processus. Il ne faut donc pas culpabiliser ; il faut accepter d'attendre que le lien se crée.

Le délai qu'aura mis l'amour à se tisser n'augure en aucun cas vos relations futures avec votre enfant.

Et puis, même les mères débordantes d'amour se verront reprocher, à l'adolescence, de ne pas avoir été parfaites…

La bonne paresseuse attitude

○ J'attends que les vagues d'amour me submergent... mais si je vis mal la situation, si j'ai honte de ne rien ressentir, d'être indifférente à ce petit bout de chair, je ne garde pas ça pour moi, j'en parle à l'équipe médicale qui m'entoure, je me confie.

J'en ai assez que chacun me donne son avis sur tout, j'ai rien demandé !

C'est fou comme la grossesse est un sujet qui génère la discussion.
Tout le monde a son anecdote à raconter.
Tout le monde a une cousine d'un cousin qui a eu ci ou ça.
Tout le monde a son avis à donner sur votre ventre.

Or, les idées reçues, y'en a marre.
On a déjà assez de soucis comme ça pour ne pas s'emmêler les neurones avec des sornettes.
Donnons un coup de pied là-dedans pour faire voler en éclats ces montagnes de sottises.

○ « Ils ont essayé d'avoir un enfant pendant dix ans. Au moment où ils ont abandonné l'idée, elle a attendu des jumeaux. »

En vrai : même s'il existe des « stérilités inexpliquées », ce n'est pas le comportement qui peut jouer un rôle sur la fertilité. Si la légende veut que de tels cas existent, on ne parle pas de l'immense majorité des autres cas où rien d'aussi merveilleux ne s'est produit.

○ Les taches de naissance sont dues aux envies irrépressibles et non satisfaites de la maman (notamment tache marron = envie de café / tache violette = envie de vin).

En vrai : nous l'avons vu plus haut (page 200), tout ça est archifaux.

○ Les brûlures d'estomac sont causées par la pousse des cheveux du bébé.

En vrai : laissez-nous rire. Les brûlures d'estomac sont causées par le reflux gastrique, problème induit par les modifications hormonales et par la pression de l'utérus sur l'appareil digestif.

○ Croiser les jambes va enrouler le cordon ombilical autour du cou du bébé.

En vrai : croiser les jambes n'est pas bon pour la circulation sanguine, un point, c'est tout.

○ Ventre rond = garçon, ventre pointu = fille (ou carrément l'inverse).

○ Se lever du pied droit = garçon, du pied gauche = fille (ou carrément l'inverse… c'est dire la fiabilité du truc).

En vrai : la forme du ventre n'a rien à voir avec le sexe du bébé, mais plutôt avec votre morphologie, l'état de votre sangle abdominale, votre rétention d'eau, votre prise de poids…

○ Regarder un film d'horreur, avoir une frayeur… peut donner un enfant anormal.

En vrai : rien ne peut changer le patrimoine génétique en cours de route. Dès les premières secondes, tout est déterminé (même si, effectivement, il aura les horribles oreilles de l'oncle Jean).

○ On sait que l'on va accoucher quand on est prise d'une frénésie de ménage.

En vrai : cela n'est pas directement lié et il n'y a rien de systématique, mais il est vrai que la future maman a le plus souvent envie que « tout soit parfait » pour l'arrivée de son bébé. Ce n'est pas une raison pour aller faire la poussière sur le dessus de l'armoire alors que vous ressentez les premières contractions.

○ On ne doit pas manger trop de carottes pour ne pas avoir un enfant roux.

En vrai : et si on mange de la betterave ? Non mais, vous y croyez ?! Manger des carottes est très bon pour vous et pour votre bébé. Le seul risque si vous abusez ? En être dégoûtée à jamais !

○ On ne doit plus manger de sel en fin de grossesse.

En vrai : on croyait autrefois que le sel rendait les tissus plus durs, ce qui ne facilitait pas l'accouchement. On sait aujourd'hui qu'il n'en est rien. Ne supprimez pas le sel, mais évitez de manger trop salé, notamment pour prévenir l'hypertension.

○ Il y a plus d'accouchements les soirs de pleine lune.

En vrai : les études montrent que la lune n'a aucune influence sur les naissances. Vous n'êtes pas un océan soumis aux marées (même si vous ressemblez à une baleine. OK : elle était facile…).

○ Les garçons naissent dans les choux, les filles dans les roses.

○ Une femme qui lit beaucoup pendant la grossesse aura un enfant intelligent.

○ Un enfant qui vient au monde à midi aura toujours faim.

En vrai : une chance… rire contribue au bien-être de la femme enceinte.

Comment la vue d'un gros ventre peut faire dire beaucoup de bêtises

Vous allez voir. La simple vue de votre ventre va déclencher des questions toutes plus indiscrètes les unes que les autres, comme si votre proéminence ventrale ainsi exposée criait à tout le monde : « Elle l'a fait, elle l'a fait ! » Un peu comme si tout le monde savait alors que vous étiez une grosse cochonne. Ce qui rend le contact plus facile.

o « Tu es ballonnée ? »

Vous y aurez droit au moment où votre tour de taille laissera les gens dans le doute « enceinte ou grosse ? ». Certains auront plus de délicatesse : « Tu ne nous cacherais pas quelque chose ? » Et d'autres se croiront plus futés… en regardant votre ventre et en multipliant les clins d'œil appuyés.

La réponse paresseuse : la solution de facilité consiste à porter un tee-shirt « c'est pour [le mois de naissance] », qui clôt toute conversation avant même de l'entamer. Il existe également des badges qui annoncent le nombre de mois restant, faciles à porter sur toutes vos tenues.

Répondre : « Oui, je fais de l'aérophagie » mettra l'interlocuteur mal à l'aise, ce qui peut être assez jouissif.

o « Y'en a combien là-dedans ? »

Vous adorez l'humour subtil et délicat que contient cette question.

La réponse paresseuse : « J'attends une portée de 12 » semble être une réponse fine et piquante pour se mettre au niveau de son interlocuteur.

o « C'est quoi ? »

Il faut évidemment lever ce mystère absolu. Évidemment, cela intéresse les gens de vous imaginer en train de jouer aux petites voitures ou à la dînette. Pour relancer la conversation, la question est en général suivie de commentaires d'une haute volée intellectuelle : « Ah, c'est un garçon ? Tu dois être contente ! » ; ou : « Ah, c'est une fille ? Pas trop déçue ? » Ou l'inverse.

La réponse paresseuse : « Un lévrier afghan » ou : « Un teckel à poils durs » permet de répondre à la question de manière concise.

   o « C'est pour quand ? »

En général, tout le monde est très intéressé par la date de votre « libération ». En fait, on cherche à juger de l'œil si vous êtes normalement grosse ou absolument énorme par rapport à votre terme. Ainsi, une fois que vous aurez annoncé : « Dans deux mois ! » alors que vous êtes déjà prête à exploser, vous pourrez lire dans le regard des gens : « Ah ! ben, ma pauvre ! »

La réponse paresseuse : le fameux tee-shirt ou les fameux badges qui font le décompte des mois permettront de couper court à ces questions. Mais il y aura toujours quelqu'un pour ne pas comprendre le message et vous demander quand même (il faut bien raconter quelque chose). « Dans deux ans » est une réponse qui peut faire mouche.

   o « Et vous déménagez quand ? »

Comme s'il était évident que l'arrivée de cet enfant vous avait dotée d'une baguette magique qui vous permettait de trouver un logement immense, instantanément et sans frais.

La réponse paresseuse : « Nous ne bougeons pas, notre cave est grande » fait son petit effet.

Une fois l'enfant né, votre calvaire ne sera pas terminé.
Vous aurez sûrement droit à…

   o « C'est un garçon ou une fille ? »

Même si vous avez une poussette fuchsia, que votre Princesse est entièrement vêtue de rose…

La réponse paresseuse : mieux vaut donner la bonne réponse pour couper la conversation au plus vite. Ça risque d'être pire, sinon.

o « Alors, le deuxième, c'est pour quand ? »

Vous venez à peine de vous remettre de votre épisiotomie et il faudrait déjà repartir pour un tour. Les gens n'ont vraiment rien d'autre à faire que de dire des âneries.

La réponse paresseuse : « On y va de ce pas » semble être une réponse qui permette de couper court à une conversation qui s'annonçait de haute volée.

10 TRUCS POUR SURVIVRE AUX BÊTISES DE LA GROSSESSE

1. Répondez gentiment

En général, les gens qui vous posent des questions le font par sympathie. Ou parce qu'ils n'ont rien d'autre à dire. Pas pour se moquer de votre tour de taille (sauf certaines dont vous rirez aussi quand ce sera leur tour).

2. N'oubliez pas

Quand vous aurez accouché et que vous croiserez une femme enceinte, vous aurez vous aussi envie de savoir dans combien de temps elle accouche et si elle va acheter de la layette bleue ou rose.

3. Soyez rationnelle

Les superstitions et croyances ont permis aux générations précédentes de trouver des interprétations à tous les mystères qui entouraient la grossesse. Aujourd'hui, les connaissances sont suffisantes pour ne pas s'attacher à des explications farfelues.

4. Blâmez les hormones

La larme facile, c'est leur faute. Les oublis, le manque de concentration aussi. Heureusement, vous récupérerez bientôt vos facultés mentales.

5. Laissez tomber les pronostics

De toute façon, il y a une chance sur deux de se tromper. Ça ne vaut pas la peine.

6. Faites-vous plaisir

Utilisez le merveilleux moyen de pression des « envies » pour vous faire plaisir. Vous ne retrouverez pas un aussi bon plan avant longtemps (après la naissance, plus personne ne fera attention à vous, c'est sûr).

7. Laissez parler

Il y aura toujours quelqu'un pour vous donner son avis. Laissez entrer par une oreille et ressortir par l'autre. Prenez du recul.

8. Posez vos questions...

... aux bons interlocuteurs : à la sage-femme, à l'obstétricien. Pas à la voisine (à moins qu'elle soit diplômée).

9. Utilisez les forums avec précaution

On est souvent tentée d'aller chercher une réponse dans les nombreux forums que l'on trouve sur Internet. S'ils sont de formidables lieux d'échange, ils regorgent aussi d'affirmations et de conseils non vérifiés qui peuvent vous induire en erreur.

10. Gagatifiez en paix

Vous vous extasiez déjà sur son profil (vous allez user l'image de l'échographie à force de la regarder), et dans quelques semaines vous serez complètement gaga devant ses petits pieds et ses petites mains. Ensuite, vous rirez dès qu'il fera « areuh » et vous applaudirez quand il empilera deux cubes. Ne vous en faites pas, tout le monde fait la même chose.

chapitre 8

Comment assister à la mutation
de Mamour : de « L'Homme de ma vie »
au « Père de mes enfants »

Comment l'aider à franchir le cap ? Le pauvre amour

Pendant neuf mois, il va devoir rester dans l'ombre, réduit au rôle de « monteur de lit à barreaux en kit » ou de « porte-valise » ou de « bras à déchiqueter pendant les atroces douleurs de l'enfantement ».

À peine lui accordera-t-on un regard en tant que fournisseur officiel de la petite graine sacrée. À peine le félicitera-t-on, totalement occulté par le rayonnement de la toute-puissante maternité de celle-au-gros-bidon.

Pourtant, même si son intervention est très minime, le futur papa est bien impliqué dans toute cette affaire. Et si l'on tient à lui faire prendre conscience qu'il a un rôle déterminant à jouer dans l'éducation de son rejeton, mieux vaut le mêler très vite à toute l'histoire…

Alors ne laissez pas ce pauvre petit être sans défense, seul, face à ce tournant déterminant de son existence (oui, même s'il mesure 2,12 mètres et pèse 115 kg, face à un nouveau-né encore plein de sang, il sera comme un géant de papier).

Participez à cette cause humanitaire dont vous serez la principale bénéficiaire : « Aidons Mamour à devenir papa ! »

Comment savoir si Mamour est prêt ?

Il est bien évident qu'il vaut mieux se poser la question AVANT que l'étalon vous fasse don de tout son héritage génétique. Parce que maintenant, il est trop tard.

Mais puisqu'il vaut quand même mieux savoir à quoi vous attendre, assurez-vous que le futur papa est bien prêt à plonger (sans parachute) dans son nouvel avenir.

Testez-le

Demandez-lui de répondre franchement aux questions suivantes par oui ou par non.

○ Pour vous, les sorties, les soirées entre potes, les soirées foot/bowling/Playstation font partie de vos plaisirs indispensables. Votre liberté, c'est votre oxygène. Oui ? Non ?

○ Votre boulot est le centre de votre existence. Vous pouvez sacrifier vos soirées et vos week-ends pour être plus performant, pour réussir. Oui ? Non ?

○ Vous rêvez d'avoir un cabriolet. Ou une Smart. Oui ? Non ?

○ Vous aimez les vacances improvisées, les plans « surprise », les virées « sac à dos ». Oui ? Non ?

○ Vous adorez les enfants… des autres. Oui ? Non ?

○ Vous avez le sommeil très léger (un rien vous réveille, et après, vous êtes d'une humeur de dogue). Oui ? Non ?

○ Vous avez le sommeil très lourd (rien ne vous réveille, et après, on vous reproche de ne rien entendre, ce qui vous donne une humeur de dogue) ? Oui ? Non ?

○ **Majorité de OUI**

L'adolescence est encore très proche (on peut rester adolescent toute sa vie si on veut). Vous ne voulez pas d'attaches, pas d'engagement, pas de responsabilités… Or, avoir un enfant, c'est tout d'un coup passer de l'autre côté de la barrière, prendre en charge un autre que soi, assumer, renoncer à quelques plaisirs égoïstes, être disponible (liste non exhaustive).

Réfléchissez peut-être encore un peu à la direction que vous voulez donner à votre vie…

o **Majorité de NON**

Vous semblez prêt à voir votre vie chamboulée par l'arrivée de l'Héritier. Enfin, disons qu'il n'y a pas d'obstacle majeur pour que l'on vous appelle bientôt Papa (enfin, que votre enfant vous appelle Papa, parce que si cela vient de votre Chérie, vous êtes moins d'accord).

De quoi a t-il peur, le petit bichon ?

Ohhh, c'est que les garçons, ça a beau avoir du muscle partout sur les bras, pouvoir regarder *Poltergeist* sans se cacher les yeux, écraser une araignée sans hurler à la mort, avancer dans le noir pour aller voir d'où vient ce bruit dans la nuit… eh bien, malgré tout ça, un garçon, ça a très peur des bébés. On peut même dire que ça en tétanise plus d'un (qui perd tout son cerveau dès qu'il s'agit de regarder ce qu'il y a dans une couche).

Petite revue des angoisses les plus fréquentes…

1. Il va falloir assumer

Le père, c'est celui qui rapporte la pitance à la maison (oui, oui, oui, des années de féminisme ne sont pas encore venues à bout de ce schéma traditionnel ancestral qui veut que l'homme parte à la chasse pour rapporter de quoi nourrir sa famille). C'est lui qui doit protéger toute sa tribu, lui donner la sécurité nécessaire à sa survie.

Les réalités matérielles semblent plus difficiles à dépasser que pour la mère (l'amour qui la remplit semble lui suffire…) : faudra-t-il changer de voiture ? Faudra-t-il déménager ?? Faudra-t-il renoncer aux vacances (qui gardera l'enfant pendant le stage de plongée, hein ?) ???

Alors, le Mamour, il a peur de ne pas être à la hauteur du modèle imposé.

2. Ressembler à son propre père

C'est la seule image qui puisse lui servir de modèle. Or, se confronter ainsi à la figure paternelle n'est pas chose facile : d'un côté, la fierté d'avoir fait « comme papa » et d'avoir été capable, lui aussi, de faire un enfant ; d'un autre côté, la vieille rivalité (qui date d'Œdipe) et qui pousse à vouloir faire mieux que lui… Beaucoup d'hommes reprochent à leur père leur relative « absence » pendant leur enfance (leur modèle de paternité n'est pas très construit), et le fait de devenir parent soi-même est le moment idéal pour faire ressurgir ce sentiment.

3. Ne plus parler à sa « femme »
mais à la « mère de son enfant »

Elle va être fatiguée. Elle ne va plus le regarder. Elle ne lui adressera la parole que pour lui raconter les exploits de Junior ou lui raconter dans le détail le traitement antidiarrhée que lui a prescrit le pédiatre (son nouveau gourou). On ne va plus sortir. On ne va plus faire l'amour. On est finis.

4. Perdre sa femme

Et si elle mourait en mettant l'enfant au monde ? Il faudrait que je m'en occupe tout seul… je pourrais alors chanter Cloclo à tue-tête (séquence nostalgie).

« C'est toi et moi contre le monde entier
Toi seul à mes côtés
Comprenant mes tristesses
Tu es l'ombre de ma peine
Le chagrin de mon chagrin…
Oui toi et moi contre le monde entier
Et tes soldats de bois
Et tes armées entières
Je te vois gagner la guerre
Et je n'ai plus peur de rien. »

Trêve de plaisanterie, cette angoisse profonde peut faire paniquer certains hommes, même si, en général, elle s'estompe rapidement.

5. L'accouchement

Ils imaginent des scènes de boucherie, nourris depuis leur plus tendre enfance par les récits mélodramatiques des femmes de la famille… La gynécologie restant pour eux un grand mystère, tout l'environnement de la médecine féminine leur est étranger, ce qui peut générer des angoisses profondes.

6. S'occuper d'un nourrisson

Apprendre à faire du vélo, jouer aux petites voitures (ou, limite, à la dînette), faire des parties de chatouilles…, ça lui semble être à sa portée. Mais s'occuper d'un nourrisson vagissant, gigotant, fleurant le caca…, c'est presque mission impossible. Par quel bout le prendre ?

7. Suis-je bien le père ?

Certains ont toujours ça dans un coin de leur esprit. Une sorte de doute sur leur capacité à avoir réalisé un pareil exploit (avoir fécondé, c'est être tout-puissant !).

Comment l'aider à créer « le lien »

« C'est la mère qui porte l'enfant. Moi, je ne sers qu'à repeindre la chambre. »
« Elle est là, avec son gros ventre, à recueillir tous les compliments. Moi, je suis comme un c…, un benêt qui reste spectateur. »
« Elle dit qu'il donne des coups de pieds, qu'il sera footballeur. Je suis sûre que c'est pour me faire plaisir parce que c'est pas demain qu'on va dribbler ensemble. »

Évidemment, pour lui, tout ça reste un peu abstrait. Il voit bien qu'il se passe quelque chose (benêt, un peu, mais pas trop quand même, sinon, on ne l'aurait pas choisi comme reproducteur), mais pour le moment, dans sa vie à lui, il n'y a pas beaucoup de changements.

Si certains pères se sentent concernés et envahis de bonheur dès le premier trait bleu sur le test-pipi, d'autres ont peut-être besoin d'être rassurés pour se sentir impliqués dans la grossesse de leur compagne.

BON À SAVOIR POUR LES FMP (FUTURES MAMANS PARESSEUSES)

Il a été démontré que les pères qui s'impliquent dans la vie de leur bébé dès la naissance et pendant les premiers mois de sa vie offrent à l'enfant des chances d'être plus ouvert, plus sociable et plus résistant aux situations de stress. « En communiquant tout de suite avec Junior, tu l'aides déjà à devenir quelqu'un de bien… » Voilà un challenge qui devrait lui plaire.

Accompagne-moi aux visites médicales

Le cabinet du gynécologue est un territoire inconnu pour Mamour. Cela ne lui viendrait jamais à l'idée de vous accompagner pour une visite de routine, « les affaires de femmes », ça ne l'intéresse pas. Mais là, il s'agit de participer à une rencontre avec le futur bébé, de prendre des nouvelles de son enfant. Il est donc directement concerné !

Arrangez-vous pour prendre des rendez-vous où il pourra être présent : non seulement vous serez rassurée et apaisée (à moins qu'il soit plus angoissé que vous !), mais, en plus, il pourra poser directement ses questions au médecin, voir l'enfant lors des échographies… et participer ainsi plus activement à la grossesse.

Dis-moi que je suis belle

Il vous aime. Il se fiche de savoir que vous avez les chevilles enflées, des boutons et de la cellulite. Peut-être est-il incapable de vous le dire et vous restez dans vos angoisses face à ce corps qui se transforme.

Demandez-lui clairement de vous rassurer. Pas en minaudant : « Tu m'aimes quand même ? » ou : « T'as vu comme je suis énorme ? » en espérant des compliments. Mais en lui avouant que vous avez besoin de lui pour traverser cette période : pris pour un super-héros, il n'aura de cesse de chercher à vous rassurer.

Fais-moi du bien

Votre corps « en transition » vous semble étranger ? Rien de tel que de se le réapproprier en demandant à votre amoureux de vous masser. Préliminaire érotique ou simplement geste tendre, ces caresses seront partagées avec bonheur par les deux futurs parents.

BON À SAVOIR POUR LES FMP (FUTURES MAMANS PARESSEUSES)

Utilisez des produits ne contenant pas d'huiles essentielles (qui peuvent être nocives pour le bébé) mais des huiles neutres ou, mieux, des préparations spécifiques pour les femmes enceintes.

Parle au bébé

Dès le cinquième mois, on peut sentir les mouvements de l'enfant à travers la paroi abdominale. Sollicitez le futur papa pour communiquer avec son bébé, à la fois en lui parlant et en le caressant.

BON À SAVOIR POUR LES FMP (FUTURES MAMANS PARESSEUSES)

L'haptonomie est un excellent moyen de permettre au papa de communiquer avec l'enfant par l'intermédiaire du toucher.

La communication s'établit grâce à la voix et en appliquant les mains sur le ventre de la mère. Le bébé réagit aux différentes stimulations en venant se placer à l'endroit où la main se pose et l'appelle.

Attention ! on n'improvise pas cette méthode ! Le papa peut toucher le ventre de sa compagne tant qu'il le veut sans rien ressentir… et finir frustré. Il faut se faire aider par un spécialiste, sage-femme ou obstétricien, afin de voir des résultats et de découvrir l'émotion de ce type d'échange.

Créons ensemble l'univers de Bébé

Impliquez le futur papa dans le choix du matériel nécessaire à l'arrivée de Bébé est un bon moyen de le responsabiliser et de lui faire prendre conscience des changements qui vont arriver. Et pas seulement :

– parce que ça va lui coûter un bras ;

– parce qu'il va devoir monter les meubles en kit ;

– parce qu'il va apprendre à plier/déplier la poussette, le lit-parapluie, le transat, etc. en un temps record.

Non, faites-lui choisir et respectez ses choix. Il ne s'agit pas de lui demander : « Je prends quoi comme tour de lit ? Le fuchsia ou le vieux rose ? » et de finir par prendre celui qui vous plaît à vous, sans tenir compte de son avis. Dites-lui : « Dans quoi est-ce que tu imagines le mieux ton bébé ? » Et s'il choisit le truc horrible plein de nounours balourds, inscrivez-le quand même sur la liste. Au moins, quand il ira bercer sa fifille, il se fera plaisir !

Coupe le cordon

Au sens propre comme au figuré. C'est un des seuls gestes qui puisse marquer sa participation à l'accouchement (après vous avoir aspergée d'eau minérale, avoir couru chercher la sage-femme à chaque pic de douleur, avoir servi de punching-ball…).

Ce geste, très symbolique, permet au papa de se sentir acteur dans la naissance de son enfant.

Note : bien entendu, des raisons médicales empêchent parfois de laisser ce geste au papa (césarienne, situation d'urgence, etc.). Aidez-le à ne pas culpabiliser ou à évacuer la frustration en valorisant l'importance de sa présence à votre réveil, pour les premiers soins du bébé ou dans le premier face-à-face avec son enfant.

La grossesse du Père ou « Comment l'homme enceint est aussi fragile que sa compagne »

C'est bien connu, l'homme dont la compagne est enceinte connaît lui aussi une modification radicale de son corps et de sa personnalité : le phénomène de la « couvade » n'est pas qu'un mythe !

En général très impliqués dans la grossesse de leur femme, certains hommes souffrent de ne pas être à la place de celle-ci, de ne pas porter l'enfant… mimétisme, jalousie, frustration ??? Toujours est-il que des symptômes troublants peuvent survenir :

— prise de poids (l'argument « ma femme est enceinte, je peux me resservir une deuxième mousse au chocolat » est assez fréquent) ;

— fringales, nausées ;

— douleurs lombaires ;

— variations hormonales (augmentation du taux de prolactine).

Même si le phénomène reste assez rare, il n'est pas à négliger.

Si votre Chéri vous fait le coup de la « couvade » :

— ne vous moquez pas de lui (le pauvre petit chou !) ;

— ne vous vexez pas (c'est MOI la vedette dans cette histoire !) ;

— ne minimisez pas (et elles sont où tes vergetures ?).

Non, rassurez-le. Une fois l'enfant né, tout rentrera dans l'ordre (à moins qu'il veuille se faire implanter des prothèses mammaires, là, consultez d'urgence).

Conseils pour le suivi de grossesse de l'homme (où l'art de montrer à l'homme qu'il est un super-héros)

Ier trimestre

À l'annonce de la nouvelle, le futur papa se trouve en général dans la confusion des sentiments : peur, joie, angoisse, saut dans le vide… tout se mélange dans son esprit.

Son comportement

Attention ! en apprenant la nouvelle, il peut très bien :

- décider de faire la tournée des grands ducs avec ses copains et revenir passablement éméché, vous faisant tout d'un coup douter de votre choix d'un père responsable pour votre enfant ;
- appeler tout de suite sa maman ;
- pleurer (de joie ? de désespoir ?).

En général, plusieurs profils psychologiques de futurs papas se distinguent :

- ceux qui veulent taire la nouvelle, très inquiets tant que « le cap fatidique des trois mois » n'est pas passé, ne souhaitant pas ébruiter la nouvelle pour ne pas avoir à répondre trop tôt aux questions de l'entourage et ne voulant pas encore se projeter dans leur nouveau rôle ;

– ceux qui, tellement fiers de leur performance, épluchent toute leur liste de « contacts » pour informer la terre entière, bidouillent un site Internet pour montrer au monde entier les photos du ventre de la Mamma, collent tout de suite un sticker « bébé à bord » à l'arrière de leur voiture ;

– ceux qui sont quasi indifférents. Tout cela est trop abstrait. Trop lointain.

Bien souvent, les Chéris en passe de devenir papas se sentent impuissants face aux désagréments du premier trimestre.

– Des nausées ? Ils ne peuvent pas faire grand-chose. Tenir le seau ? Utilité : niveau 0.

– Des sautes d'humeur ? Ils peuvent juste être très… patients. Utilité : niveau 2.

– Des envies-pipi fréquentes ? Ils peuvent se servir de leur sens de l'orientation génétiquement supérieur au nôtre pour nous aider à repérer les toilettes dans n'importe quel lieu. Utilité : niveau 10.

La bonne paresseuse attitude

Encouragez-le à s'exprimer. Pas forcément avec vous… mais demandez aux copains déjà papas qui sont autour de vous de discuter avec lui de leurs propres sentiments.

Ne le harcelez pas avec vos propres angoisses : laissez-lui du temps pour réfléchir. Lui aussi va passer « de l'autre côté de la barrière », il lui faut un temps d'adaptation à ce nouveau statut.

2e trimestre

Normalement, à ce stade de la grossesse, le futur papa a bien pris cons-cience des changements qui allaient intervenir dans sa vie familiale.

Il se peut que, la date approchant, il soit plus préoccupé par des réalités matérielles : l'urgence de déménager, de changer de véhicule ou simple-ment de réajuster son budget en fonction de la future nouvelle bouche à nourrir.

Son comportement

Le futur papa peut :

— passer tous ses week-ends dans les magasins de bricolage ;

— faire de longues balades dans son coupé décapotable (il en profite avant de le vendre) ;

— avoir l'air absent (fort préoccupé par des questions bassement matérielles).

Face à vous et à votre mutation (plus trop envie de sortir, plus trop envie de faire des folies de son corps, plus trop envie de... rien), il peut être décontenancé : lui, il est toujours en pleine forme et n'a pas envie de rester « bien tranquille » à la maison. On peut souvent remarquer un cer-tain agacement, et il conviendra de rapidement divertir le futur papa pour qu'il ne commence pas à douter de sa réelle motivation.

Trouvez-lui un tas de nouvelles occupations.

— Vous ne pouvez plus porter de poids : demandez-lui de faire les courses et de décharger le coffre avec ses petits bras musclés. Uti-lité : niveau 10.

— Profitez de la préparation de la chambre de bébé pour faire de la place dans les placards : on jette toutes ses vieilles BD et sa collec-tion de pin's des années 1980. Utilité : niveau 10.

– Vous avez envie de manger des crevettes thaïes et des pastilles à la violette à minuit : tel un preux chevalier, il enfourchera son destrier pour partir en quête des gourmandises réclamées. Utilité : niveau 10.

La bonne paresseuse attitude

Partagez vos émotions : l'inciter à parler est vraiment une excellente méthode pour l'aider à extérioriser ses craintes, ses appréhensions et ses joies.

3ᵉ trimestre

Maintenant, il devrait être mûr.

Peut-être même aura-t-il pris quelques kilos, à force de vous préparer des petits plats pour vous gâter.

Ce dernier trimestre va lui servir à peaufiner ses nouveaux équipements : il assemble les meubles en kit, fait faire la révision de la voiture pour prévoir le départ en urgence (il s'assure aussi qu'il y a toujours de l'essence), étudie la notice du siège-auto. Peut-être même a-t-il souscrit à une assurance vie.

Son comportement

Au dernier trimestre, le futur papa peut :

– montrer des signes d'impatience : il ne faudrait pas que l'aventure dure encore une éternité ;

– s'interroger sur le fait de savoir si oui ou non vous allez retrouver votre format original ;

– être tout le temps sur le qui-vive, au risque de frôler l'arrêt cardiaque à chaque coup de fil de votre part.

La bonne paresseuse attitude

Avec la naissance qui approche, l'angoisse de l'accouchement progresse. Vous allez certainement assister à des cours de préparation qui vous donneront beaucoup d'informations et vous permettront ainsi de mieux appréhender l'événement : proposez au futur papa de vous accompagner. N'imposez rien, de grâce ! Rien de pire que de voir la mine déconfite et le regard fuyant de ces pauvres garçons que l'on a traînés là de force et qui lisent leur magazine *MicroMachin* ou *PlanèteFoot* au milieu d'une salle d'attente remplie de gros bidons.

Faites valoir qu'il s'agit là :

– d'une expérience inédite (et qui ne se représentera : jamais, au deuxième enfant, il sera dispensé) ;

– d'une rare occasion de se sentir très mince ;

– d'une aventure gorgée d'anecdotes croustillantes à raconter entre potes.

L'accouchement ou comment ne pas être un simple figurant

Évidemment, nous allons évoquer ce moment crucial de toute l'aventure dans une partie bien spécifique de ce livre. N'empêche que, si le premier rôle revient bien sûr à la maman, dans cet épisode final le papa joue un personnage dont le profil a quand même une certaine épaisseur.

En être ou pas

Va-t-il ou non assister à l'accouchement ?

Aujourd'hui, la grande majorité des pères trouvent tout à fait naturel d'être là dans ce grand moment de leur vie. On a oublié l'image du pauvre garçon se rongeant les sangs dans le couloir, faisant les cent pas et fumant cigarette sur cigarette jusqu'à l'arrivée d'une sage-femme rassurante lui annonçant la naissance de son enfant et mettant fin au mystère insoutenable de son sexe (ou toute autre nouvelle très déstabilisante du type « ce sont des triplés »).

Pourtant, cette décision n'est pas toujours évidente à prendre. La future maman doit respecter ce choix (tout comme elle peut ne pas souhaiter la présence de Mamour si elle ne veut pas être vue dans ce moment si particulier).

Comment l'aider à prendre sa décision

Le dialogue est une fois de plus LA solution qui permettra de résoudre le problème.

Interrogez-vous à deux sur les enjeux de cette présence : vous sentirez-vous abandonnée s'il ne vient pas ? Lui en voudrez-vous ? S'il vient à contrecœur, allez-vous le lui reprocher ?

Sera-t-il déçu si, finalement, il vous gêne plus qu'il ne vous aide ? (Certaines femmes, au moment crucial, trouvent insupportables les conseils de leur chéri dont elles ont pourtant ardemment souhaité la présence…)

Pensez-vous que cet épisode aura des retentissements sur votre vie sexuelle future ?

Expliquez clairement au futur papa que « assister » ne veut pas dire « regarder de près ». Il ne sera pas obligé de voir des images gores. Il pourra ne regarder que vous (ou fermer les yeux) et ne gardera pas en tête (et jusqu'à la fin de ses jours) des souvenirs monstrueux de scènes sanguinolentes et risquant de mettre en péril sa libido.

Si la réticence est vraiment forte, vous pouvez étudier des solutions intermédiaires et lui proposer :

    – d'être présent seulement pendant le travail ;

– de n'être présent que pour la délivrance ;

– d'entrer dans la salle d'accouchement dès l'arrivée du bébé.

N'hésitez pas à parler de la situation à votre médecin. Il pourra vous aider en vous faisant partager son expérience.

Comment se rendre utile

Pendant l'accouchement, le papa est un peu comme une bouée de sauvetage. On lui saura gré de ne pas se dégonfler.

Quelle est la bonne paresseuse attitude à tenir ?

○ Le papa sait où il va. Il a déjà visité la maternité, il connaît le chemin, il n'attend pas la dernière minute pour chercher le plan sur Googlemaps.

○ Le papa sait à quoi s'attendre. Il a déjà regardé un film sur l'accouchement, lu des livres… enfin, il sait qu'il ne va pas assister à une épreuve de catch, mais presque.

○ Le papa sait qu'il va être mis à rude épreuve : il ne fait pas sa chochotte en disant qu'il est fatigué, que 2 heures du mat' est un timing bien mal choisi, qu'il avait un rendez-vous très important juste ce jour-là. Non, il se tait et il est disponible, serviable et HEU-REUX.

○ Le papa sait qu'il va être un intermédiaire : sa femme va crier/jurer/maudire les gens sur des générations et il va devoir traduire cela en demandes polies auprès du personnel médical. Il faut qu'il soit préparé psychologiquement à être très diplomate.

○ Le papa sait qu'il risque quelques contusions : sa femme va lui broyer les doigts, lui déchiqueter les avant-bras, peut-être même le mordre, mais il se tait, il assume et il est HEU-REUX.

○ Le papa sait qu'il va aussi se faire copieusement engueuler : il ne sera pas assez réactif, ne comprendra rien, sera incapable de faire quoi que ce soit, mais il gardera le sourire, continuera de répondre « oui, ma chérie » et obéira à tout sans rien dire.

○ Le papa sait qu'il devra être patient. Certaines font durer le plaisir 48 heures. Le temps de bien savourer l'événement.

○ Le papa sait qu'il sera aux petits soins : brumisation, massage, aide pour trouver une meilleure position. Il s'interrogera sur le bien-fondé d'une reconversion dans l'assistance aux personnes.

○ Le papa sait qu'il va admirer la femme qui est en train de lui faire le plus beau cadeau du monde : il sera tellement émerveillé de sa dignité dans la souffrance qu'il s'efforcera, à l'avenir, de ne plus hurler à la mort en cas de petit bobo.

○ Le papa sait qu'il vit un moment exceptionnel et, malgré l'angoisse et la fatigue, il se dit que tout cela relègue à jamais les souvenirs de la Coupe du monde 2008 au rang de « jus de gnognotte ».

Mais oui chéri, j'ai une folle envie de sexe (hou, la menteuse !)

Ha ! ha !

Voilà bien LE sujet crucial.

LA question qui traumatise tous les futurs papas et qui leur fait craindre qu'à l'avenir leur femme ne se réveillera plus la nuit pour abuser de leur corps mais juste pour leur demander d'aller voir ce qui se passe dans la chambre du petit.

Que va-t-il advenir de votre sexualité pendant neuf mois (et après) ?

On ne va pas vous mentir. Il va y avoir du changement. Pendant les neuf mois de gros bidon… et pendant quelque temps encore APRÈS. Soyons lucides.

Que celles qui peuvent affirmer « moi, sexuellement, je me suis éclatée jusqu'à la veille de mon accouchement » se lèvent. Ce sera plus facile pour viser (afin de les lyncher à coups de figues molles).

Pourtant, il est bien évident que vous n'allez pas faire vœu de chasteté maintenant : d'abord parce que, jusqu'à ce que vous appreniez la nouvelle, vous n'étiez pas la dernière à courir le guilledou, et ensuite parce que vous vous doutez bien que votre homme ne va pas se la mettre derrière l'oreille pendant neuf mois.

Penchons-nous donc de près sur la question.

Comment ne plus croire ce que l'on dit

Beaucoup d'idées reçues circulent sur la sexualité pendant la grossesse. À bas les tabous ! Crions haut et fort !! Levons le voile !!!

Faire l'amour pendant la grossesse est dangereux

Faux.

Voilà bien une affirmation empreinte d'interdits culturels et religieux disons, un peu… dépassés.

Hors toute contre-indication médicale, poursuivre sa sexualité pendant la grossesse n'a aucune incidence sur le développement du bébé ou sur la prématurité (la grande majorité des fausses couches précoces sont dues à des malformations de l'embryon et non à des causes extérieures).

Évidemment, si votre médecin vous conseille d'éviter les rapports pour cause de saignements, de fragilité du col de l'utérus, de fissure de la poche des eaux, de contractions ou de tout autre symptôme, c'est que, dans votre cas, il vaut mieux faire attention. En revanche, si tout va bien pour vous… pas de raison de se priver d'activité sexuelle.

Pendant le rapport, le bébé voit et entend tout

Faux.

Permettez-moi de rire. Vous imaginez un peu le fœtus, l'œil collé à la porte (de l'utérus), épiant sournoisement ce qui se passe ? Vous imaginez un peu le bébé, une fois né, vous reprocher : « Ben, dis donc, maman, qu'est-ce que tu m'as secoué quand tu jouais avec papa ! » ? Oublions ces craintes infondées. Le fœtus est très bien protégé par l'utérus, bien fermé par le col et par le bouchon muqueux : c'est promis, il n'entendra rien et ne verra rien de ces scènes terriblement osées, interdites aux moins de 18 ans (et ne sera pas traumatisé à vie).

Pendant l'amour, le papa peut se cogner au bébé et lui faire mal

Faux.

Manquerait plus qu'il l'éborgne ! Messieurs, un peu de modestie s'impose… Même prêt à figurer dans le livre des records, votre cher membre ne sera jamais assez long pour transpercer la poche où se trouve le bébé (et puis, s'il était suffisamment pointu pour ça… je doute que personne veuille jouer avec).

Le sperme peut déclencher le travail

Vrai et faux.

Le sperme contient des prostaglandines, substance qui effectivement, peut entraîner des contractions. L'orgasme peut lui-même déclencher des contractions. Ainsi, faire l'amour peut avoir une incidence sur le déclenchement de l'accouchement (on appelle même ce phénomène « le déclenchement à l'italienne »). Pourtant, cela ne peut se produire que sur un col déjà mûr, réduisant ainsi le risque d'accouchement prématuré. En revanche, en cas de dépassement du terme, rien ne vous interdit d'essayer cette méthode.

Pourquoi faire l'amour est bon pour vous

Pas la peine de passer en revue tous les bienfaits que vous pouvez ressentir en vous adonnant à cette activité ludique (on se doute bien que vous n'êtes pas une sainte-nitouche). En revanche, sachant que les tabous de la sexualité pendant la grossesse sont difficiles à lever, il est peut-être intéressant de rappeler combien il est bon pour votre épanouissement de conserver une vie de couple… active.

Rester femme

Et pas seulement « mère en devenir » : quand Bébé sera là, il y aura forcément une période où vous serez tout entière dédiée à lui (et où le papa sera relégué sur le banc des remplaçants). En maintenant une activité sexuelle pendant la grossesse, vous repoussez un peu ce moment et vous n'endossez pas tout de suite votre nouveau rôle. Ainsi, vous vous préparez déjà à l'après et prenez l'habitude de passer de « maman » à « amante » en claquant des doigts (dès que la porte de la chambre de Bébé est refermée…).

Rester désirable

On a trop tendance à se laisser aller et à profiter de son gros bidon pour oublier les contraintes de l'image de soi. Il faut dire que les caleçons longs et les grosses culottes n'ont rien de très glamour… Vouloir séduire et être désirable est un excellent moyen pour conserver une image « sexuée » de sa féminité.

Rester un couple

… et non deux futurs parents entièrement focalisés sur l'enfant à venir. Évidemment, ce petit bout va être le centre de votre attention. Mais pour pouvoir le rendre heureux, il faut soi-même se sentir exister. Avoir un enfant est un « plus » dans votre vie, et non un « moins ». Conserver une vie de couple, avec des activités d'adultes (jouer au docteur en version X), est le bon moyen de poursuivre son épanouissement personnel tout en ajoutant une nouvelle corde à son arc. De plus, ne pas rompre totalement l'harmonie du couple lui permettra des retrouvailles plus rapides et plus faciles après la naissance.

Le désir au fil de la grossesse

La grossesse n'est pas un long fleuve tranquille. Il va sans dire que tous les bouleversements du corps de la femme, la place que prend l'enfant encore « virtuel » au sein de la famille, la nouvelle distribution des rôles… va avoir de grandes répercussions sur votre vie sexuelle. Avant même d'être enceinte, vous pouviez déjà constater que votre libido était fluctuante selon votre niveau de stress, votre sentiment d'être bien dans votre peau, votre fatigue… là, évidemment, tous ces paramètres sont à leur paroxysme.

1er trimestre : « Non chéri, je ne voudrais pas vomir pendant l'orgasme »

○ Comment vous vous sentez

Entre les nausées, la fatigue, les angoisses (le fameux cap des « trois mois »)…, on peut dire que vous n'êtes pas au sommet de votre forme. Quand vous pensez à votre lit, c'est parce que vous avez hâte de vous coucher… pour dormir. La gaudriole n'est plus tellement dans vos préoccupations premières (et puis, il faut dire que pour en arriver là, vous avez beaucoup donné quelques semaines auparavant…).

Pour certaines, pourtant, qui ne sont pas tellement affectées par les symptômes gênants du début de la grossesse ou qui ne sont pas « bloquées » par des angoisses inconscientes (la peur de la fausse couche), le sentiment de plénitude qui peut survenir renforce au contraire le désir : le corps n'a pas encore changé, on a le sentiment qu'il faut « en profiter pendant qu'il est encore temps… ». Du bonheur sous la couette.

Quelle que soit votre situation, pas de culpabilité. Si vous voyez votre désir descendre en flèche, sachez prendre du recul : ce n'est pas que vous n'aimez plus le futur papa ou que votre vie sexuelle est finie (surtout si vous voulez quatre enfants), mais la révolution hormonale que vous vivez est responsable de cette attitude. Sachez que les choses reviendront dans l'ordre dans quelque temps (pour certaines au deuxième trimestre, pour d'autres, au deuxième trimestre… de vie du bébé !).

○ Comment se sent le papa

Une fois remis du choc (je vais être papa !), Mamour peut connaître deux sortes d'attitudes : ou bien il considère d'ores et déjà sa femme comme une autre (« elle est le temple sacré qui couve ma descendance »), et ce sentiment nouveau peut lui couper tous ses effets, ou bien il se prend juste pour un surhomme (« ma semence est magique ») et endosse son habit de Kékétor, plein de désir fougueux.

En général, ce sont les signaux émis par la femme enceinte qui vont engendrer telle ou telle attitude. Si vous ronflez dès le générique de fin du 20 heures, il va sans dire que Monsieur passera sa soirée à tripoter la zappette et pas autre chose.

○ La fête du slip

Évidemment, vos seins ont pris un volume très intéressant. Certaines femmes vivent une véritable érotisation de cette partie de leur corps qu'elles découvrent tout d'un coup. Fort émues de leur nouveau décolleté, elles le mettent en valeur et leur partenaire profite de cette embellie intéressante. Pour d'autres, les seins sont très douloureux et mieux vaut ne pas y toucher…

Au premier trimestre, les rapports sexuels ne changent pas beaucoup, et pour ceux qui arrivent à dépasser les craintes et les appréhensions, les pratiques habituelles sont toujours en vigueur.

2ᵉ trimestre : « Ça t'excite, hein, mes gros seins ? »

○ **Comment vous vous sentez**

Normalement, vous êtes sortie des tracas du début de grossesse, vous ressentez moins de nausées, vous êtes plus en forme… et vous n'avez pas encore pris beaucoup de poids. Vous n'avez pas le sentiment d'être dépossédée de votre corps et, au contraire, vos nouveaux joujoux (les seins) vous semblent particulièrement amusants.

Il se peut même que la vascularisation nouvelle de la zone génitale rende les sensations plus voluptueuses.

En revanche, il se peut qu'une certaine sécheresse vaginale rende les rapports légèrement douloureux.

En général, cette période est celle où les futures mamans connaissent un regain de désir, certaines d'entre elles pouvant même faire l'expérience d'un épanouissement inespéré (le futur papa pourra même supplier qu'on le laisse un peu tranquille).

BON À SAVOIR POUR LES FMP (FUTURES MAMANS PARESSEUSES)

Là encore, pas de culpabilité si vous ne ressentez rien de tout cela et que vous écoutez, incrédule, les autres femmes enceintes exprimer leur regain d'appétit.

Si vous n'avez pas envie de sexualité à proprement parler, vous avez sans doute besoin de tendresse et de câlins. Il n'y a pas que la pénétration dans la vie ! **Les** caresses peuvent parfaitement prendre le relais pendant quelque temps. L'essentiel est de pouvoir en parler avec son partenaire, sans craindre un désamour de sa part et sans penser que cela va irrémédiablement modifier votre vie à deux.

○ **Comment se sent le papa**

Ce 2e trimestre, le futur papa est en général rassuré : la grossesse devient plus concrète, il a encaissé la nouvelle et commence à s'y faire. Devant le corps très féminisé de sa compagne, il peut connaître un intérêt nouveau. Mais, globalement, pendant toute cette période particulière, il sera soumis (encore plus que d'habitude) aux désirs de sa partenaire qui décidera si elle aura, ou non, des rapports sexuels.

○ **La fête du slip**

Le ventre s'est sérieusement arrondi : la position du missionnaire commence à être plus délicate. En général, à cette période, la femme préfère être « au-dessus » pour être plus à l'aise.

3e trimestre : « Relis le *Kama* et cherche le baleineau sacré »

○ **Comment vous vous sentez**

Bien souvent, à cette période, la libido connaît un vrai ralentissement. Le ventre est gros, voire très gros, la femme a plus de mal à bouger et à trouver une position satisfaisante (pour dormir). Avouons-le, ce dernier trimestre n'est pas des plus satisfaisants, sexuellement parlant. Même si vous vivez bien la prise de poids, vous ne vous sentez pas vraiment désirable : vous ne ressemblez plus vraiment à une sirène (même si oui ! oui ! oui ! vous êtes très belle).

○ **Comment se sent le papa**

Dans la majorité des cas, le futur papa rentre lui aussi dans une phase plus calme : il se peut que votre ventre très proéminent court-circuite tous ses fantasmes et qu'il ne puisse plus vous envisager comme une partenaire sexuelle mais seulement comme la future mère de son enfant.

Attention ! toutes les femmes qui ne sont pas enceintes peuvent alors devenir des objets très attirants… mais évidemment, le futur papa est un garçon sérieux (c'est bien pour ça qu'on l'a choisi comme spécimen reproducteur).

○ **La fête du slip**

Rares sont les témoignages des couples qui connaissent une sexualité exubérante lors du dernier trimestre de la grossesse (ou alors, ce sont de vilains prétentieux). La tendresse prend alors le relais.

Lorsque le couple est actif, les positions les plus « confortables » pendant cette période sont « la cuillère » ou le « quatre pattes ».

BON À SAVOIR POUR LES FMP (FUTURES MAMANS PARESSEUSES)

Certaines femmes découvrent ou poursuivent l'expérience de la sodomie pendant la grossesse. Sans danger pour le fœtus, elle entre dans le panel des possibilités de jeux sexuels praticables jusqu'au terme.

10 COMMANDEMENTS POUR UN FUTUR PAPA ÉPANOUI

1. De l'amour tu donneras

C'est tout ce dont sa femme et son enfant ont besoin.

2. De ton temps tu lui accorderas

Enceinte, votre femme a besoin d'être soutenue et a envie de partager toutes les émotions, toutes les découvertes avec vous. Ce sont des moments d'intimité qui ne se reproduiront pas avant un moment. Sachez en profiter.

3. À sa vie tu t'intéresseras

Elle appréciera que vous lui demandiez si elle a bien dormi, si elle a besoin de quelque chose ou tout simplement si elle est heureuse.

4. Aux manipulations tu t'exerceras

Passez expert en pliage de poussette ou en réglage de chauffe-biberon. Vous lui serez d'un grand secours.

5. À la maman tu donneras confiance

Elle a besoin de votre regard pour se sentir belle, pour savoir qu'elle est toujours désirable et que vous êtes fière d'elle.

6. Au médecin tu t'adresseras

Sans avoir peur de votre ignorance et sans craindre d'être ridicule. En montrant votre intérêt, vous montrez votre implication.

7. Calme tu seras

Parce que la future maman risque de paniquer, vous devez être sûr de vous, maître de la situation. Soyez fort !

8. De prudence tu redoubleras

Beaucoup de papas disent qu'ils ont surveillé de plus près leur compteur de vitesse à partir du moment où ils ont su qu'ils allaient être papa...

9. Aux autres tu annonceras

C'est sans doute vous qui aurez la joie d'avertir tout le monde de la grande nouvelle. Ce n'est pas tous les jours que l'on a des choses aussi belles à annoncer. Régalez-vous.

10. Des choix tu feras

Quand le bébé sera là, il faudra connaître vos priorités. Entre jouer à empiler des cubes et faire une partie de PS3, il faudra faire un choix.

chapitre 9

Comment bien préparer
l'arrivée de Mister Bébé

Comment ne pas se laisser déborder ?

Être enceinte, ce n'est pas seulement :

- ○ s'émouvoir avec tendresse devant ce ventre qui s'arrondit ;
- ○ regarder le futur à deux, construire un monde meilleur pour accueillir cet être sans défense qui n'est que pureté et innocence ;
- ○ incarner l'éternelle féminité, la plénitude féconde et irradier de bonheur ;
- ○ engendrer un être exceptionnel (bien plus beau-intelligent-craquant-intéressant que tous les autres).

Non.

C'est aussi courir les magasins pour trouver THE poussette. Remplir des tonnes de formulaires. Choisir entre le décor « nounours au ballon » et « souris à nœud-nœud ». Trouver de la place dans le 42 m². Recruter THE nounou. Choisir THE prénom. Dissuader Bellemaman de tricoter un couvre-lit en laine vert pomme (qui gratte). Imaginer des faire-part de la mort-qui-tue (qui rendront votre belle-sœur verte de jalousie, assortie au couvre-lit).

En somme, vous n'allez pas vous ennuyer et aligner des bâtons de prisonnier pour chaque jour qui passe.

Vous allez être oc-cu-pée (et ce n'est qu'un début).

Choisir un prénom ou comment faire pour éviter qu'il/elle vous en veuille jusqu'à la fin de vos jours

Voilà sans doute une des décisions les plus importantes de votre vie (vous avez bien la pression maintenant).

Alors pas question de prendre la chose *à la paresseuse*, de faire ploumploum ou de pointer du doigt sur le calendrier et de dire : « Tu t'appelleras… tadadam… Fête Nat ! »

Il s'agit d'une mission très délicate avec de très nombreux facteurs à prendre en compte. Faites-nous confiance, nous allons vous coacher. Méthode.

Je fais une liste de prénoms que j'aime bien

Chacun de son côté, les futurs parents dressent une liste des prénoms qu'ils aiment. Mieux vaut les noter dès qu'on y pense ou dès qu'on entend quelque chose de sympa (garder une feuille dans son sac, ouvrir un doc sur son ordi ou sur son PDA).

Quand la liste est « bien mûre », on peut la comparer à celle de l'autre. Chacun choisit ses deux préférés dans la liste de l'autre. On arrive à une short-list de quatre.

Et là, la bataille peut commencer. Les tentatives de corruption aussi (le chantage, les coups bas, les pots de vin sont autorisés). Chacun argumente, essaie de convaincre l'autre partie.

On parvient à se mettre d'accord.

On se répète le prénom choisi 120 000 fois (sur tous les tons, en imaginant toutes les circonstances).

On est content. On peut souffler.

ATTENTION !

On n'accepte pas un prénom que l'on n'aime pas pour « faire plaisir ». Ou parce que l'autre a promis-juré qu'au prochain enfant, on serait seul juge.

Je tiens compte du nom de famille

Ce n'est pas le tout d'aimer un prénom. Il faut qu'il se marie bien avec le nom de famille. Si celui-ci est court, on peut se permettre quelque chose de long, si le patronyme est long, mieux vaut choisir un prénom court.

La finale du prénom doit bien s'enchaîner avec le début du nom : si celui-ci commence par une consonne, mieux vaut que le prénom se termine par une voyelle pour ne pas être difficile à prononcer.

ENTRAÎNEZ-VOUS !

Répétez à haute voix les différents ensembles prénom + nom que vous avez sélectionnés. Rien ne doit écorcher votre oreille. Pensez aussi à tester l'ensemble dans l'autre sens : il est rare de se faire appeler dans cet ordre, mais il faut que l'ensemble soit également harmonieux.

Je veille à l'orthographe

Vous avez envie d'écrire Jehanne ou Poline ou Karla ou Maïkeul… Vous êtes libres, encore heureux ! Mais pendant toute sa vie l'enfant devra épeler son prénom. Êtes-vous sûrs de vouloir qu'il assume cette difficulté ?

Je pense aux initiales

Philippe Dutoit, William Cortier, Henry Louvin-Menard, Pauline Queris, Kevin Kerouec, Soline Mortier-Seran… ne remercient pas leurs parents quand ils doivent parafer un document (notamment les contrats de 122 pages *recto verso*).

J'oublie les prénoms mixtes

Toute sa vie, l'enfant devra se justifier (et lever le doute sur son identité sexuelle).

J'oublie les prénoms trop rares/ridicules/inventés de toute pièce

Si Bruce Willis et Demi Moore ont appelé leurs filles Rummer-Glenn, Scout-Larue et Tallulah-Belle, tant mieux pour eux. Mais dans votre village de province, cela risque d'alimenter les conversations pendant quelques années.

Un prénom trop excentrique peut être un handicap : les enfants, cruels comme on le sait, se chargeront de faire souffrir le bambin dont les parents se sont laissés aller à des divagations patronymiques. Plus tard, cela peut se transformer en atout (on ne vous oublie pas, on vous remarque…), surtout si l'enfant devient une vedette de la chanson ou du cinéma (ce qui lui arrivera certainement, puisque vous avez engendré un être talentueux et exceptionnel, rappelons-le).

J'oublie aussi les prénoms « générationnels »

Par manque d'imagination ou trop grand conformisme, certains parents ont créé de véritables générations de Michel, de Valérie ou d'Isabelle. Autant une trop grande originalité peut être difficile, autant une trop grande banalité peut faire regretter aux enfants le côté passe-partout de leur prénom (et leur faire dire : « Ben, dites donc, vous vous êtes pas foulés pour mon prénom » ; ou : « On est quatre Kevin dans ma classe, du coup, on m'appelle Numéro 2. »).

J'envisage une longue vie

Un prénom doit s'adapter au bébé, à l'enfant, à l'ado et à l'adulte que votre petit chéri va devenir. Un prénom très mignon pour un bébé peut être plus difficile à porter à l'âge où l'on doit présenter son CV (ou prendre la parole devant 500 personnes, ou se présenter aux élections présidentielles).

Je ne fais pas ma fan de base

Vous vénérez Johnny/Elvis/Brad ? Grand bien vous fasse ! Mais prénommer votre enfant comme votre idole n'est pas lui garantir la célébrité future… plutôt les moqueries et les éternelles justifications.

J'oublie la tradition

« Tous les premiers garçons de la famille s'appellent François depuis dix générations. » Oh ! la belle affaire ! Quitte à vexer Bellemaman jusqu'à la fin de ses jours, vous êtes autorisés à rompre la tradition familiale pour le bien-être de votre enfant qui n'appréciera peut-être pas d'être le énième François Pichon et d'être confondu avec son grand-père, son oncle et son cousin germain.

Si vous sentez que le sujet risque de créer des tensions et de gâcher les dîners de famille pendant dix ans, vous pouvez toujours concéder de donner le fameux François en deuxième prénom.

BON À SAVOIR POUR LES FMP (FUTURES MAMANS PARESSEUSES)

La tradition qui veut que l'on donne les prénoms des grands-parents en deuxième et troisième prénoms peut aussi être rompue (cela ne vous portera pas malheur, contrairement à ce qu'affirme Tante Jeannine). Très dur pour une ado branchée de révéler qu'elle s'appelle Chloé Germaine Léone, même si, on n'en doute pas, ces prénoms redeviendront à la mode un jour (allez le dire à Chloé).

Je jette un œil à la signification et à l'histoire du prénom

Même si on ne choisit pas un prénom parce qu'il signifie « petite rosée du matin qui danse dans les rayons du soleil », il peut être intéressant de vérifier que l'on ne donne pas à son héritier le nom d'un barbare sanguinaire ou un prénom signifiant « ver de terre gluant ». Merci pour eux.

Je n'en parle pas à tout le monde (ou je suis prête à vivre une torture psychologique intense jusqu'à mon accouchement)

Certains préfèrent garder le secret jusqu'à la naissance (ils se doutent bien que leur choix va déclencher un séisme).

Certains testent le prénom choisi sur quelques proches pour être confortés dans leur choix…

Mais QUEL QUE SOIT l'avis que l'on vous donnera (à moins vraiment que tout le monde éclate de rire en l'entendant), vous ne devriez pas être influencés (vous avez tellement galéré pour tenir compte de tous les paramètres que votre choix est plus que limité). L'avis des autres doit vous rassurer dans votre idée…

De toute façon, il y aura toujours quelqu'un qui trouvera quelque chose à redire…

Comment préparer la fameuse valise pour la maternité

Au troisième trimestre, vous allez commencer à faire les achats nécessaires pour Paresseux junior et préparer le petit nécessaire qu'il vous faudra emporter pour transformer le séjour à la maternité en moment enchanté (une liste vous sera fournie lors de votre inscription).

Cette fameuse valise (ou sac, on n'est pas psychorigides) fera l'objet de tous vos soins : vous aurez le temps de la faire et de la refaire cent fois pour vous assurer de ne rien avoir oublié (ce n'est pas quand vous serez secouée par des contractions épouvantables que vous aurez assez de lucidité pour penser à emporter une chemise de nuit correcte). Elle trônera dans l'entrée pendant les deux derniers mois de la grossesse, vous rappelant à chaque passage que le jour J approche. Le papa sera informé de sa présence (étant donné que c'est à lui et à ses petits bras musclés que reviendra la charge de l'emporter le jour J).

Peut-être faudra-t-il préparer deux sacs : un pour le jour de l'accouchement (contenant la première tenue de Bébé et de quoi vous faire passer le temps), un autre (plus grand) pour le séjour à la maternité. Ou séparer distinctement les affaires pour éviter d'avoir à farfouiller pour trouver la première tenue de Bébé.

Les papiers administratifs (à placer sur le dessus, dans une pochette facile à attraper)

– Carte vitale et de mutuelle, carte d'identité, carte de groupe sanguin.

– Livret de famille ou reconnaissance anticipée.

– Dossier médical, échographies, résultats d'analyses.

La valise de Mister Bébé

– Bodys, pyjamas (au moins cinq de chaque) à choisir selon la saison de naissance. Préférez les modèles qui se ferment sur le devant et à l'entrejambe (on évite d'enfiler par la tête). Selon la taille et le poids qui aura été annoncé à la dernière échographie, n'hésitez pas à zapper la taille naissance qui n'est pas utile très longtemps.

– Quelques brassières, Bébé est très frileux.

– Des bavoirs.

– Un bonnet de naissance (dans votre ventre, votre bébé baignait dans une eau à 37 °C… Imaginez le choc thermique s'il ne fait que 25 °C dans la salle d'accouchement !)

– Selon la demande de la maternité, un molleton (une petite couverture) pour couvrir le bébé, un nid d'ange, une gigoteuse.

— Des langes de coton : multi-usage. Servent de bavoir, de protection pour le matelas…

— Des serviettes éponge (en nombre… les bébés profitent du moment où on retire la couche pour arroser partout).

— Un produit nettoyant (corps et cheveux), le plus doux et naturel possible. Demandez conseil à votre pharmacien.

— Une tétine (même si vous êtes contre avant l'accouchement, nous verrons ce que vous en penserez une fois que l'enfant hurlera toute la nuit dans vos oreilles).

— Une peluche qui deviendra peut-être son doudou !

BON À SAVOIR POUR LES FMP (FUTURES MAMANS PARESSEUSES)

La maternité fournit les couches, les produits de soin…, mais renseignez-vous tout de même avant pour être sûre.

Pour vous

— De quoi vous habiller. Évidemment, on choisit des vêtements dans lesquels on est à l'aise… du fluide, du souple, rien qui comprime. Si vous allaitez, il va sans dire que vous emporterez des vêtements qui s'ouvrent sur le devant. Munissez-vous de soutiens-gorge spéciaux (un vrai soutien pour votre poitrine qui va connaître une période de faste), faciles à ouvrir. Emportez des coussinets absorbants ou des coupelles (recueille-lait), une crème cicatrisante pour éviter les crevasses.

— Des culottes jetables, des slips en filet (souvent fournis par la maternité)… bien confortables et qui ne craignent rien.

— Des serviettes hygiéniques (préférez les vôtres à celles fournies par la maternité, confort minimum).

– Vos affaires de toilette (serviette comprise) : brumisateur, eau démaquillante, crème hydratante, gel douche, déodorant. N'oubliez pas un kit de maquillage léger. Pensez au shampooing sec si vous avez eu une césarienne et que vous ne pouvez pas vous laver les cheveux avant un moment.

– Un peignoir.

– Une petite laine (fatiguée, on est souvent plus frileuse).

– Une paire de chaussons.

Petits extras

– Quelque chose de bon à manger (un petit stock de biscuits, chocolats, confiture pour le petit déj, etc., on commencera le régime dans quelques jours) pour vous caler lors des tétées nocturnes ou pour améliorer les repas servis.

– Certaines vont jusqu'à emporter une bouilloire et leur thé. Pourquoi ne pas prendre votre coussin d'allaitement qui vous aidera à trouver la bonne position ?

– Un sac pour le linge sale (c'est moins ragoûtant).

Indispensables

– Appareil photo, caméra, chargeur de téléphone, petite radio ou lecteur mp3.

– Des boules Quiès vous permettront de mieux dormir (il y a toujours du bruit dans les couloirs d'une maternité) et ne vous empêchent pas d'entendre Mister Bébé pleurer.

BON À SAVOIR POUR LES FMP (FUTURES MAMANS PARESSEUSES)

Pas la peine d'emporter livres et magazines… Ne vous faites pas d'illusions, vous n'aurez pas le temps de les lire.

Comment choisir l'équipement adéquat (et acheter tout de suite un semi-remorque)

Ce petit être va vous être remis tout nu et sans kit d'accessoires complet. Très vite, vous allez vous rendre compte à quel point le volume de l'équipement nécessaire est inversement proportionnel à la taille de cette petite chose. (Plus tard, surtout si c'est une fille, la taille de ses valises redeviendra considérable. Mais chaque chose en son temps.)

Les mois de grossesse ne servent pas seulement à se préparer psychologiquement au chamboulement de l'arrivée d'un enfant. Ils sont aussi in-dis-pen-sa-bles à la mise au point de l'attirail phénoménal qui sera nécessaire pour nourrir, faire dormir, laver, divertir, promener (j'en passe et des meilleures) l'héritier.

Comme quoi la nature est bien faite.

La chambre (ou le temple du sommeil)

Deux options possibles :

— l'enfant a sa propre chambre (toute la difficulté va être de caser AILLEURS tout l'atelier/le bureau/le débarras/la buanderie/la succursale informatique qui l'occupait jusque-là) ;

— vous allez installer un « coin bébé » dans votre chambre, le salon, etc.

De cette géométrie va dépendre le niveau d'équipement et de sophistication consacré à l'aménagement. Pourtant, quelle que soit la formule choisie, un minimum vital sera indispensable.

Des rangements (on-ne-peut-pas-faire-sans)

Le plus important. Vous n'en aurez jamais assez : le dressing de Paris Hilton, à côté de celui de votre rejeton, c'est du pipi de chat.

Armoire, commode, étagères, cubes en plastique, paniers… rentabilisez chaque centimètre carré de votre logement. Et surtout, très vite, apprenez à jeter/donner/revendre/recycler… pour ne pas mourir étouffés sous les piles de bodys trop petits et les armées de Playmobil (dont la moitié auront perdu un bras).

Le berceau/le couffin (pratique, mais pas indispensable)

Même en taille bébé, un lit semble immense pour accueillir un être d'environ 50 cm qui vient de passer des mois dans un cocon serré. Vous avez peur qu'il se sente perdu dans tant de place.

C'est pourquoi un berceau (ou la nacelle du landau) peut être utile pour lui faire passer les nuits de ses trois premiers mois.

Il s'agit typiquement d'un objet dont l'usage est très court (trois mois donc) et qu'il convient de se faire prêter ou d'acheter d'occasion. Attention cependant à ce que le berceau ou le couffin répondent aux normes de sécurité.

Vérifiez que les parois sont hautes d'au moins 20 cm pour éviter que Bébé bascule (il ne bouge pas encore beaucoup, mais on ne sait jamais).

Les anses doivent être solides et pas plus longues que 30 cm.

Préférez un matelas plat et lavable.

Le fond du couffin doit être rigide et ne pas s'enfoncer.

Le lit à barreaux (on-ne-peut-pas-faire-sans)

THE meuble qui va être utile au moins pendant deux ans. Donc, il s'agit de ne pas se tromper.

L'offre est très large et vous aurez tout le loisir de choisir entre les couleurs et les matières proposées.

Quelques constantes pourtant :

— idéalement, vous choisirez un modèle dont le sommier peut être réglé en hauteur : en position haute pour les premiers mois (vous aurez moins à vous pencher lors des nombreuses interruptions de nuit), en position basse dès que l'enfant à suffisamment grandi pour risquer de passer par-dessus bord ;

— les barreaux doivent être espacés au maximum de 8 cm pour que bébé ne puisse pas y coincer sa tête ;

— idéalement, choisissez du bois naturel massif. Les lits en panneaux de fibre de bois, ou fibres de moyenne densité (MDF) contiennent souvent des composés organiques volatils qui, comme leur nom l'indique, s'évaporent et contaminent l'air ambiant. Ils sont responsables de l'odeur de « neuf ».

Les lits « évolutifs » qui grandissent avec l'enfant peuvent éviter l'achat d'un lit « de grand » une fois que l'enfant n'aura plus besoin de barreaux. C'est un achat intéressant, tout en sachant qu'il est possible qu'on se lasse de voir le même meuble pendant dix ans.

Le matelas doit être ferme : bébé ne doit pas s'enfoncer dedans. Choisissez-le de bonne qualité (ce qui se paye… cher), car c'est vraiment un article sur lequel votre enfant va passer beaucoup de temps…

Le linge de lit (on-ne-peut-pas-faire-sans)

Il y a l'indispensable (les draps) et l'accessoire (le dessus-de-lit en laine qui gratte vert pomme tricoté par Bellemaman).
Deux alèses (légèrement plastifiées).
Deux ou trois parures de draps (draps-housses essentiellement). Pour les bébés, on ne recommande pas les draps et couvertures, ni les couettes :

ils peuvent se glisser dessous et manquer d'air. Les gigoteuses sont beaucoup plus sécurisantes.

Deux tours de lit (qui protègent la tête des barreaux).

Les accessoires du sommeil

- ○ **Le lit parapluie** : très utile si vous êtes tout le temps en vadrouille. Y mettre le prix si possible et privilégier la légèreté et la facilité de dépliage/repliage. Les modèles équipés de roulettes (pour le transport) sont plus pratiques. Si le lit parapluie sert régulièrement, ne pas hésiter à ajouter un matelas plus épais : le fond d'origine est souvent très plat et assez peu confortable.

- ○ **La gigoteuse** : en polaire pour l'hiver, en coton pour l'été… elle est indispensable.

- ○ **Le mobile musical** : pour instaurer un rituel au coucher, pour l'aider à plonger dans le sommeil… et pour décorer la chambre. Les enfants adorent regarder tourner ce qu'on leur suspend au-dessus de la tête… Plusieurs critères de choix : une musique agréable (vous allez l'entendre quelques fois…), un bon système d'attache (pour éviter d'assommer le petit dormeur).

- ○ **La veilleuse** : pour les enfants qui commencent à avoir peur du noir. Attention : une dépendance peut se créer… et durer jusqu'au trentième anniversaire (et plus encore).

- ○ **Le cale-bébé** : pas indispensable, mais peut vous rassurer si vous avez peur que Bébé se retourne la nuit. Choisissez un modèle à largeur réglable : déjà que vous ne vous en servirez pas longtemps, mieux vaut pouvoir le rentabiliser un maximum.

- ○ **L'inclinateur de matelas** : peut soulager les bébés qui régurgitent. Pourquoi pas…

○ **Le nounours qui chante/la lampe qui projette des images au pla-fond** : faites-vous plaisir ! Ou si tante Yvonne ne sait pas quoi vous acheter…

Le relax ou transat (on-ne-peut-pas-faire-sans)

Il faut bien pouvoir poser le bébé quelque part… à moins de le garder au bras non-stop et de pouvoir tout faire avec une seule main (ni l'un ni l'autre ne sont recommandés).

Les critères de choix :

– les différentes positions (de assis à complètement allongé) ;

– le confort (les revêtements sont plus ou moins douillets) ;

– la garniture (évidemment lavable) plus ou moins facile à retirer et à remettre.

Certains modèles sont équipés de jouets intégrés (sous forme d'arche) : de quoi l'occuper un petit moment (c'est toujours ça de gagné). D'autres de vibreur… On ne sait plus quoi inventer !!

Un parc (pratique, mais pas indispensable)

Dès que bébé se déplace, il est bien pratique de pouvoir l'installer dans un parc où son périmètre sera restreint (vous pourrez vous éloigner trente secondes, pas plus). Certains modèles à plateaux réglables et à tapis molletonné peuvent être utilisés dès la naissance. Très pratiques, ils sont ainsi beaucoup plus rentabilisés.

Veillez à la sécurité (stabilité, espacement des barreaux, impossibilité de se coincer les doigts).

Certains bébés acceptent de jouer dans leur parc, d'autres ne supportent pas de se sentir « emprisonnés ». Très difficile de savoir quelle sera l'attitude de votre enfant avant qu'il teste lui-même le parc. C'est pourquoi cet achat n'est pas une priorité… essayez de vous en faire prêter un pendant quelque temps, histoire de tester l'attitude de votre enfant.

La salle de bains (ou le bonheur de la toilette)

La table à langer (on-ne-peut-pas-faire-sans)

L'offre est très étendue et votre choix va vraiment dépendre de votre mode de vie, de la place dont vous disposez, etc.

Ce qui compte, c'est d'avoir un endroit où changer Bébé en toute sécurité (et bien souvent, la table à langer se trouve dans la chambre).

Peu importe la forme (sur une commode, avec une baignoire intégrée, un matelas posé sur un lit, une table pliante fixée au mur…), ce qu'il faut, c'est être à l'aise (parce que, vous allez voir, changer Bébé va remplir une bonne partie de vos journées)… et ne pas se casser le dos.

Les critères de choix :

— la sécurité (stabilité, bords relevés) ;

— le côté pratique : pouvoir caser tous les produits nécessaires à portée de main semble indispensable. Idéalement, on change Bébé à côté d'un point d'eau.

Le matelas à langer doit pouvoir se nettoyer facilement : soit il est plastifié, soit la housse est lavable (et se retire sans avoir à défaire dix boutons ou dix petits nœuds).

BON À SAVOIR POUR LES FMP (FUTURES MAMANS PARESSEUSES)

On peut changer un bébé par terre ou sur un lit, mais attention au mal de dos ! Très vite, on se rendra compte qu'une table à sa hauteur est beaucoup plus agréable à utiliser.

La baignoire (on-ne-peut-pas-faire-sans)

On peut laver Bébé dans un lavabo ou dans une bassine pendant quelque temps… mais c'est fou ce que ça grandit vite ces petites choses.

On peut laver Bébé dans la grande baignoire, mais c'est dommage de vider son ballon d'eau chaude pour laver un si petit être…

La petite baignoire en plastique est donc bien utile.

Là encore, cela dépend de la configuration de votre chez-vous. Elle peut se placer dans votre propre baignoire, se poser dans la cabine de douche ou encore s'installer sur un support pliant. Dans ce dernier cas, n'utilisez que des modèles compatibles qui assurent une grande stabilité.

Les accessoires du bain (on-ne-peut-pas-faire-sans)

○ **Le siège de bain ou transat :** nécessaire jusqu'à ce que Bébé tienne assis tout seul. Attention ! cela ne vous dispense pas de surveillance ! Les modèles en plastique rigide paraissent moins confortables.

○ **Le thermomètre :** vous pouvez faire confiance à votre main, mais il vaut mieux s'assurer de la bonne température en utilisant un thermomètre (les cas de brûlure sont fréquents).

○ **Les produits de toilette :** une crème lavante (pour les cheveux et le corps), un lait nettoyant (ou de l'eau micellaire ou une lotion), une crème hydratante pour le corps, un soin pour le visage, du sérum physiologique en dosettes, de l'éosine en dosettes, des compresses, une crème protectrice pour l'érythème fessier, des Coton-Tige (à embouts spéciaux), des lingettes, une brosse, un coupe-ongles adapté, un mouche-bébé (un modèle qui permet d'aspirer soi-même, ceux munis d'une poire sont inefficaces), des couches.

○ **Les serviettes de toilette :** vous apprécierez forcément les capes de bain très pratiques pour sécher la tête des bébés gigoteurs.

○ **Les petits canards :** pas utiles pendant les premiers mois…

La cuisine (ou le rêve des repas avalés sans soucis)

○ **Vous allaitez.** Il vous faut :

– des seins sympathiques (vous ne saurez s'ils sont volontaires qu'une fois que vous aurez essayé) ;

– des vêtements qui s'ouvrent facilement ;

– des coquilles en plastique pour recueillir le lait entre deux tétées (choisissez des modèles sans « trous » : en vous penchant, vous n'aurez pas peur de voir tout le contenu se répandre dans votre décolleté) ;

– des coussinets lavables pour absorber les fuites ;

– une crème de soin pour éviter les crevasses ;

– un brumisateur ;

– des bavoirs en éponge (nombreux).

o **Vous donnez le biberon.** Il vous faut :

– 6 biberons (de préférence en plastique, plus légers) ;

– 1 stérilisateur (les modèles pour micro-ondes sont pratiques : la stérilisation est très rapide) ;

– 1 chauffe-biberon (ou un four à micro-ondes ; dans ce cas, attention ! vérifiez bien la température avant de donner le biberon au bébé, secouez longuement pour bien répartir la chaleur) ;

– 1 goupillon (muni d'un petit goupillon pour les tétines) ;

– des packs d'eau minérale ;

– des bavoirs en éponge (nombreux).

o **Pour les repas au moment de la diversification :**

– des cuillères adaptées (prenez les plus petites possibles, à moins d'être optimiste et d'être sûre que son enfant ouvrira un large bec…) ;

– des bavoirs : en plastique, ils permettent de ne pas tacher les vêtements, même en cas de grande giclée de soupe… ;

– des bols et assiettes creuses en plastique ;

– un verre à bouchon-tétine avec des anses (pour boire comme un grand).

Le robot cuiseur-mixeur (pratique, mais pas indispensable)

On coupe les légumes, on les glisse dans le panier-vapeur. Hop ! ça cuit. Hop ! on mixe. Ohhhh ! la bonne purée maison !!!

Le robot pour bébés est un instrument très avantageux si vous tenez à préparer vous-même les repas de Bébé. Facile à nettoyer, il est compact et ne prend pas beaucoup de place.

Pourtant, vous pouvez aussi faire cuire les légumes dans un panier-vapeur au-dessus d'une casserole et mixer les aliments avec un mixeur classique. Le prix élevé se justifie si vous en faites un usage intensif.

La chaise haute (on-ne-peut-pas-faire-sans)

En voilà un accessoire (de taille !) indispensable… parce qu'il va falloir le maintenir bien ferme ce ver de terre qui ne voudra pas avaler sa purée (ou qui hurlera parce que la soupe est déjà terminée…).

Vers 6-8 mois, dès qu'il tient assis, Bébé peut être installé dans une chaise haute. Vous avez donc quelque temps avant de vous en inquiéter, mais le prix élevé de ces objets vous poussera sans doute à l'inscrire sur la liste de naissance. Mieux vaut donc y réfléchir dès les mois de grossesse.

Bois ou plastique, ce sont vos goûts (et votre souci esthétique) qui déci-deront. Le bois donne des chaises « à l'ancienne » ou d'esprit « suédois » avec assez peu de fonctionnalité, et le plastique permet des chaises plus « modernes », multiposition, réglables…, mais beaucoup plus imposantes (même pliées).

La sécurité doit être absolue : harnais cinq points et entrejambe rigide sont de plus en plus fréquents.

Critère de choix : demandez-vous si vous voulez que l'enfant soit vrai-ment à table avec vous ou non. Une chaise possédant sa propre tablette ne peut pas être glissée sous la table et l'enfant reste « à côté ». En gran-dissant, il voudra pourtant se joindre à la table des grands. Sans tablette, il est intégré tout de suite aux repas familiaux, mais, du coup, votre nappe profite de toutes les projections diverses et variées…

Le transport (ou le véhicule de Monsieur est avancé)

La poussette et les sièges-auto vont souvent de pair puisque, pour les premiers mois en tout cas, la « coque » dans laquelle voyage Bébé s'installe sur la poussette et sert de siège-auto.

Il existe tellement de modèles de poussettes, chacun adapté à votre mode de vie, votre lieu d'habitation (modèle citadin ou plutôt « tout-terrain »)… qu'il est difficile de vous orienter.

Quelques critères de choix sont cependant à prendre en compte.

- **L'encombrement :** certains modèles ressemblent à de véritables chars d'assaut. Le confort est maximum, mais vous aurez l'impression de pousser un tank. Si vous habitez en étage, vérifiez que le véhicule entre dans l'ascenseur (ou investissez dans un cadenas pour pouvoir le laisser au rez-de-chaussée).

- **Le poids :** quand vous aurez plié et déplié la poussette dix fois dans la journée, vous regretterez de ne pas avoir étudié de plus près le descriptif de l'article, et notamment la ligne « poids ».

- **La facilité de manipulation :** tous ces mouvements (clipper la coque, l'installer dans la voiture, la retirer, plier le châssis, ouvrir le châssis, etc.) vont vous muscler les bras. Mais il ne faudrait pas vous casser tous les ongles à chaque manip parce que les charnières sont trop raides ou les attaches trop dures. N'hésitez pas à vous faire faire la démonstration en magasin de tous les modèles qui vous intéressent (quitte à passer pour une sacrée emm…).

- **Les accessoires :** il est bien pratique de pouvoir glisser quelques courses sous la poussette (au lieu d'accrocher des sacs sur les poignées, vous donnant l'impression de pousser un mulet). Vérifiez qu'il est facilement accessible, même quand la poussette est en position inclinée.

- **La protection pluie :** indispensable, quelle que soit votre région.

Vous constaterez très vite qu'il est quasi impossible de faire avancer votre poussette tout en tenant un parapluie. Seules les poussettes dont les poignées sont réunies (une sorte de guidon) peuvent être utilisées d'une main. Sinon, achetez un ciré à capuche en même temps que la poussette.

o **Les combinés 3-en-1**

Nacelle, coque (qui fait office de siège-auto), hamac (à partir de 6 mois), tout est réuni dans un même article. Très pratique, totalement indispensable.

Le porte-bébé (pratique mais pas indispensable)

Plusieurs modèles sont disponibles : classique, en « bandoulière », en écharpe de portage… à choisir selon votre confort.

Si vous vous déplacez beaucoup dans les transports en commun, le porte-bébé est très intéressant, car il est bien difficile de circuler en poussette dans le métro ou le bus.

Choisissez un modèle aux bretelles bien larges et aux attaches faciles.

Évidemment, l'objet ne sert pas très longtemps (à moins d'avoir des épaules TRÈS solides), mais il est vraiment pratique pour avoir les mains libres tout en transportant Bébé.

Le porte-bébé est utile même à l'intérieur… pour calmer une crise de pleurs tout en vaquant à différentes activités, par exemple.

Les astuces paresseuses et économiques

Vous l'aurez compris, équiper un bébé, ça peut coûter un bras.

Mieux vaut donc chercher quelques tuyaux pour faire de menues économies (et s'empresser de les dépenser pour s'offrir de nouvelles fringues, après les horribles vêtements de grossesse).

○ Les magasins spécialisés offrent un choix très intéressant, mais vous en font payer le prix. Foncez dans les rayons très diversifiés des supermarchés, allez voir les magasins d'usine.

○ Toutes les enseignes de la grande distribution font des « promotions bébé » au moins une fois dans l'année. Vous trouverez bien un distributeur qui sortira son catalogue pendant votre grossesse.

○ Les fabricants de couches vous font croire que leurs produits sont beaucoup plus efficaces et les marques distributeurs se défendent drôlement bien : Bébé se fiche littéralement qu'il y ait des nounours ou des hippopotames sur ses couches… mais votre portefeuille fait très bien la différence, lui.

○ Prêtez-vous des vêtements, des jouets, de l'équipement… entre copines. Notez soigneusement ce que vous avez confié et ce qu'on vous a confié : vous éviterez d'oublier de rendre certains objets et pourrez réclamer les vôtres.

Comment ouvrir une liste de naissance et s'éviter ainsi d'ouvrir un show-room de doudous

On estime à 4 000 euros le budget normal pour l'arrivée d'un bébé. Une vraie raison pour profiter des cadeaux offerts à la naissance et orienter ceux-ci vers des articles vraiment utiles et correspondant à vos goûts.

De plus en plus de magasins (et même de boutiques en ligne) offrent le service de la « liste de naissance » qui, sur le modèle de la liste de mariage, permet de choisir soi-même ses cadeaux et d'éviter de se retrouver avec des doublons (des doudous très moches et des pyjamas à faire des cauchemars).

Les avantages

o Vous choisissez les articles qui vous plaisent et dont vous avez besoin.

o En vous inscrivant dans une enseigne nationale, vous permettez aux généreux donateurs de faire leur cadeau partout en France (pas d'excuse pour le cousin qui vit à l'autre bout du pays).

o Bien souvent, il y a des avantages offerts par le magasin (bon de réduction équivalent à un pourcentage du montant total de la liste, facilités de paiement si tous les objets ne sont pas offerts, etc.).

o Les « conseillères de vente » sont là pour vous aider : les futurs parents peuvent se trouver vraiment dépourvus pour choisir entre deux modèles de stérilisateur ou trois sortes de matelas. Une personne expérimentée ne peut être que de bon conseil.

o C'est simple : les amis, la famille… n'ont pas besoin de se casser la tête pour trouver le cadeau idéal, il suffit de choisir dans la liste.

CE QUE LES AUTRES SE SONT BIEN GARDÉES DE VOUS DIRE
. . . .
Malgré le côté ultra-pratique de la liste, de nombreuses personnes (surtout des femmes de la génération de la mamie) préfèrent encore faire un cadeau choisi par leurs propres soins. En fait, elles se font plaisir À ELLES (il faut dire que se balader dans les rayons bébé est une source de bonheur inépuisable). Donc vous aurez bien du mal à imposer votre liste à Tata Mireille ou à la cousine germaine de votre mère. Espérons qu'elles auront un esprit suffisamment jeune pour vous fournir le « ticket cadeau » qui permet d'échanger l'article sans en voir le prix…
. . . .

Comment annoncer que vous avez ouvert une liste (et non croiser les doigts pour qu'on vous le demande)

Là est toute la difficulté : beaucoup de personnes ignorent que ce genre de choses se fait de plus en plus et ne pensent même pas à vous demander si, par hasard, vous n'auriez pas ouvert une liste.

Il est un peu délicat de placer ce sujet dans la conversation sans paraître intéressée… Essayons d'avoir un peu de tact (et de ne pas arriver avec de trop gros sabots).

Avant la naissance

○ Amener la conversation sur la difficulté de choisir tout le matériel nécessaire… Et hop ! informer la personne que l'on a ouvert une liste, dans tel magasin.

○ Se plaindre du coût de l'équipement nécessaire… Et hop ! informer la personne que l'on a ouvert une liste, dans tel magasin.

○ Raconter sa journée… Et hop ! informer la personne que l'on a ouvert une liste, dans tel magasin.

Après la naissance

○ Profiter du faire-part pour signaler la chose : « Une liste de naissance a été déposée dans le magasin Bébéjoli, adresse…, n° de tél. » (Évitez les formules du genre : « Pour ceux qui le souhaitent, une liste a été ouverte… » qui risque de faire culpabiliser ceux qui ne souhaitent pas faire de cadeau).

○ Répondre qu'il existe une liste à ceux qui vous demandent : « Il te manque quelque chose ? »

Comment gérer les cadeaux horribles

C'est une fatalité. Vous en recevrez sûrement.

Des robes ridicules.

Des nounours à taille humaine.

Des joujoux bruyants (et sans bouton off).

Des chaussons (taille naissance) au mois d'août.

1. Prenez l'enfant en photo en compagnie du jouet, habillé du vêtement hideux, posé sur le couvre-lit tricoté main. Faites parvenir la photo au généreux donateur avec un mot de remerciement.

Surtout, ne coupez pas l'étiquette des vêtements. Rentrez-la soigneusement pour qu'elle ne se voie pas sur la photo.

2. Maintenant qu'il y a une « preuve », vous pouvez vous séparer du cadeau : si le ticket de caisse ou ticket-cadeau est fourni avec, n'ayez AUCUN scrupule et allez changer le cadeau pour le remplacer par quelque chose qui vous plaît et dont vous avez besoin.

Si vous n'avez pas le ticket de caisse, faites quand même une tentative dans le magasin qui a fourni le cadeau. (C'est là que vous pouvez vous rendre compte que le pyjama offert par la meilleure amie de votre mère date d'il y a deux saisons… elle doit faire du stock pendant les soldes, en prévision.)

Comment faire de la chambre un univers merveilleux de douceur et de sécurité

Vous avez une pièce à dédier à Bébé.

Chouette !

Pour le moment, elle était sans doute destinée à :

– entreposer tout un stock de choses inutiles que vous allez devoir ranger maintenant (ce sera également une très bonne occasion pour virer toute la collection de Schtroumpfs/maillots de foot/Playboy de Mamour ;

– votre espace de travail (il va désormais falloir bosser sur un coin de table) ;

– votre buanderie (dommage ! c'est justement maintenant que vous allez avoir des monceaux de linge sale).

L'arrivée de Bébé sera donc l'occasion de faire quelques menus travaux d'aménagement ou de décoration.

BON À SAVOIR POUR LES FMP (FUTURES MAMANS PARESSEUSES)

Ce n'est pas vous qui allez faire les travaux (faire des efforts, ce n'est pas bon pour vous). En revanche, vous ferez un très bon chef de chantier. Vous pourrez indiquer au futur papa (qui, lui, est tout à fait capable de soulever des poids et de lever les bras pour repeindre le plafond) tout ce que vous voulez faire pour transformer cette pièce en un véritable cocon…

Au sol, je mets quoi ?

Du parquet

○ Facile à nettoyer, il ne se transforme pas en nid à poussière : parfait pour éviter les risques d'allergie.

○ Vous pourrez ajouter des tapis colorés pour égayer la pièce.

○ Pourquoi ne pas choisir un parquet brut et le peindre dans un ton pastel ?

De la moquette

○ Choisissez une matière naturelle et traitée antiacariens (et antitaches !).

o Plus elle sera épaisse, mieux elle amortira les chocs lors des chutes inévitables de Bébé.

o La moquette retient la poussière : vous serez scrupuleuse sur le ménage dans la chambre de Bébé.

Un revêtement plastique

o Facile d'entretien, peu cher… mais pas très confortable. Les tapis sont les bienvenus.

Du carrelage

o Facile à nettoyer, mais très froid (sauf en cas de chauffage par le sol) et dur pour les chutes. Tapis indispensables.

Au mur, je mets quoi ?

De la peinture

o Avant tout, il faut choisir une peinture non toxique : les peintures à l'eau sont donc recommandées.

o N'oubliez pas de prendre une peinture lessivable : les traces de doigts au chocolat ou de feutre, c'est pour bientôt.

o La peinture doit être sans odeur.

Du papier peint

o L'offre est très étendue, faites attention de ne pas choisir un motif trop « bébé » au risque de devoir refaire la déco plus vite que prévu.

o Choisir un produit lessivable. Vous savez pourquoi.

Frises, stickers, pochoirs… permettent mille fantaisies. Le boom actuel des stickers, notamment, autorise à changer de décoration très facilement, dès que l'on se lasse.

Pour sécuriser, je fais quoi ?

L'ensemble de votre intérieur va devenir un terrain de jeu pour Bébé : votre mission sera d'écarter tous les dangers pour prévenir les accidents domestiques, encore trop fréquents.

Il faudra être particulièrement vigilants sur :

– les prises de courant (à équiper de cache-prises si elles n'ont pas d'obturateurs de sécurité incorporés) ;

– les meubles à angles vifs (des coins en plastique seront placés) ;

– les tiroirs et portes de placards qui peuvent se refermer sur les petits doigts (de nombreux systèmes permettent de bloquer l'accès) ;

– les fenêtres (qui doivent être bloquées) ;

– les escaliers (qui seront équipés de barrières, en haut et en bas) ;

– la porte du four (qui doit être protégée si elle ne possède pas de système pour rester froide) ;

– les produits ménagers et les médicaments (qui doivent être placés en hauteur).

Comment faire garder ce petit (qui n'est pas encore né)

Là est tout le paradoxe.

L'enfant n'est pas encore né, vous ne savez même pas quelle tête il va avoir (pourvu que les images de l'échographie ne soient pas trop ressemblantes !), vous ne l'avez encore jamais tenu dans vos bras… que déjà il faut réfléchir, planifier, organiser la manière dont vous allez le faire garder (par une autre) dès que s'achèvera votre congé maternité.

Autrement dit, il faut déjà penser à l'abandonner (ha ! ha ! vous culpabilisez à mort, non ?). Mais dans de bonnes conditions, n'est-ce pas !

Réfléchir à tout cela vous semble être en décalage avec ce que vous vivez, mais, compte tenu des difficultés relatives aux modes de garde, mieux vaut s'y prendre à l'avance pour ne pas se retrouver à quelques jours de la reprise du boulot en ne sachant que faire de son ver de terre en couche-culotte.

La crèche collective

Encadré par une équipe de professionnels, votre enfant de 2 mois à 3 ans (parfois 4) est accueilli dans des horaires que vous aurez déterminés à l'avance, et pour l'année entière.

Les + pour les paresseuses

o Votre enfant se voit proposer de nombreuses activités, adaptées à son âge (vous n'aurez pas à lui faire faire de la peinture ni de la pâte à modeler vous-même).

o Il est bien suivi : santé, nutrition, hygiène… tout est étroitement surveillé (vous n'aurez pas à vous casser la tête pour lui faire manger des légumes).

o Il découvre les règles de la vie en collectivité (il n'est pas collé à vos basques parce qu'il a peur des autres).

Les – pour les paresseuses

o La rigidité des horaires (la ponctualité n'est pas une de vos qualités premières).

o La crèche n'accueille pas votre enfant malade ou fiévreux (ah bon ? et si on ne le leur dit pas ???).

o La vie en collectivité : bruit, agitation, maladies contagieuses… Avoir des copains, c'est chouette, mais Bébé tombe souvent malade et rentre à la maison bien fatigué.

S'inscrire : où ? quand ?

Selon votre ville, vous vous inscrirez directement à la crèche, en passant par le service petite enfance de votre mairie, ou encore par le centre de protection maternelle et infantile (PMI).

Pour ce qui est de la date, renseignez-vous. Chaque ville a son propre mode de fonctionnement : dans certaines villes, il faut s'inscrire avec le test de grossesse en poche ; ailleurs, cela peut attendre le septième mois. Ce qui est commun partout en revanche, c'est l'obligation de confirmer l'inscription à la naissance de l'enfant (si ce n'est pas le cas, elle sera annulée).

Vais-je avoir une place ?

C'est un peu comme partir à la quête du Graal.

Une sorte de défi personnel.

Une mission héroïque.

Les places sont attribuées selon les cas par la directrice de la crèche ou par une commission d'attribution, en général au mois de juin. En cas de désistements (eh oui, cela peut arriver !), des places peuvent se libérer en cours d'année.

Les places en crèche sont aussi difficiles à décrocher que des cartons d'invitation pour les ventes privées Vuitton. Respectez les étapes pour espérer voir votre enfant accueilli dans ces structures tant convoitées :

– renseignez-vous dès l'annonce de la grossesse sur la méthode à suivre dans votre ville ;

– prenez rendez-vous en début de grossesse, pour vous présenter, et exposer (de préférence en couple) votre immense motivation : pour vous, la crèche est LA structure qu'il faut à votre enfant. Vous souhaitez qu'il apprenne les règles de la communauté dès son plus jeune âge. Vous avez une confiance absolue dans les équipes de professionnels… En un mot : fa-yo-tez (on l'a tous fait) ;

– prenez des nouvelles de l'avancement de votre dossier tous les mois. On finira par vous connaître (« Y'a ENCORE Mme Machin qui a appelé ») et votre nom ne sera plus anonyme lors des réunions de la commission d'attribution des places.

Vous pouvez aussi :

– mettre un cierge ;

– proposer une forte somme d'argent ;

– dormir devant la porte de la crèche. Avec l'enfant.

Les autres formules de crèches

La crèche parentale

Le fonctionnement est le même que pour la crèche collective, mais ce sont des parents, regroupés en association, qui la gèrent (les parents assument les tâches éducatives et administratives à tour de rôle).

La crèche familiale

Une assistante maternelle agréée s'occupe des enfants chez elle. Plusieurs fois par semaine, ils se rendent dans une crèche familiale où ils partagent des jeux et activités avec d'autres enfants.

La crèche d'entreprise

Ce genre de structure est amené à se développer de plus en plus : les entreprises comprennent que des parents rassurés par la souplesse des horaires et la proximité de leur enfant sont plus productifs !

Les + pour les paresseuses

○ Votre enfant n'est pas loin (moins de trajet = moins de fatigue).

○ Les horaires s'adaptent aux vôtres (moins de contraintes = plus de bonheur).

Les – pour les paresseuses

o Vous savez que votre petit est un étage au-dessus : vous êtes tentée d'aller voir ce qu'il fait toutes les cinq minutes (déjà que vous n'êtes pas très productive…).

o Difficile de séparer vie privée/vie professionnelle : toutes vos collègues savent que votre petit a des poux ou qu'il n'est toujours pas propre à 3 ans (c'est votre faute : vous n'avez qu'à lui faire un shampooing traitant et lui apprendre le pot).

L'assistante maternelle

Elle s'occupe des enfants chez elle, leur donne leurs repas, les promène, joue avec eux…

Cette professionnelle de la petite enfance a reçu un agrément de la PMI : son domicile est jugé apte à recevoir des enfants, ses compétences ont été évaluées. Une formation lui a été dispensée.

Vous êtes son employeur et vous établissez avec elle un contrat de travail afin de déterminer le nombre de jours travaillés, les horaires et le salaire qui lui est versé.

Les + pour les paresseuses

o Chez la « tata », c'est un peu comme à la maison (et le confort de votre bambin, c'est essentiel à vos yeux).

o Vous pouvez jongler un peu plus avec les horaires (même s'il ne faut pas abuser, les heures supplémentaires, elle n'en fait pas cadeau).

o L'enfant évolue à son rythme, et non à celui de la collectivité (par pitié, laissez dormir ce petit ange).

o Un nez qui coule ? Elle le garde quand même.

Les – pour les paresseuses

○ Elle n'a pas de diplôme qui puisse garantir une formation spécialisée.

○ Malgré les visites de la PMI, il n'y a pas de suivi en ce qui concerne ses méthodes.

○ Toute votre organisation repose sur elle ; quand elle est en vacances ou malade, personne ne peut prendre le relais.

○ Il faut la recruter… et vous, les ressources humaines, ce n'est pas votre truc.

Comment se prendre pour un chasseur de tête (pour le job le plus important du monde) ?

○ Cherchez les adresses des assistantes maternelles agréées à la mairie.

○ Le bouche-à-oreille est un excellent filon. Allez au jardin d'enfants près de chez vous. Sympathisez avec des mamans du quartier : vous serez rapidement informée des bonnes adresses. Évidemment, la proximité du logement de l'assistante maternelle est primordiale : il est hors de question de faire de longs trajets pour accompagner ou récupérer votre bébé (c'est épuisant et c'est du temps perdu).

○ Après un entretien téléphonique (vous en éliminez déjà plusieurs rien qu'à les entendre…), vous rencontrez une éventuelle recrue, chez elle. Attention ! votre œil va passer tout son logement au rayon laser, en un coup d'œil, vous devez évaluer : l'espace qui est réservé aux enfants, l'espace dédié au sommeil, la propreté, les jeux mis à disposition… (Si la déco ne vous plaît pas, cela ne doit pas constituer un motif de refus.) Vous devez rapidement évaluer votre *feeling* avec l'assistante maternelle, et celui qui s'instaure avec votre bébé (comment lui parle-t-elle ? S'intéresse-t-elle à lui ?).

o La clé de la réussite, c'est d'avoir confiance. Et votre sixième sens est là pour ça. Vous qui vous vantez toujours d'avoir du flair, c'est l'occasion ou jamais de « sentir » si cette assistante maternelle sera la bonne pour votre petit.

La nounou *at home*

C'est une formule coûteuse, mais qui peut convenir, par sa grande souplesse, à des mamans exigeantes. La personne employée s'occupe également de plusieurs tâches ménagères qu'il convient de fixer par contrat.

Les + pour les paresseuses

o Horaires variables et s'adaptant aux horaires décalés de certains parents.

o Enfant gardé même malade, et surtout enfant jouant chez lui, avec ses habitudes, ses jouets (il apprendra les dures lois de la jungle plus tard).

Les – pour les paresseuses

o Les tarifs : la disponibilité, ça se paye.

o Pas de qualification particulière. Pas de suivi (à moins d'installer des caméras partout ou de suivre la nounou et le petit, cachée derrière un buisson au jardin…).

o Le recrutement est très délicat : vous pouvez tomber sur la perle rare… ou la perle en toc.

o La paperasserie, c'est pour vous. (Chouette ! Le week-end, vous adorez faire un peu de travaux administratifs.)

La garde partagée

C'est le système de la nounou à domicile… mais avec une autre famille. Cela se passe chez vous, ou dans l'autre famille, ou encore en alternance. Il faut être très clair sur ses exigences au départ, et fixer par contrat l'étendue des tâches demandées (quand la garde se passe chez vous, la personne peut s'acquitter de quelques tâches ménagères).

Les + pour les paresseuses

○ Identiques à ceux de la nounou à domicile.

Les – pour les paresseuses

○ Identiques à ceux de la nounou à domicile.

○ Il faut bien s'entendre avec l'autre famille… Attention ! des couples amis ont pu se fâcher pour des histoires de garde d'enfants. Chacun a une conception très personnelle de l'éducation. Il faut vraiment savoir où l'on met les pieds.

La halte-garderie

Pour les mamans qui ne travaillent pas, mais qui veulent quand même pouvoir (une fois de temps en temps) aller chez le coiffeur, voir un film, essayer un maillot de bain, libres comme l'air (et sans culpabiliser, mais ça, c'est plus dur).

Il existe des haltes-garderies privées ou publiques, qui prennent l'enfant en charge pour quelques heures ou pour une demi-journée (jusqu'à trois par semaine), de manière ponctuelle ou régulière.

Les + pour les paresseuses

○ Quelques heures à soi, cela n'a pas de prix.

Les – pour les paresseuses

- o Ah bon, il faut retourner le chercher ???

Mamie

Cela peut être la solution idéale comme la pire…
Il y a une grosse différence s'il s'agit de VOTRE mère ou de Bellemaman.

Les + pour les paresseuses

- o Normalement, on peut lui faire confiance.
- o Normalement, elle sait ce qui est bon pour Junior.
- o Normalement, elle sait faire des gâteaux.
- o Normalement, elle sait reconnaître une varicelle.

Enfin… normalement.

Les – pour les paresseuses

- o Elle cède à tous les caprices (allez rattraper la sauce, après).
- o Elle sait tout mieux que tout le monde (un peu comme vous).
- o Elle vous donne 1 000 conseils en 1 heure (faites le calcul du débit de parole).

10 TRUCS POUR ÊTRE FIN PRÊTE À ACCUEILLIR PARESSEUX JUNIOR

1. Anticipez

Si vous et le futur papa n'êtes pas mariés, il est possible de faire une déclaration de « reconnaissance anticipée » de l'enfant, à la mairie, avant la naissance. Vous vous poserez également la question de savoir quel nom de famille l'héritier portera.

2. Pensez aux fringues faciles

Acheter des vêtements pour son poupon est une véritable occasion de se faire plaisir. Pourtant, entre esthétique et pratique, préférez la seconde solution. Vous vous en souviendrez quand vous aurez à le déshabiller-rhabiller dix fois par jour...

3. Pensez au 100 % coton

Pour vêtir la peau très délicate du nouveau-né, on n'utilise que du coton (que l'on peut laver à haute température, vous comprendrez pourquoi après le premier vomi).

4. Allez-y franco

Les parents pensent toujours que les bébés préfèrent les couleurs douces... mais eux, s'ils pouvaient choisir, s'orienteraient vers des couleurs vives ! N'hésitez pas !

5. Pensez au papa...

... et préparez-lui son petit sac à lui aussi : des Kleenex, des barres chocolatées, une bouteille d'eau, une tenue de rechange, son chargeur de téléphone, son appareil photo, la liste des personnes à appeler (il sera quelque peu perturbé).

6. Faites part

Le choix du faire-part peut se révéler très compliqué : original, créatif, ou classique, discret... le choix est très vaste. Réfléchissez-y avant la naissance parce que, après, vous aurez à peine le temps de coller les timbres sur les enveloppes.

7. Faites part *bis*

Profitez des timbres « C'est un garçon ! » ou « C'est une fille ! » de La Poste.

8. Faites passer le message : *no flowers please*

Prévenez les membres de votre famille (avec les autres, c'est plus délicat) que vous préférez recevoir une boîte de macarons plutôt que des fleurs qui finiront dans le bureau des infirmières. La plupart des maternités les interdisent.

9. Prévoyez le retour

Facilitez-vous la vie en remplissant vos placards avant la naissance : stock de bouteilles d'eau, de produits d'entretien, de légumes surgelés… que vous vous ferez livrer !

10. Prévoyez le retour *bis*

Cuisinez des plats que vous congèlerez : quand vous rentrerez de la maternité, vous n'aurez certainement pas envie de préparer quoi que ce soit, et s'il faut faire confiance aux talents culinaires du papa…

chapitre 10

Comment vivre au mieux
le J day

Et si c'était ça le plus beau jour de votre vie (pffff)

Eh bien voilà. Les meilleures choses ont une fin… Il faut bien qu'un jour où l'autre, cette merveilleuse petite graine que vous avez regardé pousser dans votre ventre puisse éclore.

Ce fameux jour de l'accouchement, voilà des mois que vous y pensez, que vous le rêvez, que vous le fantasmez… et, alors que vous l'attendez avec impatience depuis quelques semaines (alors, tu vas sortir, oui !!!), maintenant que vous y êtes, vous freinez des quatre fers.

Ambiguïté totale : vous êtes si impatiente de découvrir votre petit ange, et vous redoutez l'épreuve de sa naissance. Et puis, on appelle tout ce qui précède l'accouchement « le travail ». Et vous, en tant que paresseuse, le travail, ça ne vous plaît pas tant que ça.

Pourtant, là, ce n'est pas vous qui décidez. Vous ne pouvez pas rester chez vous en disant : « Allez-y sans moi, je vous rejoins. » À un moment ou à un autre, il faudra faire le grand saut… (On n'a jamais vu personne enceinte de douze ans.)

Enfin, une fois que tout sera terminé, vous vous rendrez compte enfin que le fameux « plus beau jour de votre vie », c'était bien celui-là.

Pourquoi toutes les femmes aiment à raconter leur accouchement (et à donner les détails les plus gores possible) ?

Toutes les femmes aiment ça. Et vas-y que je t'explique que la voisine hurlait comme un cochon qu'on égorge. Et vas-y que je te raconte que Robert est tombé dans les pommes. Et vas-y que je te fais le récit par le menu de la péridurale qui n'a pas marché et des « souffrances atroces que j'ai endurées ». Oui, accoucher, c'est un peu un acte héroïque. Et tout le monde se délecte de raconter ses exploits (c'est humain).

C'est un peu votre médaille de guerre.

Mais surtout, accoucher, c'est la chose la plus merveilleuse que vous allez faire dans toute votre existence. Même si vous sauvez des vies tous les jours ou que vous trouvez le moyen de faire régner la paix dans le monde, rien ne pourra égaler ce moment magique où votre enfant pointera le bout de son nez. Il sera votre chef-d'œuvre. Et le jour où l'on met le point final à un chef-d'œuvre, on s'en souvient. Demandez à Michel-Ange.

Une fois que l'on a accouché, que l'on est sortie vivante de cette épreuve, une fois que l'on est passée de l'autre côté de la barrière, rien n'est plus agréable que de faire la fière devant les primipares terrorisées. On se sent quelqu'un, on peut dire : « Je l'ai fait ! » Et ça, c'est délicieux. (Des milliers de générations de femmes l'ont fait avant nous. Pas grave ! On n'est même pas ridicule en se vantant de l'avoir fait aussi.)

C'est pourquoi – on parie ce que vous voulez – il est absolument certain que vous aussi, vous vous délecterez de raconter le moment où l'anesthésiste est venu avec sa grande aiguille et qu'il a dit : « Je pique où déjà ? » ; ou quand l'obstétricien a dit : « Beau geste ! » (vous faisant ainsi comprendre que ce n'est pas lui, le grand spécialiste, qui a réalisé votre césarienne, mais un « apprenti »… Et s'il lui avait dit : « Ah non, ça ne va pas du tout, ça ! » ???).

Alors, branchez bien votre petite caméra mentale : il y a aussi fort à parier que vous revisionnerez longtemps le film de votre accouchement dans votre tête…

Comment se préparer pour être au top au bon moment

En bonne paresseuse que vous êtes, vous aimeriez bien zapper la fameuse préparation à l'accouchement. Vous êtes confiante, vous savez que vous êtes bien entourée, qu'avec la péridurale, vous ne souffrirez pas… Si vous pouviez sécher les cours, ça vous arrangerait bien !

De nombreuses futures mamans se passent en effet de préparation, soit par choix, soit parce que leur emploi du temps ne le leur permet pas, ou encore parce que cela représente trop de contraintes (trajets, fatigue…). Évidemment, à l'origine, la préparation à l'accouchement permettait d'apprendre à maîtriser la douleur ; de nos jours, le développement de la péridurale la rend un peu obsolète. Mais la préparation, ce n'est pas que cela. C'est d'abord un espace de rencontre avec d'autres futures mamans et l'occasion de partager son expérience. C'est aussi la situation parfaite pour poser toutes les questions que l'on n'ose peut-être pas poser à son médecin et lever tous les doutes sur le grand événement qui va arriver. On s'y informe sur les différentes méthodes, sur les complications éventuelles, sur le scénario du grand jour… et on y apprend aussi des méthodes de relaxation qui seront fort utiles, péridurale ou pas, au moment clé (surtout si, par un malheureux hasard, la fameuse anesthésie ne pouvait être réalisée…).

Il est donc intéressant pour vous d'assister aux cours.

Ou au moins d'y aller une fois, pour voir.

Quand s'inscrire ?

Tout dépend de la méthode que vous choisissez. La préparation classique, dispensée par une sage-femme, en ville ou à la maternité où vous accoucherez, commence vers le 7e mois. Le yoga peut être pratiqué dès le 4e mois.

Je prépare mon corps et mon esprit

Tout dépend de ce que vous cherchez : essentiellement de l'information, plus de relaxation, quelque chose de plus tactile... Petit tour d'horizon.

L'accouchement sans douleur (psychoprophylaxie)

C'est la préparation la plus classique, celle qui donne le plus d'informations visant à vous permettre d'envisager l'événement avec sérénité (quand on sait à quoi s'attendre, on a moins peur). Vous apprendrez à maîtriser la douleur, à vous détendre, à respirer pour pouvoir mieux vivre votre accouchement.

Vous commencez dès le 7e mois de grossesse.

La Sécurité sociale rembourse huit cours, menés par une sage-femme, en général en petits groupes.

Le + paresseuse : comment dire... vous n'avez pas envisagé un seul instant d'avoir mal.

L'haptonomie

Nous en avons déjà parlé dans le chapitre précédent : plutôt que d'une préparation à l'accouchement, il s'agit d'un accompagnement pendant la grossesse jusqu'à son terme. On peut d'ailleurs commencer dès le 4e mois pour profiter pleinement de ses bienfaits. Cette méthode de communication avec l'enfant grâce au toucher permet d'acquérir une certaine confiance et de mieux appréhender le « grand moment ».

Attention, cette méthode n'est pas pratiquée partout.

Les séances ne sont pas remboursées par la Sécurité sociale.

Le + paresseuse : partager des moments intenses avec le papa, c'est toujours ça de pris (ça compense).

La sophrologie

Cette méthode de relaxation permet de rentrer dans une détente profonde et de relâcher de manière volontaire toutes les parties de son corps. Avec un entraînement régulier, vous pourrez maîtriser plus facilement votre douleur pendant les contractions.

Vous commencerez dès le 7e mois de grossesse.

La Sécurité sociale rembourse huit séances, menées par une sage-femme.

Le + paresseuse : dès qu'on vous parle de vous allonger pour vous relaxer, vous êtes partante.

Le yoga

Parce qu'il est une discipline de vie, le yoga permet d'acquérir une harmonie entre le corps et l'esprit qui vous sera bien utile pendant le travail de l'accouchement.

Le travail sur le souffle, les étirements, l'état de relaxation seront indispensables au moment de mettre votre enfant au monde.

Plus tôt vous commencez, plus vous maîtriserez vos émotions et votre mental… vous pourrez continuer après l'accouchement pour garder la sérénité nécessaire face à votre nouveau-né.

Le + paresseuse : se détendre, être sereine… c'est tout vous, ça.

La gymnastique aquatique

Évidemment, il faut se mettre en maillot, ce qui n'est pas pour vous enchanter en ce moment. Mais une fois que vous serez entrée dans l'eau, vous serez portée, bercée… Deux bienfaits majeurs : vos douleurs seront soulagées (notamment au niveau des lombaires) et vous vous musclerez en douceur, ce qui vous maintiendra en bonne forme pour arriver à l'accouchement.
Vous aurez besoin d'un certificat médical pour vous inscrire.

Le + paresseuse : flotter allongée est une attitude qui vous convient parfaitement.

Le chant prénatal

En chantant, vous apprenez à maîtriser votre souffle, ce qui sera fort utile quand il faudra pousser au moment crucial. De plus, il s'agit d'une méthode agréable pour communiquer avec le bébé qui, espérons-le, reconnaîtra vos chants apaisants une fois qu'il sera né.
Vous pouvez commencer à pratiquer très tôt (pour certaines, neuf mois ne seront pas suffisants pour sortir un seul son juste…).

Le + paresseuse : chanter avec d'autres baleines de votre espèce est une source de joie inépuisable (et puis c'est bien connu, le chant des baleines, c'est magnifique).

Je sais où je vais

Imaginez un peu… vous avez des contractions régulières, vous avez perdu les eaux, vous êtes en panique (et Mamour ne vous est d'aucune utilité, ne sachant plus comment on fait démarrer une voiture). Mieux vaut ne pas ajouter l'angoisse de l'inconnu.

Je connais le trajet

C'est bête à dire, mais, parfois, dans de telles circonstances, les facultés mentales peuvent vraiment être altérées.

Vous avez l'habitude de vous rendre à la maternité en métro, en bus…, mais au moment de prendre la voiture, vous ne savez plus par où passer. Il n'est pas inutile de demander au futur papa de faire une fois le trajet à froid, pour bien se repérer.

J'ai visité la salle d'accouchement

Lors de vos cours de préparation à l'accouchement, vous allez faire un petit tour pour découvrir l'environnement dans lequel vous allez passer quelques heures pour donner naissance à votre enfant.

C'est toujours mieux de pouvoir visualiser les lieux afin de mieux se préparer mentalement.

o **La salle de travail**

On vous y placera certainement avant de vous mener dans la salle d'accouchement à proprement parler (juste à côté, ne vous inquiétez pas).

Vous serez installée sur une table de travail (dont vous pourrez modifier la position à votre convenance ; vous pourrez hurler à Mamour d'abaisser ou de relever le dossier) et serez placée sous monitoring pour surveiller les contractions et le rythme cardiaque du bébé.

o **La salle d'accouchement**

On vous y emmènera au dernier moment et vous y trouverez :

– la table d'accouchement, sorte de table gynécologique multiposition ;
– la table d'examen pour le bébé ;

– l'éclairage chirurgical (énorme lampe suspendue au-dessus de vous, pas vraiment flatteuse pour le teint, mais bon, on n'est pas en séance de photo) ;

– le lavabo ;

– le matériel chirurgical et obstétrical ;

– le monitoring ;

– la couveuse.

o **La salle d'opération**

Elle est contiguë. Vous pouvez y aller directement en cas de césarienne programmée ou y être conduite si une césarienne s'impose alors que le travail est commencé.

CE QUE LES AUTRES SE SONT BIEN GARDÉES DE VOUS DIRE
. . . .
On vous le dit tout de suite, la pièce dans laquelle vous allez accoucher n'est pas des plus cosy. Mais ce n'est pas ce qu'on lui demande. Ce qu'on veut, c'est de la sécurité. Et un bébé en bonne santé, merci.
. . . .

Petit quiz pour être sûre que vous êtes prête

Allez, jouons un peu. (Youpi !)

1. Dès que je vais avoir des contractions, il faudra faire vite. Je risque de ne pas avoir le temps d'arriver à l'hôpital. Vrai/faux ?

Faux. En moyenne, un premier accouchement dure 12 heures. À moins d'avoir choisi d'accoucher à 1 000 kilomètres de chez soi… vous aurez largement le temps d'attendre que vos contractions soient régulières et rapprochées avant de vous rendre à la maternité. De toute façon, si vous arrivez trop tôt, on vous renverra chez vous. D'où l'utilité de passer un petit coup de fil, pour être sûre, avant de prendre le chemin.

2. Je vais vivre des heures interminables et je vais souffrir atrocement. Vrai/faux ?

Faux. On ne va pas vous dire que vous ne sentirez rien et que, hop ! vous seriez prête à recommencer dès le lendemain. Nous sommes des chipies, mais pas à ce point. Évidemment, vous allez trouver le temps long (surtout si le cher ange met deux jours avant de daigner se montrer) et votre bas-ventre va se souvenir du voyage. Mais sans doute aurez-vous l'impression de rentrer dans un monde parallèle, une sorte de quatrième dimension où vous serez « entre parenthèses ». Et la magie de la vie fait que, quelque temps plus tard, vous aurez oublié la douleur pour ne garder que les belles images.

BON À SAVOIR POUR LES FMP (FUTURES MAMANS PARESSEUSES)

Pour certaines, les choses se passent très bien, très vite. Le coup de la lettre à la poste, quoi.

Mais il est bien connu que si on n'oubliait pas la douleur et les moments difficiles, on ne recommencerait jamais. Et on aurait des générations d'enfants uniques. Ce qui n'est pas le cas.

3. Mon intimité va se transformer en hall de gare. Vrai/faux ?

Vrai. Effectivement, pendant le travail, la sage-femme va souvent passer pour mesurer la dilatation de votre col, par un toucher vaginal. Il se peut que d'autres personnes, que vous n'avez jamais vues de votre vie, passent par là et hop ! vous tâtent elles aussi (si vous restez longtemps, plusieurs équipes vont se succéder et vous aurez ainsi la chance de vous laisser tripoter par une demi-douzaine de personnes). Disons qu'il suffit de penser à autre chose, et que c'est n'est pas le moment de faire sa chochotte. De toute façon, vous aurez tellement envie que cela finisse que vous seriez prête à montrer vos fesses par la fenêtre si cela pouvait accélérer le mouvement.

4. Avec la péridurale, on perd toutes les sensations. Vrai/faux ?

Ni vrai, ni faux. La péridurale anesthésie les terminaisons nerveuses qui vous transmettent le signal de la douleur. C'est déjà bien. Évidemment, en même temps, vous perdez les sensations… mais si l'anesthésie est bien dosée, vous pouvez sentir les poussées et le passage de l'enfant.

5. Subir une césarienne, c'est passer à côté d'un moment magique. Vrai/faux ?

Ni vrai, ni faux. Évidemment, vous ne « participez » pas activement à votre accouchement. Si vous êtes sous anesthésie rachidienne, vous êtes tout de même « présente », vous entendez tout, vous pouvez poser des questions (il ne s'agit pas non plus de saouler le chirurgien en lui demandant de commenter la scène). Mais la vraie magie, c'est de découvrir votre bébé, ce petit bout de chair vivante qu'on va vous présenter quelques secondes après son extraction. Ces images fugaces vont vous accompagner pendant les deux heures de « réveil » (temps variable) qui vous sépareront encore des vraies retrouvailles. Et là, césarienne ou pas, la magie sera intacte.

Allez, c'est bon, qu'on en finisse !

Dans les lignes suivantes, vous allez pouvoir découvrir le scénario idéal, le déroulement parfait (mais sans l'émotion) de cet événement si naturel et pourtant si extraordinaire. Un des meilleurs épisodes de la saga de votre vie. Il va sans dire que chaque accouchement est différent et que le vôtre pourra connaître quelques variantes (faut toujours que vous vous fassiez remarquer !).

Attention, le spectacle va commencer : *J'accouche,* comédie en trois actes.

Scène 1 : la dilatation

- ○ Lieu de l'action : chez vous, au supermarché, dans la rue, au cinéma…

- ○ Temps de l'action : variable (en moyenne 8 à 12 heures ; celles qui veulent vraiment faire leur intéressante peuvent faire durer 24 à 48 heures, les frimeuses).

Quand le « vrai » travail commencera, vous ne saurez peut-être pas le reconnaître tout de suite. Vous avez peut-être déjà eu des contractions pendant le dernier trimestre de votre grossesse et vous ne voyez pas trop la différence.

BON À SAVOIR POUR LES FMP (FUTURES MAMANS PARESSEUSES)

Vrai travail / faux travail ?

Les « vraies » contractions seront régulières, douloureuses, enveloppantes (dans un mouvement de vague qui parcourt tout le ventre et le rend très dur).

Le rythme que vont prendre ces contractions-là va vous alerter : brèves et espacées (de 10 à 20 minutes), elles vont s'intensifier et se rapprocher. Quand vous aurez commencé à remarquer leur régularité, vous pourrez les chronométrer pour confirmer que là, c'est bien le début de la fin.

Ces contractions ont pour but de dilater le col de l'utérus, jusque-là bien fermé et long. Le col va s'ouvrir lentement : environ 1 cm par heure.

On conseille d'attendre que les contractions soient régulières, de plus en plus fortes et espacées de 5 minutes, pour se rendre à la maternité.

Pendant cette phase, vous pouvez perdre le bouchon muqueux.

Il s'agit d'un amas de sécrétions glaireuses qui bouchent le col de l'utérus pendant la grossesse. Sa perte peut passer inaperçue (vous avez déjà beaucoup de pertes depuis des mois), donc, ne le cherchez pas à chaque passage aux toilettes. Ce phénomène montre que le col est en train de se modifier : cela ne signifie pas forcément que le vrai travail commence (ne vous réjouissez pas trop vite), même si c'est plutôt un signe avant-coureur.

QUAND PARTIR À LA MATERNITÉ

LA question qui fait paniquer tout le monde (surtout les papas).

Il est inutile de vous y rendre avant que les contractions soient vraiment rapprochées (5 minutes en général). Toutefois, si vous êtes très angoissée, ne sachant que faire, vous pouvez vous y rendre : les sages-femmes évalueront si le travail a réellement commencé, et décideront de vous garder si c'est le cas, ou de vous renvoyer chez vous s'il faut attendre encore longtemps.

La rupture de la poche des eaux

Il est possible que pendant cette phase de début de travail, la poche des eaux se rompe (vous aurez l'impression de faire pipi dans votre culotte, mais sans pouvoir arrêter le flot), ou se fissure seulement. La sensation n'est pas très agréable… surtout si vous vous trouvez en dehors de chez vous. Pas la peine de crier : « Je perds les eaux ! Je perds les eaux ! » Ne paniquez pas. Même s'il convient de vous rendre à la maternité rapidement, vous n'allez pas accoucher sur place.

Que faire ?

    – Éponger (la bonne blague).

    – Vous rendre à la maternité : en effet, maintenant que le liquide amniotique ne protège plus le bébé, il peut être exposé aux germes présents dans le vagin. L'équipe médicale surveillera les risques d'infection par un prélèvement, une prise de température régulière et la surveillance du rythme cardiaque du bébé.

– La rupture de la poche des eaux n'est pas non plus toujours liée au début du travail : il se peut que vous attendiez encore quelques heures avant que les choses se mettent en route. Passé un délai de 48 heures, il convient de déclencher l'accouchement, le risque infectieux devenant trop important.

Que faire avant de partir à la maternité ?

Profitez du moment qui vous reste à attendre que les contractions se rapprochent pour faire vos derniers préparatifs.

– Prenez une douche (un bain, si vous en avez envie et seulement si vous n'avez pas perdu les eaux), lavez-vous les cheveux (en cas de césarienne, vous ne pourrez pas passer sous l'eau avant deux jours). L'eau chaude va vous détendre.

– Allez aux toilettes. Vous serez plus à l'aise chez vous. Si vous avez des difficultés, n'hésitez pas à utiliser un petit lavement.

CE QUE LES AUTRES SE SONT BIEN GARDÉES DE VOUS DIRE

Qui n'a pas connu l'angoisse de pousser et de sortir autre chose qu'un bébé sur la table d'accouchement ??? Évitez-vous ce stress en arrivant à la maternité délestée de votre petit caca.

– Buvez une boisson sucrée : il vaut mieux éviter de manger au cas où vous deviez subir une anesthésie. Pourtant, absorber quelques calories vous aidera à passer l'épreuve physique qui vous attend. Un jus d'abricot, un chocolat chaud… quelque chose qui tienne au corps (pas des litres non plus).

– Prenez votre valise : normalement, vous l'avez vérifiée 112 fois. Ce n'est donc pas le moment de l'ouvrir maintenant. Gardez pourtant près de vous un châle pour vous couvrir en salle de naissance, votre lecteur MP3 pour que le temps passe plus vite…

Vous êtes arrivée à la maternité, le « vrai » travail a commencé et on décide de vous garder (ouf !).

Vous serez placée en salle de travail pour attendre la dilatation totale, et sous monitoring pour surveiller les contractions et le rythme cardiaque du bébé.

BON À SAVOIR POUR LES FMP (FUTURES MAMANS PARESSEUSES)

Le monitoring est un merveilleux outil qui vous permet de savoir comment va votre bébé et comment il vit ce moment. Le papa est aussi très intéressé puisqu'il est informé de ce qui se passe en vous (il peut suivre les contractions, vous prévenir de leur arrivée… ce qui lui donne le sentiment d'avoir un rôle actif). Mais, à côté de cet aspect très positif, le monitoring peut être stressant puisqu'il fait beaucoup de bruit, des alarmes peuvent se déclencher sans que vous en compreniez la cause et sans que personne vienne vous les expliquer. Pas de panique cependant : les sages-femmes sont à l'écoute en permanence et le moindre son anormal serait repéré. Essayez donc de faire abstraction de cet environnement sonore pour vous détendre (c'est là que vous ne regretterez pas d'avoir emporté votre lecteur MP3).

Il est possible qu'on vous installe une perfusion (vous avez besoin de glucose), que l'on vous donne des médicaments pour accélérer les contractions (dans la perfusion), ou des antibiotiques.

À partir de maintenant, vous êtes sous contrôle.

On se détend.

Enfin, on essaie, entre deux contractions.

Dans quelle position allez-vous vous mettre ?

Vous choisirez la plus confortable pour vous (et vous changerez souvent pendant la durée du travail).

- o Allongée sur le côté gauche (pour ne pas comprimer la veine cave qui se trouve à droite) : cette position est assez confortable, elle soulage le dos et permet une bonne descente du bébé (tout en facilitant les contrôles pour l'équipe médicale).

- o Debout : cela permet au bébé de descendre, en pesant sur le col. D'ailleurs, vous pouvez marcher si cela vous soulage (en général, cela accélère le processus). Au moment d'une contraction, vous prenez appui sur le papa (et lui préparez une jolie collection d'hématomes en triturant ses bras avec délectation). La position est difficile à tenir jusqu'à la fin, la pression sur le périnée étant trop importante.

- o À quatre pattes : la pression sur le périnée est réduite et les douleurs lombaires sont soulagées. Vous pouvez aussi vous mettre à genoux, en prenant appui sur le papa.

- o Assise : en retournant une chaise et en plaçant un coussin entre le ventre et le dossier. Vous pouvez vous balancer en faisant bouger le bassin pour profiter de la gravité et ouvrir le bassin au maximum.

- o Accroupie : pourquoi pas, pendant un petit moment (il faut avoir des cuisses en béton, c'est là que vous regretterez d'avoir abandonné les cours de gym depuis la terminale).

C'est à ce moment-là qu'intervient le « coup de baguette magique »… la péridurale.
(Il existe tout un débat entre les pro- et les antipéridurale, érigeant le fait de refuser l'anesthésie comme une certaine forme d'héroïsme… Évidemment, nous n'entrerons pas dans ce débat-là. Chaque femme, chaque couple est libre de choisir les modalités de la naissance de son enfant.

Notons malgré tout que le plus important, c'est que l'enfant soit accueilli dans les meilleures conditions possibles ; peu importe le jugement moral.)

Petit mémento sur la péridurale

o En quoi consiste-t-elle ?

L'anesthésiste que vous avez rencontré il y a quelques semaines a déterminé si vous présentez ou pas des contre-indications pour ce type d'anesthésie. Maintenant que vous êtes en salle de travail, il va pouvoir vous en faire bénéficier. Il vous demandera de vous asseoir et de faire le dos rond (vous constaterez que le gros ballon qui vous sert de ventre va rendre cette gymnastique plus difficile que prévu). Après une anesthésie locale, il va vous piquer dans le bas du dos, entre deux vertèbres lombaires (dans l'espace « péridural ») et y introduire un cathéter pour diffuser le produit anesthésiant. Le moment de la piqûre est assez stressant, mais il n'est pas trop douloureux (à côté des contractions, c'est de la rigolade). Il est bien de mettre en pratique à ce moment-là les exercices de relaxation que l'on a appris. On vous placera également une sonde urinaire parce que votre vessie sera endormie aussi.

Au bout d'une quinzaine de minutes, l'effet se fait ressentir, et là, on peut bénir l'inventeur de cette technique (se répéter mentalement « merci monsieur, merci monsieur » permet de faire passer le temps).

Il est possible qu'il soit nécessaire de refaire une injection si le travail est long, mais celle-ci sera totalement indolore puisqu'elle sera pratiquée par le cathéter, déjà posé.

o Quel est le bon *timing* ?

C'est l'un des critères de choix de la maternité : la présence permanente d'un anesthésiste est indispensable si vous souhaitez bénéficier de cette technique au moment propice.

On peut pratiquer l'injection entre le moment où le col est dilaté à 2 cm jusqu'à 6 à 7 cm. Après, elle n'aura plus le temps de faire effet. (Alors, che(è)r(e) anesthésiste, tu as intérêt à être dispo au bon moment, parce que sinon, tare ta gueule à la sortie.)

o **Ça fait quoi ?**

Aujourd'hui, on maîtrise parfaitement le dosage du produit : il n'est plus question d'immobilité (on pratique même des péridurales « ambulatoires » qui permettent de marcher pendant le travail).

Toute la partie basse de votre corps est anesthésiée : vous avez l'impression que vos jambes pèsent une tonne chacune (ce qui peut être stressant), mais vous pouvez les bouger et, au moins, vous ne vous tordez plus de douleur en hurlant à la mort… (tout le monde sera soulagé.).

Il faudra un certain temps pour que tout se « réveille », mais ne vous en faites pas, vous retrouverez l'usage de vos jambes très vite.

o **Quels sont les risques ?**

Quand l'anesthésiste va vous faire signer le papier de décharge pendant sa consultation, vous allez blêmir. Ah bon ? Il y a des risques ? Évidemment, comme dans tout acte médical, le geste n'est pas anodin.

Le plus gros risque, c'est que l'effet de la péridurale ne soit que partiel ou carrément nul (oui, ça peut arriver, même si le pourcentage est infime ; vous qui cherchez toujours à vous distinguer, oubliez pour cette fois).

Sinon, il existe un très faible risque de maux de tête, de vertiges ou d'hypotension.

Dans des cas ex-trê-me-ment rares, il peut y avoir un risque de choc allergique ou d'accident cardiaque, comme dans tout usage d'anesthésiant.

o **Mon bébé est-il anesthésié aussi ?**

Forcément, il va avoir droit à sa petite dose lui aussi. Mais, bien sûr, il ne risque rien. Au contraire, en écourtant le travail (puisque vous ne souffrez plus, on peut vous injecter des produits qui intensifient les contractions), la péridurale lui permet de faire surface plus vite, ce qui est bien pour tout le monde.

Scène 2 : la naissance
(ou « expulsion », grand moment poétique)

o Lieu de l'action : la salle de naissance.

o Temps de l'action : environ 30 minutes.

Le col est ouvert.

C'est le moment de passer à l'action. Alors que jusqu'à présent vous attendiez la dilatation en gérant plus ou moins bien les contractions, vous allez devoir pousser, quand la sage-femme vous le dira.

À partir de maintenant, vous êtes à ses ordres. Pas la peine de vouloir faire votre maligne et d'improviser.

Vous écoutez, vous exécutez. De toute façon, vous n'aurez pas le choix (et puis, c'est si bon de s'en remettre totalement à des gens de confiance !).

Au moment d'une contraction, vous allez pousser soit en bloquant la respiration, soit en laissant passer de l'air entre vos dents, selon les indications de la sage-femme.

Dès que la contraction est terminée, vous vous reposerez quelques instants (la suivante arrive très vite), vous respirez pour essayer de reprendre des forces.

Cette phase est un vrai marathon ! Un effort physique intense (vous pouvez même avoir des courbatures pendant quelques jours…), qui vous fera regretter d'avoir fait le loukoum pendant des mois.

Pendant le travail, le bébé est descendu dans le bassin (pour les différentes positions du bébé, les « présentations », voir page 70).

Il poursuit sa progression à travers le bassin, tête en bas et fléchie vers la poitrine, en faisant une légère rotation sur le côté.

Au fur et à mesure des poussées, il change de position, se redresse et tourne le visage vers le sol.

Sa tête appuie sur le périnée, ce qui accélère la progression.

C'est la tête qui est la plus difficile à sortir. Une fois que la sage-femme peut la saisir, elle peut la dégager et vous aider en tirant le bébé pour faciliter sa sortie.

Le voilà.

Il est là.

Sur vous. Tout chaud. Le plus beau.

Le cordon est clampé. Papa peut le couper s'il le souhaite.

Séquence émotion.

…

…

…

…

…

Troisième phase : la délivrance

- o Lieu de l'action : la salle de naissance.

- o Temps de l'action : environ 30 minutes.

Vous croyez que tout est fini ? Que vous allez pouvoir vous reposer ? Que vous allez savourer avec délectation la découverte de ce petit être étranger et pourtant si familier et vous rendre compte avec émerveille-ment qu'il est VRAIMENT la huitième merveille du monde ???

Eh bien NON.

On entre maintenant dans la phase de « nettoyage »… pendant laquelle on va vous faire un utérus tout neuf.

Il s'agit d'expulser le placenta (cette grosse galette rose qui a été si utile pendant neuf mois).

Après quelques minutes de repos, les contractions vont reprendre : votre utérus se débarrasse de cet appendice désormais inutile.

La sage-femme ou le médecin surveillent attentivement ce moment : aucun morceau ne doit rester dans votre utérus, au risque de provoquer des hémorragies.

Ils peuvent appuyer sur votre ventre pour aider l'expulsion.

Si celle-ci ne se fait pas naturellement au bout d'une demi-heure, ils peuvent pratiquer une anesthésie (péridurale ou générale) pour retirer manuellement le placenta (à la main, on appelle ça la « révision »).

Une fois récupéré, le placenta est observé attentivement : il doit être intact (si un morceau est resté dans l'utérus, il faut aller le chercher).

La surveillance de votre tension et de votre température continue, les saignements sont également observés avec attention (l'utérus commence dès maintenant à se rétracter… de nouvelles contractions, moins douloureuses, vont lui permettre de reprendre rapidement son volume originel).

Les premiers soins sont donnés au bébé pendant que vous restez environ deux heures sous surveillance.

La césarienne ou l'accouchement au bloc

Vous aviez rêvé d'un accouchement merveilleux, où le papa vous soutiendrait (pousserait avec vous) et où vous partageriez avec émotion le moment féerique de l'arrivée de votre enfant… et finalement, vous aurez une césarienne (ou accouchement par voie haute).

Vous pouvez éprouver une certaine frustration, une forme de culpabilité, mais seul compte le résultat : vous aurez vous aussi votre bébé dans les bras.

Pour qui ?

La césarienne peut être programmée dans certains cas : présentation du bébé par le siège (ou à l'horizontale), bassin étroit, bébé trop gros, utérus cicatriciel, placenta prævia, fibrome, problème de col…

Elle peut être réalisée d'urgence face à une complication de l'accouchement par voie basse, du côté du fœtus (souffrance fœtale) ou de la maman (trop grande fatigue, pathologie cardiaque, hypertension, diabète grave, poussée d'herpès…).

Comment cela se passe-t-il ?

S'il s'agit d'une césarienne programmée, vous entrez à la maternité la veille et vous passez différents examens communs à toutes les interventions chirurgicales (prise de sang, contrôle de la tension et de la température…).
Il est nécessaire de passer par la case « rasage » des poils pubiens (puisque l'incision va se situer en haut du pubis pour une cicatrice cachée dans les poils).

BON À SAVOIR POUR LES FMP (FUTURES MAMANS PARESSEUSES)

Puisque le rendez-vous est programmé, faites-vous plutôt épiler par l'esthéticienne (votre sœur, votre maman… ; vous-même, vous n'y parviendrez pas, la zone étant inaccessible) plutôt que de laisser ce soin aux infirmières qui ne sont pas forcément diplômées pour ce genre de travail…

Le matin de l'intervention, vous serez à jeun. Vous devrez également utiliser du produit désinfectant pour votre douche (un vrai délice). Ensuite, vous passerez la jolie blouse chirurgicale so fashion qui vous fera une silhouette des plus ravissantes (il est possible que, étant donné votre circonférence, elle ne couvre pas toute votre anatomie, vous aurez donc allègrement les fesses à l'air).

L'anesthésie : dans le cas d'une césarienne programmée, on réalise une rachi-anesthésie (sur le même principe que la péridurale, le produit n'est pas déposé dans l'espace péridural mais un peu plus loin). Les jambes sont totalement endormies.

Si vous êtes déjà sous péridurale, l'anesthésiste rajoutera du produit à travers le cathéter déjà posé afin d'endormir totalement le bas du corps.

Il se peut qu'une anesthésie générale soit nécessaire, dans certains cas d'urgence.

L'intervention se passe au bloc opératoire, et est réalisée par un obstétricien. Vous êtes installée derrière un champ opératoire qui vous cache le spectacle. Heureusement, vous entendez tout (les + : le premier cri de bébé ; les − : les bruits des instruments, les commentaires de l'équipe médicale). En général le papa ne peut pas assister à l'intervention : il attend juste à côté, prêt à recueillir le bébé dès son arrivée et à lui donner les premiers soins. Certains médecins acceptent la présence du papa : n'hésitez pas à demander au vôtre s'il l'autorise.

On pratique alors une incision horizontale, au ras des poils pubiens (dans les cas d'urgence extrême, l'incision peut être verticale pour accéder plus rapidement au bébé).

Le bébé arrive très vite : il ne faut qu'une dizaine de minutes pour l'extraire (on coupe les tissus, on aspire le liquide amniotique et on sort le bébé, puis le placenta).

Certains médecins présentent l'enfant à la maman, ne lui permettant qu'un bisou et un regard furtifs. D'autres permettent que l'on pose l'enfant sur votre poitrine quelques instants. Mieux vaut discuter de cela avec votre médecin avant l'intervention, afin de ne pas être surprise et de ne pas être (trop) frustrée.

Il faut environ 40 minutes pour recoudre les tissus : le chirurgien doit s'appliquer parce que de la solidité de cette suture dépendra une partie de votre avenir gynéco, notamment si vous envisagez d'autres grossesses.

Vous êtes placée en salle de réveil, où, pendant deux heures environ, vous attendrez que les effets de l'anesthésie se dissipent et où vous serez sous surveillance.

Et après ?

Les suites de la césarienne sont plus longues et plus douloureuses que pour un accouchement par voie basse. Vous ne pourrez pas vous lever avant 24 heures et devrez attendre deux jours pour prendre une douche (c'est sans doute le plus difficile !). Il vous faudra de l'aide pour prendre votre bébé dans son petit lit et si vous avez décidé d'allaiter, vous aurez un peu plus de mal à trouver la position adéquate. Les équipes médicales sont là pour vous aider à gérer la douleur (des antalgiques vous sont administrés d'office). Des soins seront administrés à votre cicatrice, et si des agrafes vous ont été posées elles seront retirées avant votre départ.

Votre séjour à la maternité sera d'environ 7 jours.

Les accouchements différents

De nombreuses futures mamans ne souhaitent pas entrer dans le système des accouchements très médicalisés qui se réalisent couramment. En accord avec vos convictions, d'autres possibilités sont envisageables, en sachant que la sécurité pour la mère et pour l'enfant doivent rester des priorités absolues.

Accouchement à domicile

Cela n'est possible que pour les grossesses parfaitement normales, ne présentant aucun risque de complication.

Vous êtes suivie par une sage-femme expérimentée (et en qui vous avez toute confiance), qui sera en liaison avec la maternité la plus proche pour assurer un transfert si le moindre souci survenait au moment de la naissance. Le suivi de la grossesse est assuré par cette sage-femme qui, le jour de la naissance, se rendra au domicile avec tous les instruments nécessaires.

Accouchement « naturel »

En « maison de naissance » ou dans les maternités qui adoptent ce genre de pratiques, il est possible de vivre un accouchement moins codifié, moins médicalisé que ce l'on propose en général.

Les parents rédigent alors un « projet de naissance », texte où ils précisent leurs choix et leurs désirs, qu'ils présentent à la personne qui suit la grossesse pour envisager quelles seront les modalités de la naissance. Ce texte précise les choix de la mère lors du travail (pouvoir choisir sa position, ne pas être perfusée, ni rasée, ni sondée, être accompagnée, etc.) et pendant la naissance (refus de l'épisiotomie, pouvoir allaiter tout de suite, etc.), tout comme les souhaits en cas d'urgence.

Accueillie dans une telle structure, vous trouverez une salle de naissance débarrassée du matériel médical, mais proposant des accessoires tels qu'une barre pour s'accrocher et se balancer, une baignoire, un ballon…

Quand il y a un bug dans le scénario

Accoucher n'est pas forcément tout rose. La nature, si bien faite pourtant, peut avoir quelques petits ratés.

Le terme est dépassé

Vous avez patiemment attendu… mais il ne se passe toujours rien !

Or, une fois les 41 semaines d'aménorrhée dépassées, le placenta vieillissant a du mal à assurer ses fonctions et, de ce fait, l'enfant risque de souffrir. Il convient alors de déclencher l'accouchement par l'application sur le col d'un gel aux prostaglandines puis par l'injection d'ocytocine, hormone produite naturellement pour déclencher l'accouchement.

BON À SAVOIR POUR LES FMP (FUTURES MAMANS PARESSEUSES)

Pour la santé de la maman et de l'enfant, ou pour des raisons de convenances (empêchement professionnel du papa, emploi du temps de l'obstétricien, problème de garde de l'aîné…), il peut être décidé de déclencher l'accouchement alors que le terme n'est pas dépassé.

Dans ce cas, le travail est en général plus long et les contractions plus douloureuses.

J'accouche « par les reins »

Ce phénomène concerne environ 10 % des naissances. Cette expression signifie que les douleurs des contractions irradient non pas le ventre mais le dos de la future maman, occasionnant de grosses douleurs. La cause est à chercher dans la position du bébé, dont le dos appuie sur le sacrum. En attendant la péridurale, les futures mamans sont invitées à changer de position (le plat-dos est trop douloureux), à s'asseoir sur une chaise retournée ou à se placer en chien de fusil.

Le col ne se dilate pas

Malgré des heures de contractions, il est possible que le col ne se dilate pas (serait-il paresseux ???).
Quand elle le jugera nécessaire, l'équipe médicale décidera de vous injecter de l'ocytocine afin d'accélérer les contractions et de faciliter la fin de la dilatation.

Le bébé souffre

La souffrance fœtale peut intervenir si le travail est trop long : grâce au monitoring qui surveille le rythme cardiaque du bébé, il est possible de déceler des anomalies indiquant que l'enfant supporte mal l'accouchement. Dans ce cas, il convient d'accélérer le travail par l'injection d'ocytocine ou de pratiquer une césarienne si la souffrance est trop importante.

Le cordon s'est enroulé

Il peut arriver que le cordon ombilical se soit enroulé autour du cou du bébé à cause de ses nombreux mouvements, notamment au cours du deuxième trimestre. Au moment de l'accouchement, cela peut créer une souffrance fœtale qui sera surveillée de très près, pouvant même imposer la césarienne afin d'écourter la naissance.

Le bébé déchire tout sur son passage

Toutes les femmes la craignent... La fameuse épisiotomie est une pratique qui permet de faciliter le passage de l'enfant grâce à une incision du périnée afin d'éviter une déchirure de celui-ci (plus difficile à cicatriser qu'une coupure franche).

La sage-femme ou l'obstétricien pratiquent ce geste quand ils le jugent nécessaire.

L'épisiotomie sera recousue sous anesthésie locale. La cicatrisation requiert des soins rigoureux (toilette intime fréquente, séchage de la cicatrice badigeonnée d'éosine) et peut être douloureuse (nécessité de prendre des antalgiques et de s'asseoir sur une petite bouée).

Au bout de cinq à six jours, les fils sont retirés et la cicatrisation est achevée. Une gêne peut persister... quelque temps. Il s'agit essentiellement d'une appréhension pour la reprise de la sexualité. Il faudra en parler avec son médecin pour que l'appréhension ne se transforme pas en blocage.

Il faut aider Bébé à sortir

Parfois, les efforts de la maman ne sont pas suffisants et Bébé tarde à montrer le bout de son nez. Pour éviter la souffrance fœtale, il faut parfois recourir à des instruments afin de faciliter sa sortie.

Le médecin pratique d'abord une épisiotomie puis utilise :

– les forceps, sortes de cuillères à longs manches reliés que l'on place des deux côtés de la tête de Bébé pour l'aider à se dégager ;

– les spatules, identiques aux forceps si ce n'est que les manches sont indépendants ;

– la ventouse, reliée à un système d'aspiration, que l'on pose sur le crâne du bébé.

Le bébé peut garder quelques marques après l'utilisation de ces instruments (tête légèrement déformée, traces sur la peau), mais celles-ci disparaissent en quelques jours.

Les quelques jours qui suivent

Voilà, vous êtes devenue maman.

Les quelques jours passés à la maternité ne seront pas de trop pour vivre cette transition dans votre vie.

Vous allez apprendre les gestes qui vous permettront de vous occuper de votre bébé (l'allaitement ou le biberon, le bain, le change, les soins…).

Vous allez vous reposer un peu, même si, à partir de maintenant, votre sommeil sera rythmé par celui de votre petit.

Après un accouchement par voie basse, on surveillera vos saignements, votre tension, votre éventuelle épisiotomie. Au bout de trois jours, on vous renverra chez vous, avec votre paquet remuant. Et roule ma poule ! (C'est là que tout commence.)

Si vous avez eu une césarienne, votre cicatrice sera soignée régulièrement, la douleur traitée. Vous pourrez vous lever dès le lendemain pour ne pas risquer de phlébite (si vous parvenez à vous redresser ; il est probable que vous marchiez en angle droit pendant quelques jours).

Vous allez connaître les délices des « tranchées », les contractions qui permettent à l'utérus de reprendre sa forme initiale (il faut plusieurs jours). Elles seront amplifiées si vous allaitez.

Toute votre famille va défiler dans votre chambre pour venir voir si oui ou non le nouvel héritier a bien les oreilles de l'oncle Jean.

Vous aurez droit au jeu des ressemblances. Et aux commentaires sur le prénom que vous aurez enfin révélé.

Vous aurez une tête épouvantable sur les photos.

Vous éprouverez peut-être une terrible sensation de vide, d'inutilité, de tristesse. Vous ferez l'expérience du fameux baby blues, passager mais à prendre au sérieux (s'il s'éternise, il faut absolument en parler au médecin qui pourra vous aider à traverser cette phase délicate).

Mais tout cela vous semblera bien dérisoire. Vous aurez autre chose à faire que de vous plaindre.

Vous aurez votre chef-d'œuvre à contempler.

10 TRUCS POUR ACCOUCHER AVEC BRIO

1. Rappelez-vous, le fruit tombe quand il est mûr

Pas la peine de vous activer comme une folle, de sauter sur un trampoline, de faire le tour du pâté de maison à cloche-pied. Vous ne pouvez pas faire grand-chose pour activer l'arrivée de Bébé.

2. Étanchéifiez

Si vous avez peur de perdre les eaux et d'inonder votre lit, placez une alèse plastifiée sur votre matelas pour les dernières semaines de grossesse.

3. Ne paniquez pas

Ce n'est pas le moment de perdre votre sang-froid. Le stress augmente la douleur des contractions. C'est bien assez comme ça !

4. Appelez

Si vous êtes seule au moment où vous ressentez les premières contractions (et que personne ne peut venir rapidement), appelez une ambulance qui vous emmènera à la maternité.

5. Marchez

Entre les contractions, marchez : les mouvements accélèrent le travail, vous aident à vous décontracter (ne vous tétanisez pas).

6. Retirez vos bijoux

Avant de partir, retirez vos bagues, bracelets, etc. Ils seront plus en sûreté et vous ne risquerez pas de les oublier.

7. Maîtrisez-vous

Même si vous souffrez le martyre, hurler sur l'équipe médicale, le papa ou qui que ce soit d'autre ne vous soulagera pas ! Heureusement, vous n'en arriverez pas à ces extrémités (même si la main de Mamour sera broyée après la naissance).

8. Écoutez-vous

Vous allez être abreuvée de conseils : l'équipe médicale, la famille, les copines… chacun va vous donner son avis sur la bonne position à prendre pour allaiter, la bonne manière de couvrir ou non son bébé, la bonne astuce pour l'aider à s'endormir… Conseils très utiles mais parfois déroutants (quand ils sont contradictoires). Sachez que vous êtes la mieux placée pour savoir ce qui est bon pour votre enfant.

9. Regardez-le

Vous n'aurez pas souvent l'occasion de voir votre homme dans cet état. C'est beau un mec qui pleure de joie (pour autre chose qu'un but dans la lucarne).

10. Savourez

On ne vit pas tous les jours des instants d'une telle intensité. Profitez.

chapitre 11

Petit glossaire
de la grossesse

Anesthésiste

Vu par les spécialistes

Le médecin que vous consulterez dans les dernières semaines de votre grossesse pour envisager une péridurale ou une anesthésie d'urgence en cas de problème.

Vu par les paresseuses

L'homme providentiel que vous maudirez parce qu'il tarde à arriver et que vous idolâtrerez une fois qu'il vous aura fait la piqûre magique.

Césarienne

Vue par les spécialistes

Opération chirurgicale consistant à extraire le bébé du ventre par une incision, pratiquée sous anesthésie et légitime dans de nombreux cas (présentation en siège, bassin étroit, problème de col, etc.).

Vue par les paresseuses

L'opération qui vous évitera le travail (les paresseuses aiment). Mais qui n'évitera pas la douleur (dommage !).

Épanouie

Vu par les spécialistes

Se dit de la femme enceinte rayonnante d'amour et irradiant le bonheur.

Vu par les paresseuses

« Dilatée » est un mot plus adapté à votre état.

Épisiotomie

Vue par les spécialistes

Incision du périnée qui permet d'agrandir l'orifice vulvaire, pratiquée à la fin de l'accouchement par la sage-femme ou par le médecin accoucheur pour faciliter le passage du bébé. Une petite gêne peut subsister pendant 10-15 jours.

Vue par les paresseuses

Le coup de ciseau dont votre intimité se souviendra longtemps et qui vous fera poser les fesses avec précaution pendant un bon petit moment. On recommande de s'asseoir sur une bouée pour limiter la douleur (« une petite gêne », mon œil !). Demandez à Mamour d'aller en acheter une, mais qu'il évite de prendre un modèle « canard ». La douleur ok, l'humiliation non.

Étriers

Vus par les spécialistes

Pièces métalliques placées au bout de la table d'accouchement pour que la femme puisse y poser les pieds en gardant les jambes écartées ; ils servent de point d'appui pendant les poussées.

Vus par les paresseuses

Vous pouvez toujours imaginer que vous êtes à cheval. Ça fera passer le temps.

Forceps

Vus par les spécialistes

Instrument permettant de dégager la tête de l'enfant afin d'accélérer sa naissance.

Vus par les paresseuses

Sex toy pas vraiment jouissif.

Intimité/foufoune/porte de sortie

Vue par les spécialistes

Zone génitale qui, grâce à la dilatation, va laisser le passage à l'enfant au cours de sa naissance.

Vue par les paresseuses

Zone sinistrée que tout un tas d'inconnus viendront tâter en vous saluant à peine et dont Mamour espère bien pouvoir reprendre le contrôle rapidement.

Périnée

Vu par les spécialistes

Ensemble des muscles situés entre le clitoris et l'anus, soutenant l'appareil génital, urinaire et anal de la femme.

Vu par les paresseuses

Zone qui, avant la grossesse, ne faisait pas partie de votre programme sportif. Sera à inscrire d'urgence dans ce programme après l'accouchement (entre deux séances d'abdos-fessiers).

Petit chien (respiration du)

Vue par les spécialistes

Technique de respiration accélérée appartenant à la méthode de « l'accouchement sans douleur », visant à emmagasiner de l'oxygène et surtout à se concentrer sur autre chose que la douleur.

Vue par les paresseuses

Une vraie visite de zoo, cette grossesse… Au final, vous serez une grosse baleine zébrée respirant comme un chien pour mettre bas.

Pieds

Vus par les spécialistes

Extrémités du corps permettant de reposer sur le sol.

Vus par les paresseuses

Extrémités du corps qui disparaîtront de votre champ de vision au fur et à mesure de l'avancement de la grossesse. Ils disparaîtront également de votre portée : enfiler ses chaussures et, pire, poser du vernis à ongles étant des gestes totalement farfelus dès le huitième mois.

« Poussez »

Vu par les spécialistes

L'effort que vous demandera la sage-femme pour accompagner les contractions de l'accouchement et participer activement à la naissance du bébé.

Vu par les paresseuses

Ce que vous craindrez de faire aux toilettes pendant neuf mois de peur que tout vienne en même temps.

Primipare

Vu par les spécialistes

Se dit d'une femme enceinte pour la première fois.

Vu par les paresseuses

Beaucoup plus classe que « nullipare » (femme jamais enceinte).

Repos forcé

Vu par les spécialistes

Les grossesses à risques peuvent contraindre les futures mamans à rester couchées pendant une période plus ou moins longue de leur grossesse afin d'éviter un accouchement prématuré.

Vu par les paresseuses

Attitude particulièrement plaisante. Il serait toutefois préférable d'être contrainte au repos dans un transat, sous un palmier et avec un corps de rêve plutôt que dans un lit, médicalisée, sous une perfusion et avec un corps de mammifère marin.

Vergetures

Vues par les spécialistes

Cicatrice interne de la peau, due à la rupture des fibres élastiques lors d'une extension de celles-ci (notamment au cours de la grossesse, mais généralement lors de toute prise de poids).

Vues par les paresseuses

Zébrures qui vous rappelleront éternellement que vous avez été déguisée en hippopotame pendant neuf mois.

Table des matières

chapitre 11

Dans la même collection :

Les Abdo-fessiers des paresseuses
L'Almanach des paresseuses
L'Anglais des paresseuses
L'Armoire idéale des paresseuses
L'Art de se faire épouser
   des paresseuses
L'Astrologie des paresseuses
La Beauté des paresseuses
La B.D. des paresseuses
La B.D. des paresseuses 2
La Boîte à paresse
Les Bonnes Résolutions
   des paresseuses
Les Bons Plans anti-cellulite
   des paresseuses
Le Bricolage des paresseuses
La Cave à vin des paresseuses
Les Coktails des paresseuses
Le Corps de rêve des paresseuses
La Couture des paresseuses
La Cuisine des paresseuses
L'Écologie des paresseuses
Extrait de paresse
Le Feng shui des paresseuses
La Fête des paresseuses
Le Guide de survie des paresseuses
La Gym des paresseuses
L'Histoire de France
   des paresseuses
Le Home sweet home
   des paresseuses
Le Jardinage des paresseuses
Jeune Maman et paresseuse
Le Kama-sutra des paresseuses
La Kama-sutra box des paresseuses
Le Nouveau Savoir-vivre
   des paresseuses
Les paresseuses cassent la baraque

Les paresseuses changent de vie
Les paresseuses ne se laissent plus
   faire
Les paresseuses se marient
Les paresseuses s'engagent
Le Paris des paresseuses
Le PC des paresseuses
La Philo des paresseuses
Le Pilates des paresseuses
Le Poker des paresseuses
La Positive Attitude des paresseuses
Le Prince Charmant
   des paresseuses
Les Recettes érotiques
   des paresseuses
Les Recettes minceur
   des paresseuses
La Recherche de job
   des paresseuses
Le Régime des paresseuses
La Santé des paresseuses
Les Secrets de jeunesse
   des paresseuses
La Sexualité des paresseuses
Le Sudoku des paresseuses
Le Système D des paresseuses
Le Tricot des paresseuses
Les Vacances des paresseuses
La Vie politique (enfin) expliquée
   aux paresseuses
La Vie rêvée des paresseuses
Le Vintage des paresseuses
Le Yoga des paresseuses
La Zen Attitude des paresseuses

En papeterie :

L'Agenda des paresseuses 2009
Le Répertoire des paresseuses

Pour l'éditeur, le principe est d'utiliser des papiers composés de fibres naturelles, renouvelables, recyclables et fabriquées à partir de bois issus de forêts qui adoptent un système d'aménagement durable.

En outre, l'éditeur attend de ses fournisseurs de papier qu'ils s'inscrivent dans une démarche de certification environnementale reconnue.

Photocomposition Nord Compo

Imprimé en Italie
par « La Tipografica Varese S.P.A. »
Dépôt légal : Janvier 2008
ISBN : 978-2-501-05081-4
40.8936.3/01